AF547206

Izumo

Blicke in das unbekannte Japan

Lafcadio Hearn

Izumo

Blicke in das unbekannte Japan

Übersetzung aus dem Englischen von
Berta Franzos

Die deutsche Nationalbibliothek verzeichnet diese Publikation in der Deutschen Nationalbibliographie. Detaillierte bibliographische Daten sind im Internet über http://d-nb.de abrufbar.

ISBN 978-3-945058-30-5

© 2021 by Hibarios Verlag, Kaarst

Herstellung: Books on Demand GmbH, Norderstedt

Inhaltsverzeichnis

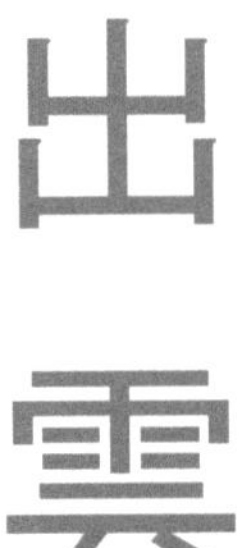
出
雲

Vorwort des Herausgebers

Lafcadio Hearn erklärte dem Westen Japan. In seinen an der Wende zum 20. Jahrhundert erschienen Werken gelang es ihm wie keinem anderen westlichen Schriftsteller, tiefe Einblicke in die durch den Verhaltenskodex der Samurai sowie durch Buddhismus und Shintōismus geprägte japanische Kultur und Gesellschaft zu geben, die sich nach der Öffnung des Landes zum Westen in einem unaufhaltsamen Veränderungsprozess befanden.

Der Schriftsteller irisch-griechischer Abstammung war im Alter von 40 Jahren nach Engagements in den USA und auf Martinique im April 1890 als Korrespondent für das Magazin Harper's Weekly nach Japan entsandt worden. Erste Eindrücke konnte er bei seinem Aufenthalt in Yokohama gewinnen, einer Stadt, die durch ihren offenen Hafen und die Anwesenheit vieler Europäer und Amerikaner geprägt war. Doch bereits nach wenigen Monaten verlor er seine Anstellung und musste sich nach neuen Verdienstmöglichkeiten umsehen. So verschlug es ihn in die im Westen der japanischen Hauptinsel Honshū gelegenen Stadt Matsue. Deren 35.000 Einwohner waren noch viel weniger als die Menschen in dem geschäftigen Yokohama von den Einflüssen der Meiji-Restauration betroffen. Während seiner fünfzehnmonatigen Tätigkeit als Lehrer konnte er so Einblicke in eine im verblassen befindliche Kultur erhalten, die anderen westlichen Besuchern verborgen blieb. Als Lehrer kam Lafcadio Hearn eine Aufgabe zu, die er in seinen Werken immer wieder kritisch in Frage stellte. Er sollte seine Schüler mit westlichem Wissen erziehen und so zur Schaffung einer neuen bürokratischen und akademischen Elite beitragen, die ein modernes Japan ins 20. Jahrhundert führen sollte.

Die kurze Zeit in Matsue war die glücklichste Phase, die Lafcadio Hearn in Japan erlebte. Als erfolgreicher Lehrer genoss er ein hohes Ansehen. Er bewohnte zunächst ein Haus am See mit einem herrlichen Blick auf die Berge, bevor in die Villa eines ehemaligen Samurai zog, ein prächtiges Anwesen mit vierzehn Zimmern und einem japanischen Garten, der das Haus an drei Seiten umschloss. Die Eindrücke, die er dort beim Entspannen auf der Veranda nach anstrengenden Arbeitstagen genoss, hielt er in seinem Essay *In a Japanese Garden* (*In einem japanischen Garten*) fest.

Im Januar 1891 hatte Lafcadio Hearn die aus einer Samurai-Familie stammende, fast zwanzig Jahre jüngere, Koizumi Setsuko geheiratet. Hearn wurde japanischer Staatsbürger und nahm den Namen seiner Frau an. Fortan nannte er sich Koizumi Yakumo 小泉 八雲. Vermittelt hatte die Heirat Hearns Arbeitskollege Nishida Sentaro, der zugleich sein bester Freund war. Es ist zu vermuten, dass vieles von dem Material, das Hearn in seinen Essays niederschrieb, aus Gesprächen mit Nishida stammte. Weitere Anregungen holte er sich in den Schulferien, als er mit seiner Frau nahegelegene Küstenorte bereiste.

Es entstand eine Sammlung von Aufsätzen, die mehr als 700 Seiten umfasste und im Jahre 1894 in dem Bostoner Verlag Houghton Mifflin unter dem Namen *Glimpses of Unfamilar Japan* veröffentlicht wurde. Inhaltlich wechseln sich dort die Beschreibungen persönlicher Erfahrungen, Interpretationen der japanischen Kultur, Berichte über Reisen und Nacherzählungen von Geschichten ab. Deutlich wird hier bereits Hearn Vorliebe für folkloristische Erzählungen über Geister und Dämonen, die ihn in seinen späteren Büchern berühmt machen sollten. In dem Aufsatz *Of Ghosts and Goblins* (*Geister und Kobolde*) begegnen uns neben bekannten Gestalten wie der Berghexe Yamauba und der Schneefrau Yuki-onna auch weniger geläufige wie der dreiäugige Mönch Mitsu-me Nyūdō und die alte Frau des Geisterflusses Sōzu-baba.

Der vorliegende Band ist eine Auswahl der Essays aus *Glimpses of Unfamilar Japan,* die erstmals im Jahre 1907 im Verlag Rütten & Loening unter dem Titel *Izumo* erschien. Berta Franzos hatte hierfür die Übersetzung angefertigt.

Im Hibarios Verlag ist unter dem Titel *Lotos* bereits ein weiterer Band mit Essays aus *Glimpses of Unfamilar Japan* erschienen.

Klaus Lerch — Kaarst, im März 2021

In einem japanischen Garten

Mein kleines zweistöckiges Häuschen am Ōhashigawa, zierlich wie ein Vogelbauer, erwies sich als allzu klein für einen behaglichen Aufenthalt während der heißen Jahreszeit, denn seine Zimmer waren kaum höher als Schiffskabinen und so eng, dass man kein ordentliches Mosquitonetz darin aufspannen konnte. So leid es mir tat, auf die schöne Aussicht zu verzichten, schien es mir doch ratsam, in den nördlichen Stadtteil in eine sehr ruhige, hinter der alten Schlossruine gelegene Straße zu ziehen. Mein neues Haus nun ist ein Kachū Yashiki, die einstmalige Schlossresidenz eines Samurai von hohem Rang. Von der Straße, oder eigentlich Landstraße, die den Burggraben entlang zieht, ist es durch eine lange hohe Ziegelmauer abgeschlossen. Über eine breite Steintreppe steigt man zu dem Tor empor, das fast so groß ist wie das eines Tempelhofs. Rechts vom Tore, aus der Mauer vorspringend wie ein plumper Holzkäfig, befindet sich ein vergittertes „Luginsland". Von dort hielten in der Feudalzeit bewaffnete Lehnsleute scharfe Ausschau nach allen Vorübergehenden und blieben dabei selbst unsichtbar, denn die Gitterstäbe sind so dicht aneinandergefügt, dass man von der Straße aus kein Gesicht dahinter wahrnehmen kann. Auch im Innern ist der Zugang zu dem Gebäude von beiden Seiten mit Mauern umgeben, so dass Besucher, wenn sie nicht gerade zu den Bevorzugten gehörten, zumeist nichts zu sehen bekamen, als den mit weißen Shōjis verschlossenen Hauseingang. Wie bei allen Samuraischlössern, ist das eigentliche Wohnhaus nur einen Stock hoch, aber es enthält vierzehn sehr hohe, geräumige und schöne Zimmer. Seeaussicht oder sonst irgendein anmutiger Landschaftsblick bietet sich dem Auge nicht; über die Ziegelmauer der Fassade sieht man, halb verdeckt von einem Fichtenpark, einen Teil des O-Shiroyama mit dem Schloss auf seinem Gipfel, aber nur einen Teil davon, und kaum fünfzig Meter hinter dem Hause ragen dicht bewaldete Höhen empor, die nicht nur den Horizont abschneiden, sondern auch einen großen Himmelsstreifen. Für diese Einbuße wird man jedoch reichlich entschädigt durch eine wunderschöne Gartenanlage oder eigentlich einen Komplex von Gärten, die das Gebäude auf drei Seiten umgeben. Große Veranden erheben sich darüber, und von der Ecke einer derselben kann ich das liebliche Bild zweier Gärten zugleich genießen. Bambus- und Binsengeflechte mit breiten türlosen Öffnungen in der Mitte markieren die Grenzen der drei Lustgärten; aber diese Gebilde sind nicht wirkliche Hecken oder

Zäune, sie sind rein ornamental und sollen nur andeuten, wo ein Stil der Landschaftsanlage endet und ein anderer beginnt.

Nun einige Worte über japanische Gärten im Allgemeinen. Nachdem ich – nur durch Anschauung, denn die praktische Aneignung der Kunst erfordert neben einem natürlichen und instinktiven Schönheitssinn Jahre des Studiums und der Erfahrung – gelernt habe, wie die Japaner ihre Blumen ordnen, kann ich die Begriffe, die man in Europa von der Blumendekoration hat, nicht anders als vulgär finden. Diese Anschauung ist nicht das Resultat eines aufflammenden Enthusiasmus, sondern eine Überzeugung, die ich durch langjährigen Aufenthalt im Innern des Landes gewonnen habe. So ist mir die unsagbare Lieblichkeit eines einzelnen Blütenzweiges erst aufgegangen, als ich ihn so angeordnet sah, wie ihn nur ein Japaner anordnen kann. Dies geschieht nicht durch einfaches Hineinpfropfen des Zweiges in eine Vase, sondern durch wiederholtes, vielleicht eine Stunde dauerndes liebevolles Mühen, zärtliches Probieren und Vergleichen, bis mit dem Zweig die größtmögliche Schönheitswirkung erzielt wird. Und deshalb scheint mir das, was wir Abendländer ein „Bouquet" nennen, nichts andres zu sein, als ein roher Blumenmord, eine Beleidigung des Farbensinns, eine Brutalität, ein Gräuel. Ebenso und aus demselben Grunde erscheinen mir – seitdem ich erfahren habe, was ein altjapanischer Garten ist – unsere prunkvollen Gärten daheim nur ein Beispiel dafür, was der Reichtum an Geschmacklosigkeit und die Natur vergewaltigende Ungeheuerlichkeit zutage fördern kann.

Ein japanischer Garten nun ist kein Blumengarten; er ist auch nicht zum Zwecke der Pflanzenkultur angelegt. In neun Fällen von zehn ist darin nichts zu sehen, was einem Blumenbeete gleicht. In manchen Gärten sieht man kaum einen grünen Zweig, andere enthalten überhaupt nichts Grünes, sondern bestehen ausschließlich aus Felsen, Kieseln und Sand – aber solche gehören zu den Ausnahmen.[1] In der Regel ist ein japanischer Garten ein Landschafts-

[1] Wie der von Conder angeführte, zum Bischofspalaste in Tokuwamonji gehörige Garten, der zur Erinnerung an sagenhafte Steine angelegt wurde, von denen man erzählt, dass sie sich bei der Verkündigung der Lehre Buddhas zustimmend verneigten. In Togo-ike, im Bezirk Tottori, sah ich einen sehr großen Garten, der fast nur aus Steinen und Sand bestand. Die Absicht des Erbauers bei der Anlage des Gartens war, beim Besucher den Eindruck hervorzurufen, als nähere er sich dem Meer über einen Rand von Dünen, – und die Illusion war sehr täuschend.

garten, aber seine Anlage ist an kein bestimmtes Raumausmaß gebunden. Er kann ein oder mehrere Are bedecken, aber er kann auch nur zehn Fuß im Quadrat haben. In besonderen Fällen kann er sogar noch weit kleiner sein; denn eine gewisse Art von japanischen Gärten ist sogar so winzig, um in einer Tokonoma (eine Art Nische) Platz zu finden. Solche Gärten in einem Gefäß, das vielleicht kaum größer ist als eine Fruchtschale, heißen Koniwa oder Toko-niwa. Man sieht sie gelegentlich in der Tokonoma kleiner, dürftiger Behausungen, die zwischen anderen Gebäuden so eingezwängt sind, dass kein Raum für einen Garten im Freien vorhanden ist. Ich sage „Garten im Freien", weil manche große japanische Häuser sowohl zu ebener Erde als auch im Obergeschoß Gärten im geschlossenen Raum haben.

Der Toko-niwa befindet sich gewöhnlich in irgendeinem seltsamen Napf, einem geschnitzten, flachen Kästchen, oder in wunderlich geformten Gefäßen, für die es im Abendland keine entsprechende Bezeichnung gibt. Darin sind winzige Hügel aufgerichtet, mit winzigen Häuschen darauf; da sind auch mikroskopische Weiher und Flüsschen, von kleinen, niedlichen Brückchen überspannt; und wunderliche Zwerggewächse figurieren als Bäume und seltsam geformte Kiesel als Felsen. Da sind auch kleine „Tōrō", ja, vielleicht sogar auch ein kleiner „Torii", kurz, ein entzückendes und lebendes Modell einer japanischen Landschaft.

Eine wesentliche Vorbedingung für das Verständnis eines japanischen Gartens ist, dass man ein Auge für die Schönheit der Steine habe; nicht etwa für die von Menschenhand behauenen, gemeißelten Steine, sondern einfach für die von der Natur geformten. Ehe du nicht fühlen kannst, wirklich fühlen kannst, dass Steine Charakter haben, Töne und Werte, kann sich dir der ganze künstlerische Sinn eines japanischen Gartens nicht erschließen. Bei dem Fremden, wie ästhetisch er auch veranlagt sein mag, muss dieses Gefühl erst durch Studium ausgebildet werden. Dem Japaner ist es angeboren. Die Seele der Rasse versteht die Natur unvergleichlich besser als wir – wenigstens in ihren sichtbaren Formen. Ein Abendländer, ein Fremder kann nur dann zum wahren Verständnis der Schönheit der Steine gelangen, wenn er sich mit der Art, wie die Japaner sie auswählen und anwenden, vertraut gemacht hat. Gelegenheit zu Studien solcher Art bietet sich ihm auf Schritt und Tritt, wenn er im Innern des Landes lebt. Man kann keine Straße passieren, ohne dass sich einem solche Probleme zur Ästhetik der Steine aufdrängen. Bei den Anstiegen zu Tempeln, auf Heerstraßen, vor heiligen Hainen, Parks und

Gartenanlagen, ebenso wie auf Friedhöfen sieht man überall große, unregelmäßige, flache Naturblöcke aus Felsengestein, zumeist aus den Flussbetten und ganz ausgewaschen, mit eingemeißelten Ideogrammen, aber unbehauen. Sie sind als Votivtafeln, Gedenksteine oder Grabsteine aufgerichtet worden, und weit kostbarer als die üblichen behauenen Steinsäulen oder Hakas, mit den eingemeißelten Reliefabbildungen von Gottheiten. Man sieht auch vor den meisten Altären, ja selbst in der Umgebung der meisten großen Gehöfte große, unregelmäßige, von der Stromgewalt ausgewaschene Naturblöcke von Granit, oder anderem Felsgestein, die durch eine runde Aushöhlung ihrer Oberfläche zu Wasserbassins, Chōdzubachi, umgewandelt wurden.

Diese sind nur alltägliche Beispiele von der Verwendung der Steine in den ärmsten Dörfern. Wer künstlerisches Gefühl besitzt, muss unfehlbar früher oder später erkennen, um wieviel schöner diese natürlichen Formen sind, als irgendwelche von der Hand des Steinmetzen geformten Steine. Es ist auch mehr als wahrscheinlich, dass du dich schließlich so an den Anblick der in die Felsen eingegrabenen Inschriften gewöhnt haben wirst, dass du dich unwillkürlich darauf ertappst, nach Texten oder Eingravierungen selbst da zu suchen, wo solche unmöglich sind, so als ob Ideogramme naturnotwendig zur Felsformation gehörten. Dann werden die Steine vielleicht anfangen, dir ein bestimmtes individuelles oder physiognomisches Bild zu bieten und Gefühle und Stimmungen zu suggerieren, wie dies bei den Japanern der Fall ist. In der Tat, Japan ist, wie hochvulkanische Länder so häufig, ganz besonders das Land der suggestiven Steinformen, und zweifellos sprachen diese Formen zu der Phantasie dieser Rasse zu einer Zeit, die weit hinter jener liegt, von der die alte Überlieferung erzählt, „dass Dämonen in Izumo waren, die Felsen, Baumwurzeln, dem Laub und dem Schaum grüner Wasser die Sprache verliehen“.

Wie es in einem Lande, wo die suggestive Kraft der Naturformen so erkannt wird, natürlich ist, gibt es in Japan viele Steine, die man für heilig oder verhext hält, oder denen wunderbare Zauberkraft zugeschrieben wird, wie der Frauenstein im Tempel des Hachiman in Kamakura, oder der Sesshō-seki oder Totenstein in Nasu, und der Reichtum spendende Stein in Enoshima, vor denen die Pilger ihre Andacht verrichten. Ja, es gibt sogar Legenden von Steinen, die Empfindung gezeigt haben sollen, wie die Überlieferung von den Nickenden Steinen, die sich vor dem Mönche Daita verneigten, als dieser ihnen das Wort Buddhas predigte, oder die uralte Geschichte aus dem Kojiki, die berichtet, wie der Kaiser Ōjin in seinem erlauchten Rausche seinen erhabenen Stab auf einen mitten auf der Ōsakastraße liegenden Stein mit aller Kraft niedersausen ließ, worauf der Stein spornstreichs davonlief.[2]

Steine werden also um ihrer Schönheit willen sehr hoch geschätzt; große Steine, die wegen ihrer Form ausgewählt wurden, können einen ästhetischen Wert von vielen hundert Dollars haben. Und große Steine bilden das Gerüst im Plan der alten japanischen Gärten. Nicht nur wird jeder einzelne Stein mit besonderer Rücksicht auf die Ausdrucksfähigkeit seiner Form ausgewählt, sondern jeder einzelne Stein in dem Garten selbst oder der Umgebung, hat seinen eigenen individuellen Namen, der auf seinen Zweck oder seine dekorative Aufgabe hinweist.

Im japanischen Garten sieht man nirgends den Versuch einer unwahrscheinlichen oder rein idealen Landschaft. Seine künstlerische Absicht ist es, den schlichten Reiz einer wirklichen Landschaft getreu zu kopieren und den unverfälschten Eindruck einer solchen wirklichen Landschaft hervorzurufen. Er ist deshalb zugleich ein Gemälde und ein Gedicht – vielleicht sogar mehr ein Gedicht als ein Gemälde. Denn gleich wie die Natur in ihren wechselnden Szenerien in uns Gefühle der Freude, des Feierlichen, des Grauens oder der Anmut, der Kraft oder des Friedens hervorruft, so muss ihr getreues Spiegelbild in dem Werke des Landschaftsgärtners nicht nur einen Schönheitseindruck hervorrufen, sondern auch eine Stimmung in unserer Seele wecken. Die großen Landschaftsgärtner, jene buddhistischen Mönche, die diese Gartenkunst zuerst in Japan eingeführt und sie dann zu einer fast okkulten Wissenschaft ausgebildet haben, gestalteten ihre Theorien noch weiter aus... Sie hielten es für möglich, in der Anlage eines Gartens moralische Lehren zum Ausdruck zu bringen, ebenso auch abstrakte Ideen, wie Keuschheit, Treue, Kindesliebe, Zufriedenheit, Ruhe, Beschaulichkeit und eheliches Glück. Deshalb wurden die Gärten je nach dem Charakter ihres Besitzers verschieden entworfen, je nachdem dieser ein Krieger, Dichter, Philosoph oder Priester gewesen.

In diesen uralten Gärten – ach, ihre Kunst verschwindet jetzt immer mehr unter dem verdorrenden Einfluss des uniformen banalen abendländischen

[2] Das von Professor B. H. Chamberlain übersetzte Kojiki, S. 254.

Geschmacks – war eine Naturstimmung ausgedrückt, und zugleich auch irgendeine individuelle orientalische Seelenstimmung.

Ich weiß nicht, welche menschliche Empfindung der Hauptteil meines Gartens veranschaulichen soll, und niemand kann mir darüber Auskunft geben, denn seine Erbauer sind schon seit vielen Generationen auf der ewigen Seelenwanderung begriffen. Aber als Naturgedicht bedarf er keines Interpreten. Er beherrscht die Fassade gegen Süden und dehnt sich auch westlich bis zum nördlichen Teil des Gartens aus, von dem er durch eine seltsame Heckenwand teilweise getrennt ist. Große moosüberwucherte Felsen sind darin, und allerlei phantastische steinerne Wasserurnen, und alte geschwärzte Steinlaternen, und ein Shachihoko, wie man sie auf der Spitze von Giebeldächern alter Schlösser sieht – ein großer Steinfisch, ein idealisiertes Meerschwein, mit dem Rüssel am Boden und dem Schwanz in der Luft.[3] Da sind auch Miniaturhügel mit alten Bäumen und lange Hänge, von blühenden Sträuchern überschattet wie Flussufer, und dann wieder begrünte, rundliche Hügel wie Inselchen. Alle diese grünenden Anhöhen ragen aus seidenweichen, blassgelben Sandstreifen empor, die die Krümmungen und Windungen eines Stromlaufs nachahmen. Diese Sandstreifen werden nicht betreten, dazu sind sie allzu schön, der geringste Schmutzfleck würde den Eindruck stören, und es bedarf der ganzen geschulten Kunstgeschicklichkeit eines erfahrenen japanischen Gärtners – dieser hier ist ein reizender alter Mann –, um die Zeichnung immer in tadellosem Zustand zu erhalten. Nach verschiedenen Richtungen werden sie auch von Reihen unbehauener Felsblöcke durchschnitten, die in kleinen, unregelmäßigen Entfernungen wie Schrittsteine über einen Bach gelegt sind. Das Ganze macht den Eindruck stiller Gestade in irgendeiner weltfernen, lieblich träumerischen Gegend.

Nichts stört die Illusion, so abgeschieden ist der Garten. Hohe Mauern und Hecken schließen ihn von der Straße ab; und die Sträucher und Bäume, die sich gegen das Ende des Gartens immer mehr verdichten und höher hinaufragen, verdecken selbst das Dach des benachbarten Kachū Yashiki. Von weicher Schönheit sind die zitternden Blätterschatten auf dem besonnten Sand, jeder linde Windhauch bringt den süßen, zarten Blumenduft, und Bienensummen erfüllt die Luft.

---

[3] Diese Stellung des shachihoko ist gleichsam obligat; daher die Redensart shachihoko dai, „auf dem Kopfe stehen".

Der Buddhismus unterscheidet alle Dinge in „Hijō", Dinge ohne Wunsch, wie Steine und Bäume, und „Ujō", Dinge, die Wünsche haben, wie Menschen und Tiere. Diese Einteilung ist, soviel ich weiß, in der geschriebenen Philosophie der Gärten nicht ausgesprochen, aber sie ist sehr zutreffend. Die Volksmythe meines kleinen Reiches erzählt sowohl von dem Belebten als von dem Unbelebten. Nach der natürlichen Ordnung mag zuerst von den „Hijō" die Rede sein, wobei wir mit einem seltsamen Strauch nahe dem Eingang des Yashiki und dicht beim Tore des ersten Gartens beginnen wollen.

Hinter dem Tore fast jedes alten Samuraihauses, und gewöhnlich neben dem Eingang zur eigentlichen Wohnung, sieht man ein Bäumchen mit großen eigentümlichen Blättern. In Izumo heißt dieser Baum Tegashiwa, und vor meiner Türe steht ein solcher... Seine wissenschaftliche Bezeichnung kenne ich nicht, und auch über die Etymologie der japanischen Bezeichnung bin ich nicht im Klaren, aber es gibt ein Wort Tegase, das eine Handfessel bedeutet, und die Form der Tegashiwablätter hat eine gewisse Ähnlichkeit mit der Form einer Hand.

In alten Zeiten nun war es Sitte, dass, wenn ein Samurai-Lehnsmann sein Haus verlassen musste, um seinem Daimyō Gefolgschaft nach Yedo zu leisten, man ihm unmittelbar vor seiner Abreise einen gebratenen Barsch vorsetzte,[4] der auf einem Tegashiwablatt aufgetragen sein musste. Nach diesem Abschiedsmahle hängte man das Blatt, auf welchem der Fisch serviert worden war, als guten Zauber für die unversehrte Rückkehr des tapferen Ritters über der Türe auf. Dieser hübsche Aberglaube, der sich an die Tegashiwablätter knüpft, hat aber seinen Ursprung nicht bloß in der Form dieser Blätter, sondern auch in ihrer Bewegung. Denn wenn der Wind über sie hinstreicht, scheinen sie zu winken – freilich nicht nach abendländischer Weise, aber so, wie ein Japaner einem Freunde bedeutet, heranzukommen, indem er die Hand sachte hin und her schwingt, die Handfläche zu Boden gerichtet.

---

[4] Der prächtige Barsch, Tai genannt (Serranus marginalis), der an der Küste Izumos so verbreitet ist, wird nicht nur mit Recht als der wohlschmeckendste aller japanischen Fische gepriesen, sondern gilt auch als Glücksemblem. Er wird bei Hochzeiten und Verlobungen als zeremonielle Gabe verwendet. Die Japaner nennen ihn auch „König der Fische".

Ein anderer Strauch, den man in japanischen Gärten findet, ist der Nanten (Nandina domestica), an den sich ein sehr seltsamer Glaube knüpft. Wenn man einen bösen Traum hat, einen Traum von übler Vorbedeutung, soll man ihn am frühen Morgen dem Nanten zuflüstern, und er wird dann nicht in Erfüllung gehen.[5] Es gibt zwei Arten dieser anmutigen Pflanze: eine trägt rote Beeren, die andere weiße. Die letztere ist selten. In meinem Garten wachsen beide Arten. Die gewöhnliche Art steht dicht an meiner Veranda – vielleicht zur Bequemlichkeit der Träumer –, die andere steht in einem kleinen Blumenbeet in der Mitte des Gartens, neben einem winzigen Zitronenbäumchen. Dieses Bäumchen wird wegen der merkwürdigen Form seiner zierlichen Früchte „Buddhas Hand" genannt. Daneben steht eine Art Lorbeerbaum mit lanzettförmigen Blättern, die einen bronzeartigen Glanz haben. Die Japaner nennen ihn Yuzuri-ha[6], und man findet ihn in den alten Gärten der Samuraihäuser ebenso häufig wie den Tegashiwa selbst. Man hält ihn für einen Baum von guter Vorbedeutung, denn keines seiner alten Blätter fällt ab, ehe nicht ein neues, das hinter ihm hervorgesprossen ist, sich vollkommen entfaltet hat. So symbolisiert der Yuzuri-ha die Hoffnung, dass der Vater nicht eher verscheiden wird, als bis sein Sohn ein kraftvoller Mann geworden, wohl geeignet, das Familienoberhaupt zu ersetzen. Deshalb werden an jedem Neu-

---

[5] Als der glücklichste aller Träume wird in Izumo der Traum vom Fuji, dem Heiligen Berg, angesehen. Zunächst gilt als gutes Omen, von einem Falken (Taka) zu träumen. An dritter Stelle der guten Träume kommt die Eierpflanze (Nasubi). Sehr glückbringend ist es, von der Sonne oder dem Mond zu träumen, aber mehr noch von den Sternen. Eine junge Frau muss sich sehr glücklich preisen, wenn sie träumt, einen Stern verschluckt zu haben, denn dies bedeutet, sie werde Mutter eines sehr schönen Knaben werden. Von einer Kuh zu träumen ist ein gutes Omen, – auch von einem Pferd, aber dies bedeutet eine Reise. Auch von Regen oder Feuer zu träumen ist gut. Von manchen Träumen gilt in Japan, wie im Abendland, dass das Gegenteil in Erfüllung geht, – weshalb es als gutes Omen angesehen wird, zu träumen, dass einem das Haus verbrennt, dass man einem Leichenbegängnis beiwohnt, selbst gestorben ist, oder mit dem Gespenst eines Abgeschiedenen gesprochen habe. Mancher Traum von guter Vorbedeutung für eine Frau ist von schlechter Bedeutung, wenn ihn ein Mann träumt. So z. B. ist es für eine Frau gut zu träumen, ihre Nase blute, aber für einen Mann ist dies sehr schlecht. Von Geld zu träumen bedeutet drohenden Verlust. Vom Koi oder irgendeinem Flusswasserfisch zu träumen ist das allerschlimmste, — dies ist eigentlich seltsam, denn in anderen Teilen Japans gilt der Koi als Glückssymbol.

[6] Yuzuru bedeutet „zugunsten eines anderen resignieren"; Ha heißt ein Blatt.

jahrstage die Blätter des Yuzuri-ha, mit Farnwedeln vermischt, an das Shimenawa befestigt, das dann vor jedem Hause in Izumo aufgehängt wird.

An alle Bäume sowohl wie an die Sträucher knüpfen sich eigene, seltsame Poesien und Legenden. Wie die Steine hat auch jeder Baum und Strauch seinen speziellen Landschaftsnamen, je nach seiner Stellung und seiner Aufgabe in der Komposition. Ebenso wie Felsen und Steine das Gerüst des Grundplans eines Gartens bilden, so bilden die Fichten das Skelett seiner Laubzeichnung. Sie geben dem Ganzen Rückgrat. In diesem Garten stehen fünf Fichten – nicht in phantastische Formen gepresste Fichten –, sondern Fichten, die durch lange, unermüdliche Pflege und Behandlung zu wundersam malerischer Wirkung gebracht worden sind. Die Aufgabe des Gärtners bestand darin, ihre natürliche Tendenz zu zackigen Linien und Nadelmassen bis zur äußersten Möglichkeit zu entwickeln, dieses dunkelgrüne Nadellaub, das die japanische Kunst nie müde wird, in Intarsiaarbeit und Goldlack nachzubilden. Die Fichte ist ein symbolischer Baum in diesem Land der Symbolik. Immergrün, ist sie zugleich das Sinnbild nie wankender Entschlossenheit und kraftvollen Alters, und ihren Nadeln wird die Macht zugeschrieben, Dämonen zu verscheuchen.

In dem Garten sind auch zwei Sakurano ki, japanische Kirschbäume, die, wie Professor Chamberlain so richtig schreibt, „über allen Vergleich lieblicher sind, als irgendetwas, das das Abendland aufweisen kann". Man liebt und kultiviert viele Arten. Die in meinem Garten tragen Blüten vom zartesten Rosenrot, gleichsam einem rosig angehauchten Weiß. Wenn die Bäume im Frühling in Blüte stehen, ist es, als wären Massen von rosigen Federwölkchen vom Himmel herabgeschwebt, um sich an die Bäume zu schmiegen. Dieser Vergleich ist keine poetische Übertreibung, er ist auch nicht originell; vielmehr ist er eine alte japanische Beschreibung der wunderbarsten Blütenentfaltung, die die Natur zu bieten vermag. Der Leser, der niemals blühende Kirschbäume in Japan gesehen hat, kann sich unmöglich den Zauber eines solchen Anblicks vorstellen. Man sieht keine grünen Blätter – diese kommen erst später –, nur eine einzige, herrliche, überquellende Blütenfülle, die jeden Zweig und Ast in ihren zarten Duftschleier hüllt, und der Boden unter jedem Baum ist über und über dicht mit abgefallenen Blüten bedeckt, wie mit rosigen Schneeflocken.

Aber dies sind kultivierte Kirschbäume. Es gibt andere, bei denen die Blätter vor den Blüten kommen, wie der Yamazakura oder Berg-Kirschbaum.[7] Aber auch dieser hat seine Poesie der Schönheit und Symbolik; so sang der shintōistische Schriftsteller und Dichter Motowori:

Shikishima no
Yamato-gokoro wo
Hito towaba,
Asa-hi ni niou
Yamazakura bana[8]

Die japanischen Kirschbäume sind Symbole, gleichviel, ob sie kultiviert sind oder nicht. Die der alten Samuraigärten waren nicht nur ihrer Lieblichkeit wegen hochgeschätzt. In ihren makellosen Blüten sah man das Sinnbild jener Gefühlszartheit und Lebensreinheit, die die höchste Blüte der Höflichkeit und echten Ritterlichkeit ist. „Wie die Kirschblüte die erste unter den Blumen ist", so sagt ein altes Sprichwort, „so sollte der Krieger der erste unter den Männern sein."

Das westliche Ende dieses Gartens überschattend, und seine weichen, dunklen Äste über die Öffnung der Veranda streckend, steht ein prachtvoller Ume no ki – ein japanischer Pflaumenbaum, sehr alt, und zweifellos so wie in anderen japanischen Gärten, nur wegen des Schauspiels seiner Blütenpracht hierher gepflanzt. Das Blühen des Ume no ki[9] im Vorfrühling ist sicherlich kaum weniger wunderbar, als das des Kirschbaumes, das erst einen vollen Monat später erfolgt; und seine Blütenentfaltung wird durch allgemeine öffentliche Festtage gefeiert. Aber wenn auch diese Blüten die gepriesensten

---

[7] Von dieser Bergkirsche existiert eine launige Redensart, welche die Vorliebe der Japaner für Wortspiele illustriert. Um sie ganz würdigen zu können, müsste der Leser wissen, dass die japanischen Substantiva keinen Unterschied zwischen Einzahl und Mehrzahl haben. Das Wort „Ha" kann je nach der Aussprache entweder „Blätter" oder „Zahn" bedeuten und das Wort „Hana" entweder „Blumen" oder „Nase". Der Yamazakura läßt seine Ha (Blätter) vor seinen Hana (Blumen) hervorsprießen. Weshalb ein Mann, dessen Ha (Zähne) vor seiner Hana (Nase) vorspringen, Yamazakura genannt wird.

[8] „Fragt man dich, wie das Herz eines wahren Japaners beschaffen ist, deute auf die wilde Kirsche, die in der Sonne duftet."

[9] Es gibt drei bemerkenswerte Arten, eine trägt rote, eine rosa und weiße und eine reinweiße Blüten.

sind, so sind sie doch nicht die einzigen, die so geliebt werden. Die Vistaria, der Convolvulus, die Päonie, entfalten, jede zu ihrer Zeit, eine Blütenpracht, die anziehend genug ist, um die ganze Bevölkerung aus der Stadt aufs Land zu locken. In Izumo ist das Blühen der Päonien besonders wunderbar; der berühmteste Ort für dieses Schauspiel ist die kleine Insel Daikonshima in der großen Nakaumi-Lagune, ungefähr eine Stunde von Matsue. Im Mai erglüht die ganze Insel von roten Päonien, und selbst den Mädchen und Knaben der öffentlichen Schulen wird ein Ferientag gewährt, um sich dieses Schauspiels zu freuen.

Obgleich die Pflaumenblüte sicherlich eine Schönheitsrivalin der Sakura no hana ist, vergleicht der Japaner Frauenschönheit – die physische Schönheit – immer nur der Kirschblüte, nie der Pflaumenblüte, wohingegen Frauentugend und Sanftmut immer der Ume no hana, nie der Kirschblüte, verglichen wird. Es ist ein großer Irrtum, zu behaupten – wie dies viele Schriftsteller getan haben –, dass die Japaner nie daran denken, die Frau mit Bäumen und Blumen zu vergleichen. Mädchenanmut vergleicht man mit einer biegsamen Weide[10], Jugendreiz mit einem blühenden Kirschbaum, Herzensgüte mit dem blühenden Pflaumenbaum. Fürwahr, die alten japanischen Dichter haben die Frauen mit allen schönen Dingen verglichen. Ja, sie haben sogar für alle ihre Posen, ihre Bewegungen, Gleichnisse bei den Blumen gesucht.

Tateba shakuyaku;[11]
Suwareba botan;
Aruku sugata wa
Himeyuri[12] no hana[13].

---

[10] Der Ausdruck „Yanagi-goshi", „eine Weidentaille", ist einer der vielen gebräuchlichen Vergleiche für eine schlanke Gestalt mit einem Weidenbaum.

[11] Paeonia albiflora. Der Name bedeutet Zarte Schönheit. Der Vergleich mit der Botan kann nur von jemand ganz gewürdigt werden, der diese japanische Blume genau kennt.

[12] Einige sagen Keshiyuri (Mohn) statt Himeyuri. Die letztere ist eine anmutige Lilienart. (Lilium callosum.)

[13] „Stehend ist sie eine Shakuyaku, sitzend eine Botan, und die Anmut ihrer Gestalt beim Gehen gleicht dem Reiz einer Himeyuri."

Ja sogar die Namen der schlichtesten Landmädchen sind oft die der schönsten Bäume und Blumen, denen das ehrfurchtsvolle „O“[14] vorgesetzt ist: O-Matsu (Fichte); O-Take (Bambus); O-Ume (Pflaume); O-Hana (Blüte); O-Ine (junge Reisähre) usw.; abgesehen von den berufsmäßigen Blumennamen der Tänzerinnen und Joros.

Man hat mit großem Nachdruck geltend gemacht, dass der Ursprung bestimmter, auf Mädchen übertragener Baumnamen eher auf die Volksvorstellung der Bäume als Symbole für Langlebigkeit, Glück, Erfolg, als auf irgendeine allgemeine Idee der Schönheit des Baumes selbst zurückgeführt werden müsse. Aber wie dem auch sein mag, heute bieten die Poesie, der Gesang und die Volkssprichwörter reiche Beweise dafür, dass die japanischen Vergleiche der Frauen mit Blumen und Bäumen keineswegs unseren ästhetischen Gefühlen nachstehen.

Dass Bäume, wenigstens japanische Bäume, eine Seele haben, kann dem, der das Blühen des Ume no ki oder Sakura no ki gesehen hat, nicht als unnatürliche Vorstellung erscheinen. Dieser Glaube ist in Izumo und auch anderswo allgemein verbreitet. Er steht mit der buddhistischen Philosophie nicht im Einklang, aber in gewissem Sinne ist es uns, als stünde er der kosmischen Wahrheit näher als unsere abendländische orthodoxe Auffassung von den Bäumen als „Dingen, die zum Nutzen der Menschen geschaffen seien“. Überdies haben sich noch allerlei Formen alten Aberglaubens über bestimmte Bäume erhalten, ungefähr so, wie sie auch in Westindien existieren, wo sie einen guten Einfluss ausgeübt haben, indem sie die Zerstörung kostbarer Holzarten verhinderten. Wie überall in der Tropenwelt, gibt es auch in Japan gespenstische Bäume. Von diesen werden der Enoki (Celtis Wildenowiana) und der Yanagi (Trauerweide) als besonders geisterhaft angesehen, und man findet sie nur selten in altjapanischen Gärten. Beiden wird die Kraft des Heimsuchens zugeschrieben. „Enoki ga bakeru“ sagt man in Izumo. In einem japanischen Wörterbuch wird das Wort „bakeru“ durch Ausdrücke

---

[14] Bei den höheren Klassen der heutigen japanischen Gesellschaft ist es nicht üblich, das respektvolle „O“ vor Mädchennamen zu setzen. Und man gibt auch den Töchtern keine prätentiösen Namen. Aber auch bei den Klassen der respektablen, ärmeren Familien sind die den Geishas ähnelnden Namen unbeliebt. Aber die oben angeführten sind gute, wohlanständige und alltägliche Namen.

wie „verwandeln“, „umgestalten“ usw. übersetzt; aber die Vorstellung, die man mit diesen Bäumen verknüpft, ist sehr eigentümlich und kann durch eine solche Wiedergabe des Verbums „bakeru“ nicht erschöpfend erklärt werden. Der Baum selbst verändert weder Gestalt noch Platz, aber ein Gespenst, Ki no o-bake, löst sich von dem Baum und geht in verschiedenen Verkleidungen einher.[15] Am häufigsten nimmt das Phantom die Gestalt eines schönen Weibes an. Der Baumgeist spricht sehr selten und wagt es auch nur selten, sich von seinem Baum sehr weit zu entfernen. Naht man ihm, so schlüpft er alsogleich wieder in den Stamm oder das Laub zurück. Man sagt, dass wenn ein junger Enoki oder ein alter Yanagi gefällt wird, aus der Schnittwunde Blut fließe. Man glaubt, dass diese Bäume, wenn sie sehr jung sind, keine übernatürliche Kraft haben, dass sie aber mit zunehmendem Alter immer gefährlicher werden.

Es gibt eine sehr hübsche Legende – (sie erinnert an den alten Traum der Griechen von den Dryaden) – über eine Weide, die in dem Garten eines Samurai in Kyōto stand. Weil er ihre gespenstische Natur kannte, wollte der Besitzer den Baum fällen lassen. Aber ein anderer Samurai überredete ihn, von seinem Vorsatz abzustehen, indem er sagte: „Verkaufe ihn lieber mir, und ich werde ihn in meinen Garten pflanzen. Glaube mir, dieser Baum hat eine Seele, und es wäre grausam, sein Leben zu zerstören.“ Der Samurai willigte ein. Also verkauft und verpflanzt gedieh der Yanagi und blühte in der neuen Heimat, und sein Geist nahm aus Dankbarkeit die Gestalt eines schönen Weibes an und wurde die Gattin des Samurai, der sie befreit hatte. Ein schöner Knabe entsprang dieser Verbindung. Einige Jahre später gab der Daimyō, dem das Grundstück gehörte, Befehl, den Baum zu fällen. Da weinte die Frau bitterlich und gestand dem Manne, wie es sich mit ihr verhielt. „Und nun weiß ich, dass ich sterben muss, aber unser Kind wird leben, und du

---

[15] Satow ist bei Hirata auf einen Glauben gestoßen, der mit diesem entfernte Verwandtschaft zu zeigen scheint, – die seltsame Shintōlehre, nach der ein göttliches Wesen durch Selbstspaltung Teile seines Selbst abwerfen und auf diese Weise die sogenannten „Wakimi-tama“, die geteilten Geister mit selbständiger Funktion hervorbringt. Der große Gott von Izumo, Ohokuni-nushi no Kami, soll nach Hirata drei solche „geteilte Geister“ haben: seinen rohen Geist (Ara-mi-tama), der straft, seinen sanften Geist (Nigi-mi-tama), der verzeiht und seinen segnenden oder wohltätigen Geist (Sakimi- tama), der segnet. Eine shintōistische Erzählung berichtet, dass einstmals der rohe Geist dieses Gottes seinem sanften Geist begegnete, ohne ihn zu erkennen.

wirst es immer liebhaben. Dieser Gedanke ist mein einziger Trost." Vergebens suchte der betrübte und erschreckte Gatte sie zurückzuhalten. Ihm für ewig Lebewohl sagend, verschwand sie in den Baum. Es ist überflüssig zu sagen, dass der Samurai alles aufbot, um den Daimyō von seinem Vorsatz abzubringen, aber der Fürst brauchte den Baum für die Restaurierung eines großen buddhistischen Tempels, des San-jū-san-gen-dō.[16] Man fällte also den Baum; aber im Fallen wurde er plötzlich so schwer, dass dreihundert Männer ihn nicht vom Platze heben konnten. Da nahm das Kind einen Zweig in sein kleines Händchen und sagte: „Komm!", und alsbald folgte ihm der Baum, über den Boden gleitend, zum Tempel.

Es kommt vor, dass ein Baum, obgleich man ihn für einen Bakemono-ki hält, doch der höchsten religiösen Ehren teilhaftig wird; denn man glaubt, dass der Geist des Gottes Koshin, dem alte Puppen geweiht werden, in gewissen, sehr alten Enoki-Bäumen lebe, und vor diesen werden Altäre erbaut, und das Volk betet davor.

Der zweite Garten, auf der Nordseite, ist mein Lieblingsgarten. Er enthält keine großen Gewächse, ist mit blauen Kieseln gepflastert, und seinen Mittelpunkt bildet ein kleiner von seltenen Pflanzen eingerahmter Weiher – ein Miniatursee – mit einem winzigen Inselchen, Zwergbergen und ebensolchen Pfirsichbäumchen, Fichten und Azaleen, von denen einige vielleicht mehr als hundert Jahre alt sind, obgleich ihre Größe kaum einen Fuß beträgt. Nichtsdestoweniger erscheint dieses Werk, wenn man es so ansieht, wie es nach der ursprünglichen Absicht seines Schöpfers angeschaut werden soll, dem Auge keineswegs in Miniaturverhältnissen. Von einer bestimmten Ecke des Gastzimmers gesehen, empfängt man vielmehr den Eindruck eines wirklichen Seeufers, mit einer wirklichen Insel dahinter.

So scharfsinnig war die Kunst des alten Gärtners, der all dies geschaffen, und der nun wohl schon hundert Jahre unter den Zedern des Geshōji schlummert, dass der Trug nur von dem Zashiki aus durch eine Ishidōrō oder Steinlaterne, die sich auf der Insel befindet, herauszufinden ist. Die Dimension der Ishi-

[16] Vielleicht der imposanteste aller buddhistischen Tempel in Kyōto, der Kwannon mit den tausend Händen geweiht, der 33.333 Bilder von ihr enthalten soll.

dōrō verrät die falsche Perspektive, und ich glaube, dass sie, als der Garten angelegt wurde, nicht dort stand.

Hier und dort am Rande des Teiches und beinahe in einem Niveau mit dem Wasserspiegel liegen große, flache Steine, auf denen man entweder stehen oder hocken kann, um die Insassen des Sees oder die Wasserpflanzen zu betrachten. Dort sind wunderschöne Wasserlilien, deren glänzend grüne Blätterscheiben ölig auf der Wasserfläche schwimmen (Nuphar Japonica), und zweierlei Lotospflanzen in großer Anzahl; solche, die rosige, und solche, die reinweiße Blumen haben. Dem Ufer entlang wachsen Schwertlilien mit violett schimmernden Blüten und verschiedenartige ornamentale Gräser, Farnkräuter und Moosarten. Aber der Teich ist hauptsächlich ein Lotosteich; die Lotosblumen bilden seinen größten Reiz. Es ist ein Genuss, jede Phase ihres wundersamen Wachstums zu beobachten, von dem ersten Aufrollen ihrer Blätter bis zur letzten Blütenentfaltung. Einen besonders interessanten Anblick bieten sie dem Beobachter an einem Regentage. Ihre großen becherförmigen Blätter wiegen sich über dem Weiher; sie fangen den Regen auf und behalten ihn eine Weile; aber immer, wenn das Wasser in dem Blatt eine bestimmte Höhe erreicht, neigt sich der Stängel und das Blatt leert die Flüssigkeit mit einem lauten Platschen aus und richtet sich dann wieder auf. Regentropfen auf einem Lotosblatt ist ein sehr beliebter Vorwurf für japanische Metallarbeiten, und nur die Metallarbeit kann den Effekt wiedergeben, denn die Farbe und Bewegung des Wassers, das über die grüne ölige Fläche hinspielt, ist ganz wie die des Quecksilbers.

Der dritte Garten, der sehr groß ist, dehnt sich über das Gehege mit dem Lotosteich bis zum Fuß der bewaldeten Hügel, welche die nördliche und nordöstliche Grenze dieser alten Samuraiheimstätte bilden. Früher war dieser ganze ebene Raum von einem Bambushain bedeckt, aber jetzt ist er kaum mehr als eine Wüste, von Unkraut und wilden Blumen überwuchert. In dem nordöstlichen Winkel ist ein herrlicher Quell, aus dem eiskaltes Wasser durch ein sehr sinnreich angelegtes Aquädukt von Bambusrohren ins Haus geleitet wird. Und am Nordwestende, von hohem Unkraut verdeckt, steht ein winziger Inari-Altar, vor dem zwei kleine Steinfüchse sitzen. Der Altar und die Figuren sind abgeschürft und geborsten und dicht mit grünem Moos übersponnen. Aber auf der Ostseite des Hauses ist noch ein kleines, zu dieser großen Abteilung des Gartens gehöriges Bodenviereck bebaut. Es ist in seinem ganzen Umfang der Kultur der Chrysanthemen gewidmet, die zum Schutze gegen Regengüsse und Sonnenbrand durch schräges, shōjiförmiges Rahmenwerk aus leichtem Holz mit weißen Papierscheiben bedeckt sind. Ich kann nicht wagen, dem vielen, was über diese wundersamen Produkte der Blumenkultur schon gesagt wurde, noch irgendetwas hinzuzufügen, möchte mir aber nicht versagen, eine kleine Geschichte, die sich auf Chrysanthemen bezieht, hier anzuführen.

Es gibt in Japan einen Ort, wo es als ein übles Omen angesehen wird, Chrysanthemen anzupflanzen, aus Gründen, die ich gleich erwähnen werde. Dieser Ort ist das hübsche Städtchen Himeji in der Provinz Harima. In Himeji stehen die Ruinen eines großen Schlosses mit dreißig Türmchen. Dort pflegte ein Daimyō zu wohnen, der ein Einkommen von 156.000 Koku Reis hatte.

In dem Hause des Hauptvasallen eines dieser Daimyōs nun lebte ein Dienstmädchen aus anständiger Familie namens O-Kiku. Und der Name Kiku bedeutet Chrysantheme. Viele wertvolle Dinge waren ihrer Obhut anvertraut, darunter zehn kostbare goldene Schüsseln. Eine derselben wurde plötzlich vermisst und konnte nicht aufgefunden werden. Das dafür verantwortliche Mädchen war außerstande, ihre Unschuld zu beweisen und ertränkte sich in ihrer Verzweiflung in einem Brunnen. Aber allnächtlich kehrte ihr Geist zurück, und man konnte hören, wie sie schluchzend langsam die Schüsseln zählte:

Ichi-mai, Yo-mai, Shichi-mai,
Ni-mai, Go-mai, Hachi-mai,
Sam-mai, Roku-mai, Ku-mai.

Dann erscholl ein verzweifelter Aufschrei, und die klagende Stimme des Mädchens fuhr unter strömenden Tränen mit dem Zählen der Schüsseln fort: „Eins-zwei-drei-vier-fünf-sechs-sieben-acht-neun“

Ihr Geist ging in den Körper eines seltsamen kleinen Insektes über, dessen Kopf einem Gespenst mit aufgelöstem Haar gleicht – man nennt es O-Kikumushi oder die „Fliege der O-Kiku“ und sagt, es komme außer in Himeji nirgends vor. Ein berühmtes Theaterstück wurde über O-Kiku geschrieben, das auf allen Volksbühnen unter dem Namen Banshū O-Kiku no Sara-yashiki oder „das Haus der Schlüssel der O-Kiku von Banshū“ aufgeführt wird.

Einige behaupten nun, Banshū sei der verballhornte Name eines alten Viertels in Tōkyō (Yedo), wohin die Geschichte verlegt wurde. Aber die

Bewohner Himejis sagen, dass der Stadtteil, der jetzt Go-ken Yashiki genannt wird, mit dem Standplatz des alten Gebäudes identisch ist. Was aber sicherlich auf Wahrheit beruht, ist, dass es in dem genannten Viertel als unglückbringend betrachtet wird, Chrysanthemen zu pflanzen, weil der Name O-Kiku Chrysantheme bezeichnet. Deshalb kultiviert, wie man mir sagt, dort niemand Chrysanthemen.

Nun kommen die Ujō, die Wünsche habenden Dinge, die diese Gärten bewohnen, an die Reihe.

Es gibt dort vier Arten von Fröschen; drei davon bevölkern den Lotosteich, und eine lebt in den Bäumen. Der Baumfrosch ist ein sehr hübsches Geschöpfchen von wunderbarer grüner Farbe. Sein schriller Schrei klingt beinahe so wie die Stimme des Semi, und man nennt ihn Amagaeru oder Regenfrosch, weil sein Quaken wie das seiner Sippe in anderen Ländern auch Regen prophezeit. Die Lotosteich-Frösche heißen Babagaeru, Shinagaeru und Tōno-san-gaeru. Von diesen Arten ist die erstgenannte die größte und hässlichste. Ihre Farbe ist sehr widerlich, und ihr voller Name (Babagaeru ist eine Abkürzung) ist ebenso widerwärtig wie ihre Farbe. Der Shinagaeru oder der gestreifte Frosch ist auch nicht hübsch, es sei denn im Vergleich zu dem vorerwähnten Geschöpf. Der Tōno-san-gaeru hingegen, nach einem berühmten Daimyō so genannt, dessen Andenken mit Pracht und Glanz verknüpft ist, ist sehr schön und prächtig bronzerot gefärbt.

Außer diesen Froscharten lebt in dem Garten noch ein gewisses, plumpes, glotzäugiges Tier, das, obgleich hier Hikigaeru genannt, meines Erachtens eine Kröte ist. Hikigaeru ist die gewöhnliche Bezeichnung für Ochsenfrosch. Dieses Geschöpf kommt fast täglich ins Haus, um gefüttert zu werden und hat selbst vor Fremden keine Furcht. Meine Leute betrachten es als einen glückbringenden Gast, und man schreibt ihm die Kraft zu, alle Mosquitos des Zimmers in seine Mundhöhle zu befördern, indem es bloß den Atem einzieht. Obwohl es in der Schätzung der Gärtner und mancher anderer Leute so hoch steht, erzählt doch eine Legende aus alter Zeit von einer Koboldkröte, die durch solches bloßes Einziehen des Atems nicht Insekten, sondern Menschen verschlang.

Der Weiher ist auch von vielen kleinen Fischen bevölkert, von Imori oder Wassermolchen mit hellroten Bäuchen, und Massen kleiner Wasserkäfer,

Maimai-mushi genannt, die unaufhörlich so schnell über die Wasserfläche einherwirbeln, dass es beinahe unmöglich ist, ihre Form genau zu unterscheiden. Ein Mensch, der unter der Einwirkung hochgradiger Erregung ziel- und zwecklos umherläuft, wird darum mit einem Maimai-mushi verglichen. Und es sind auch ein paar schöne Schnecken mit gelben Streifen auf ihren Gehäusen da. Die japanischen Kinder singen ein reizendes Liedchen, das die Kraft haben soll, die Schnecken zum Herausstecken ihrer Hörner zu bewegen:

> Daidamushi[17] daidamushi, tsuno chitto dashare!
> Ame kaze fuku kara tsuno chitto dashare![18]

Seit alters her war der Hausgarten immer der Tummelplatz für die Kinder der besseren Klassen, ebenso wie der Tempelhof der der Kinder der Armen ist. Im Garten erfahren die Kleinen zuerst etwas von dem merkwürdigen Leben der Pflanzen und den Wundern der Insektenwelt, und dort lehrt man sie auch jene hübschen Überlieferungen, Märchen und Lieder von Vögeln und Blumen, die einen so reizenden Teil der japanischen Volkssage bilden. Da die häusliche Erziehung des Kindes hauptsächlich der Mutter zufällt, wird ihm schon frühzeitig die Lehre eingeprägt, gut gegen Tiere zu sein. Die Folgen davon zeigen sich in späteren Jahren sehr deutlich. Freilich sind auch japanische Kinder nicht ganz frei von jenem Hang zur Grausamkeit, der als ein Überbleibsel primitiver Instinkte den Kindern aller Länder eigen ist. Aber in dieser Hinsicht zeigt sich der moralische Unterschied der Geschlechter schon in der frühesten Kindheit. Die liebevolle Frauenseele verrät sich schon im Kinde. Kleine japanische Mädchen, die mit Insekten oder anderen kleine Tieren spielen, verletzen diese selten und geben sie gewöhnlich frei, wenn sie sich eine Weile mit ihnen vergnügt haben. Kleine Knaben aber sind durchaus nicht so gutherzig, wenn sie sich unbeobachtet glauben. Aber sieht sie jemand eine Grausamkeit verüben, so trachtet er bei ihnen Scham über ihre Handlungsweise zu erwecken und verfehlt nicht, ihnen die Warnung des Meisters zuzurufen: „Wenn du grausam bist, wird deine zukünftige Geburt unglücklich sein."

---

[17] Daidai-mushi in Izumo. Im Wörterbuch Dedemushi. Man glaubt, die Schnecke habe feuchtes Wetter sehr gern, und jemand, der viel im Regen auszugehen liebt, wird mit einer Schnecke verglichen.

[18] „Schneck, Schneck, komm heraus und strecke deine Hörner aus. Es regnet, der Wind bläst, darum streck deine Fühler ein wenig aus."

Irgendwo zwischen den Felsen im Weiher lebt eine kleine Schildkröte, sie muss wohl von den früheren Hausbewohnern zurückgelassen worden sein. Sie ist sehr hübsch, lässt sich aber oft wochenlang nicht blicken. In der Volksmythologie ist die Schildkröte die Dienerin der Gottheit Kompira[19], und wenn ein frommer Fischer eine Schildkröte findet, schreibt er auf ihren Rücken die Lettern, welche bedeuten: „Dienerin der Gottheit Kompira", läßt sie einen Schluck Sake trinken und gibt sie dann frei. Man glaubt, dass die Schildkröten gerne Sake trinken.

Manche sagen, dass nur die Land- oder Steinschildkröte die Dienerin der Kompira sei, die Meerschildkröte dagegen die Dienerin des Drachenreichs auf dem Meeresgrunde. Man schreibt der Schildkröte die Fähigkeit zu, mit ihrem Atem eine Wolke, einen Nebel oder einen prachtvollen Palast hervorzaubern zu können. Sie kommt in der alten Volkssage von dem Fischer Urashima[20] vor. Man glaubt an eine hundertjährige Lebensdauer der Schildkröten, weshalb in der japanischen Kunst das gewöhnliche Symbol der Langlebigkeit die Schildkröte ist. Aber die Schildkröte, wie sie von einheimischen Malern und Metallarbeitern dargestellt wird, hat einen eigentümlichen Schwanz, oder eigentlich eine Menge kleiner Schwänzchen, die sich hinter ihr ausbreiten wie die Fransen eines Strohregenmantels (Mino), weshalb sie Minogame genannt wird. Manche der in dem heiligen buddhistischen Weiher gehaltenen Schildkröten erreichen nun ein erstaunliches Alter, und gewisse Wasserpflanzen heften sich an ihren Panzer und schleifen bei ihren Bewegungen hinter ihnen her. Man führt den Ursprung der Minogame-Mythe auf die Bemühungen der alten Künstler zurück, die Erscheinung solcher Schildkröten mit den ihnen anhaftenden Algen bildlich zu veranschaulichen.

Im Frühsommer sind die Frösche erstaunlich zahlreich, und bei Anbruch der Dunkelheit machen sie einen unbeschreiblichen Lärm. Aber mit jeder Woche wird ihr nächtliches Getöse immer schwächer, weil sich ihre Schar durch die Angriffe ihrer zahlreichen Feinde immer mehr lichtet. Eine große Familie von

---

[19] Eine buddhistische Gottheit, aber in neuerer Zeit vom Shintōismus mit dem Gott Kotohira identifiziert.

[20] Man sehe Professor Chamberlains Version davon in der Serie Japanischer Märchen mit entzückenden Illustrationen eines einheimischen Künstlers. Deutsch von Prof. Florenz, Dichtergrüße aus dem Osten.

Nattern, manche von ihnen wohl drei Fuß lang, bricht zeitweilig in die Kolonie ein. Bei dem kläglichen Schrei der Opfer eilt, wenn irgend tunlich, jemand von den Hausbewohnern zur Hilfe herbei, und mein Dienstmädchen hat so manchem Frosch das Leben gerettet, indem sie durch einen Klaps mit einem Bambusstab diese Nattern zwang, ihre Beute fahren zu lassen. Diese Schlangen sind ausgezeichnete Schwimmer. Sie huschen ganz ungeniert überall im Garten herum, aber nur an heißen Tagen. Keiner meiner Leute würde es sich beifallen lassen, sie zu verletzen oder gar zu töten. In Izumo heißt es, dass es Unglück bringe, eine Schlange ohne zwingenden Grund zu vernichten. „Wenn Sie eine Schlange ohne Grund töten", versichert mir ein Bauer, „werden Sie später ihren Kopf in der Komebitsu (der Büchse, in der man gekochten Reis aufbewahrt) finden, wenn Sie den Deckel abnehmen."

Aber die Schlangen verschlingen verhältnismäßig wenig Frösche; ihre erbarmungslosesten Vertilger sind Krähen und der schamlose rote Milan. Es ist auch ein allerliebstes Wiesel da, das unter der Kura (Souterrain) lebt und sich selbst angesichts des Hausherrn ungescheut Frösche oder Fische aus dem Teich herausholt, – und wir haben auch eine Katze, die Streifzüge in meine Vorratskammer macht, – ein abgefeimter Bandit, ein Meisterdieb, den ich vergebens von seinen räuberischen Einbrüchen abzuschrecken suche; teilweise wegen ihrer Immoralität, zum Teil auch, weil diese Katze zufällig einen langen Schwanz hat, steht sie in dem üblen Gerüche, eine Nekomata oder Koboldkatze zu sein. Freilich kommt in Izumo manche Katze schon mit einem langen Schwanz zur Welt, aber man duldet nicht, dass sie damit groß wird. Denn die natürliche Tendenz der Katzen ist, ein Kobold zu werden, und die Tendenz zu einer solchen Metamorphose kann nur durch das Abschneiden des Schwanzes im zartesten Kätzchenalter unterdrückt werden. Aber ob mit oder ohne Schwanz sind die Katzen Magier und haben die Kraft, Leichen tanzen zu machen. „Füttere einen Hund drei Tage und er wird deiner Güte drei Jahre eingedenk sein; füttere eine Katze drei Jahre, und sie vergisst deine Güte in drei Tagen!", sagt ein japanisches Sprichwort. Katzen sind boshaft, sie zerreißen die Matten, machen Löcher in die Shōjis und wetzen ihre Klauen an den Säulen der Tokonoma. Katzen sind fluchbeladen: Einzig die Katze und die giftige Schlange weinten nicht beim Tode Buddhas; und sie werden nie in die Seligkeit des Gokuraku eingehen. Aus allen diesen und anderen Gründen, die ich nicht alle anführen kann, sind die Katzen in Izumo nicht beliebt und müssen den größten Teil ihres Lebens im Freien zubringen.

Nicht weniger als elf Schmetterlingsarten haben in den letzten Tagen die Umgebung des Lotosweihers aufgesucht. Die gewöhnlichste Spezies ist schneeweiß. Man glaubt, dass sie besonders von der Na- oder Rapspflanze angezogen wird, und bei ihrem Anblick singen die kleinen Mädchen:

> Chōchō, chōchō, na no ha ni tomare;
> Na no ha ga iyenara, te no tomare.[21]

Aber das interessanteste Insekt ist sicherlich die Semi (Cicade). Diese japanischen Grillen sind noch viel merkwürdigere Sänger als selbst die wunderbaren Cicaden der Tropen, und sie ermüden einen weniger, denn es gibt während der ganzen warmen Jahreszeit fast für jeden Monat eine andere Art von Semi, jede mit einer ganz besonderen Singweise. Ich glaube, es existieren sieben verschiedene Arten, aber ich habe nur vier davon kennen gelernt. Die erste, die sich in meinen Bäumen hören lässt, ist die Natsuzemi oder Sommersemi: Ihr Ton klingt wie die Silbe Ji, die in einem langsamen zirpenden Crescendo zu einem Schrillen, wie dem einer Dampfpfeife anwächst und wieder zu einem Zirpen verhaucht. Dieses Ji-i-i-iiiiiii ist so ohrenbetäubend, dass, wenn zwei Natsuzemi dem Fenster nahekommen, ich gezwungen bin, sie fortzuscheuchen. Glücklicherweise folgt der Natsuzemi bald der Minminzemi, ein viel besserer Sänger, dessen Name seinem wunderbaren Ton abgelauscht ist. Man sagt von ihm, er singe wie ein buddhistischer Priester, der das Kyō rezitiert, und wirklich, wenn man ihn zum ersten Mal vernimmt, kann man kaum glauben, bloß eine Cicade zu hören. Der Minminzemi wird im Frühherbst von einem schönen, grünen Semi abgelöst, dem Higurashi, der einen seltsamen klaren Ton hat, wie ein rasches Glöckchengeläute, kana-kana-kana-kana-kana. Aber als der wunderbarste Gast kommt später der Tsuku-tsuku-bōshi.[22] Ich glaube, dieses Geschöpfchen kann in der ganzen Welt der Cicaden keinen Rivalen haben, sein Singen gleicht genau dem Vogelsang. Sein Name ist ebenso wie der des Minminzemi onomatopoetisch; aber in Izumo wird der Klang seines Gesanges so wiedergegeben:

---

[21] Schmetterling, Schmetterling, lass dich auf das Na-Blatt nieder. Aber magst du das Na-Blatt nicht, dann lasse dich, bitte, auf meine Hand nieder.

[22] Bōshi bedeutet „einen Hut“. Tsukeru „aufsetzen, anziehen“, aber diese Etymologie ist mehr als zweifelhaft.

Tsuku tsuku uisu,[23]
Tsuku-tsuku uisu,
Tsuku-tsuku uisu;
Ui-osu,
Ui-osu,
Ui-osu,
Ui-os-s-s-s-s-s-s-s-u.

Die Semi sind jedoch nicht die einzigen Musikanten des Gartens. Zwei bemerkenswerte Geschöpfe schließen sich ihrem Orchester an. Das erste ist ein leuchtend grüner Grashüpfer, den Japanern unter dem seltsamen Namen Hotokenouma oder „das Totenpferd" bekannt. Die Kopfform dieses Insektes hat einige Ähnlichkeit mit einem Pferdekopf, daher sein Name. Es ist dies ein seltsames, zutunliches Geschöpfchen, das sich ohne Sträuben in die Hand nehmen lässt und es sich bei seinen häufigen Besuchen im Hause ganz behaglich macht. Es gibt einen sehr dünnen Laut von sich, den die Japaner als eine Wiederholung der Silben jun-ta bezeichnen. Und der Name Junta wird manchmal dem Grashüpfer selbst gegeben. Das andere Insekt ist auch eine grüne Heuschrecke, die aber etwas größer und auch scheuer ist. Man nennt sie Gisu, wegen ihres Gesanges:

Chon, Gisu;
Chon, Gisu;
Chon, Gisu;
Chon ... (ad libitum).

Verschiedene Arten reizender Libellen (Tombō) umschweben an heißen klaren Tagen den Lotosteich, eine Abart – das schönste Geschöpf dieser Art, das ich je gesehen, in unbeschreiblichen metallischen Farben schimmernd und geisterhaft zart – heißt Tenshi-tombō, die „Kaiserlibelle". Es gibt noch eine andere, die größte, aber nicht oft vorkommende japanische Libellenart, nach welcher die Kinder als Spielzeug fahnden. Von dieser Spezies sagt man, dass es von ihr weit mehr Männchen als Weibchen gebe, und, was ich als wahr verbürgen kann, ist, dass, wenn man ein Weibchen gefangen hat, das Männchen alsogleich durch die Ausstellung des Weibchens angelockt werden kann. Die Knaben suchen sich daher zuerst eines Weibchens zu bemächtigen,

[23] Manche sagen „Chokko-chokko-uisu".

das sie mit einem Faden an einen Baumzweig binden, um dann ein kleines seltsames Liedchen zu singen, dessen Worte im Original die folgenden sind:

Konna[24] danshō Kōrai ō
Adzuma no meto ni makete
Nigeru wa haji de wa nai kai?

Was bedeutet: „Du das Männchen, König von Korea, schämst du dich nicht, vor der Königin des Ostens davonzufliegen?" (Diese Stichelei ist eine Anspielung auf die Geschichte der Eroberung von Korea durch die Kaiserin Jingō.) Und das Männchen kommt unfehlbar herbei und wird auch gefangen.

In warmen Nächten dringen allerhand ungebetene Gäste ins Haus. Zwei Arten von Mosquitos tun ihr Möglichstes, uns das Leben zu verleiden. Und diese haben die Kunst gelernt, dem Lampenlicht nicht allzu nah zu kommen, aber Schwärme anderer, neugieriger, harmloser Lebewesen können nicht daran verhindert werden, ihren Tod in den Flammen zu finden. Die zahlreichsten Opfer unter all denen, die dicht wie Regenschauer hereinströmen, heißen Sanemori. Wenigstens werden sie in Izumo so genannt, wo sie in der wachsenden Reissaat großen Schaden anrichten.

Der Name Sanemori nun ist seit uralten Zeiten als Name eines berühmten Kriegers des Genji-Clan bekannt. Nach einer Sage glitt das Pferd des Ritters während seines Zweikampfes mit einem Nebenbuhler unter ihm aus und fiel in ein Reisfeld, worauf sein Feind ihn übermannte und tötete. Er wurde zu einem reisvertilgenden Insekt, das von den Landleuten in Izumo immer respektvoll Sanemori-San angesprochen wird. Um das Insekt anzulocken, entzünden sie in hellen Sommernächten in den Reisfeldern Feuer, schlagen auf Gongs und lassen Flöten erschallen, wobei sie unaufhörlich singen: „O Sanemori, geruhe gnädigst zu kommen." Ein Kannushi vollzieht einen religiösen Ritus, und dann wird eine Ritter und Ross darstellende Strohpuppe entweder verbrannt oder in den nächsten Kanal oder Fluss versenkt. Durch diese Zeremonie glaubt man die Felder insektenfrei gemacht zu haben. Dieses winzige Geschöpfchen ist fast von gleicher Größe und Farbe wie eine Reishülse. Die Sage, die sich daran knüpft, mag aus der Tatsache entstanden sein, dass

[24] Zusammenziehung von Kore naru.

sein Körper mit ausgebreiteten Flügeln einige Ähnlichkeit mit dem Helm eines japanischen Kriegers hat.[25]

In der Reihe der Flammenopfer kommen zunächst die Nachtfalter, von denen manche sehr seltsam und schön sind. Der hervorragendste ist ein ungeheures Geschöpf, im Volksmunde Okori-chōchō oder der „Fieberfalter" genannt, weil der Aberglaube verbreitet ist, dass er mit seinem Hereinfliegen in ein Haus immer Wechselfieber bringe. Sein Körper ist ebenso schwer und fast so kräftig wie der des größten Kolibris, und sein Sträuben in der Hand, wenn man ihn gefangen hat, überrascht durch seine Kraft. Beim Fliegen bringt er ein sehr lautes Schwirren hervor. Die ausgebreiteten Flügel eines Okori-chōchō, den ich gemessen habe, betrugen fünf Zoll von einem Ende zum andern, schienen aber immer noch klein im Verhältnis zu dem schweren Körper. Sie waren in verschiedenen dunkelbraunen und silbergrauen Farbentönen reich gesprenkelt.

Aber viele geflügelte nächtliche Gäste vermeiden die Lampe. Der allerphantastischste unter diesen Gästen ist der Tōrō oder Kamakiri, in Izumo Kamōkake genannt, eine leuchtend grüne Fangheuschrecke (Mantis religiosa), wegen ihrer Bissigkeit von Kindern sehr gefürchtet. Sie ist sehr groß. Ich habe Exemplare gesehen, die mehr als sechs Zoll lang waren. Die Augen der Kamōkake sind nachts glänzend schwarz, aber bei Tage sehen sie grasgrün aus wie ihr übriger Körper. Die Fangheuschrecke ist sehr intelligent und erstaunlich angriffslustig. Ich sah, wie eine, die von einem Frosch angefallen

[25] Eine verwandte Legende knüpft sich an den Shiwan, ein kleines gelbes Insekt, welches Gurken vertilgt. Man sagt, der Shiwan sei einstmals ein Arzt gewesen, der bei einem Liebeshandel ertappt, sein Leben durch die Flucht retten wollte, aber auf seinem Wege sich in einer Gurkenranke verstrickte, zu Boden fiel, eingeholt und getötet wurde. Sein Geist wurde ein Insekt, das die Gurkenranken vertilgt. In der Tier- und Pflanzenmythologie Japans begegnet man Legenden, die eine seltsame Ähnlichkeit mit den alten griechischen Erzählungen von Metamorphosen haben. Einige der bemerkenswertesten dieser Volkssagen sind jedoch erst in relativ moderner Zeit entstanden. Ein Beispiel dafür ist die in Nagato aufgefundene Legende von der Heikegani genannten Krabbe. Man glaubt, die Seelen der Taira-Krieger, die in der großen Seeschlacht von Dan no ura (jetzt Seto-Nakai), 1185, gefallen sind, hätten sich in Heikegani verwandelt. Der Panzer dieser Heikegani ist so gefurcht, dass sie wie ein grimmes Antlitz aussehen oder eigentlich auffallende Ähnlichkeit mit jenen schwarzen Visieren oder Masken haben, die die Krieger der Feudalzeit im Kampfe trugen und die wie dräuende Gesichter geformt waren.

wurde, diesen Feind spielend in die Flucht jagte. Sie fiel späterhin anderen Bewohnern des Weihers zum Opfer, aber es bedurfte der vereinigten Bemühungen mehrerer Frösche, um das monströse Insekt zu überwältigen, und erst dann wurde der Sieg entschieden, als es den Fröschen gelang, es ins Wasser zu schleppen.

Andere Gäste sind Käfer von verschiedenen Farben und eine Art kleinen Rotauges, genannt Goki-kaburi, was bedeutet, „einer, dessen Kopf mit einer Schüssel bedeckt ist". Man behauptet, dass der Goki-kaburi gern menschliche Augen esse, und deshalb ist er der geschworene Feind von Ichibata-Sama – Yakushi-Nyorai von Ichibata, – der Augenkrankheiten heilt. In den Augen dieses Buddhas wird es deshalb als ein verdienstvolles Werk angesehen, den Goki-kaburi zu töten. Immer willkommen sind die schönen Leuchtkäfer (Hotaru), die ganz geräuschlos hereinfliegen, alsogleich die dunkelste Stelle im Hause aufsuchen, gleich zart schimmernden wie von sanfter Brise leicht bewegten Funken. Man glaubt, dass sie das Wasser sehr lieben, weshalb die Kinder folgendes Liedchen an sie richten:

Hotaru koe, midzu nomashō;
Achi no midzu wa nigai zo;
Kochi no midzu wa amai zo.[26]

Eine hübsche kleine Eidechse, ganz verschieden von denen, die meinen Garten gewöhnlich heimsuchen, erscheint auch nächtlicherweile und verfolgt ihre Beute den Plafond entlang. Manchmal versucht ein außerordentlich langer Tausendfüßler dasselbe, aber mit weniger Erfolg; er wird mit einer Feuerzange erfasst und wieder hinaus in das Dunkel befördert. Sehr selten erscheint eine ungeheure Spinne – sie scheint ganz harmlos. Wird sie gefangen, stellt sie sich tot, bis sie sich unbeobachtet glaubt, um dann mit erstaunlicher Behändigkeit ihr Heil in der Flucht zu suchen. Sie ist unbehaart und ganz verschieden von der Tarantel oder Fukurogumo. Man nennt sie Miyamagumo oder Bergspinne. Es sind noch vier andere Spinnenarten in der Nachbarschaft verbreitet: Tenagakumo oder die „langarmige Spinne", Hiratakumo oder die „flache Spinne", Jikumo oder die „Erdspinne", und Totatekumo oder „die türschließende Spinne". Die meisten Spinnen werden als bösartig angesehen. Im Volke heißt es: „Siehst du nachts eine Spinne, so töte

[26] „Komm, Leuchtkäfer, ich will dir Wasser zu trinken geben; das Wasser jenes Ortes ist bitter, hier aber ist es süß."

sie; denn alle Spinnen, die sich nach Anbruch der Dunkelheit zeigen, sind Kobolde. Solange die Leute wach und achtsam sind, machen sich solche Geschöpfe ganz klein, aber wenn alles in festem Schlaf liegt, dann nehmen sie ihre wahre Koboldgestalt an und werden Ungetüme."

Der hohe bewaldete Hügel hinter meinem Garten ist voller Vogelleben. Da sind wilde Uguisu, Eulen, wilde Tauben, nur allzu viele Krähen und ein wundersamer Vogel, der nachts geisterhafte Laute ertönen lässt, – lange tiefe Töne hoo, hoo. Man nennt ihn Awamakidori oder den „Hirse säenden Vogel", weil die Landleute, wenn sie seinen Ruf hören, wissen, dass es an der Zeit ist, Hirse zu säen. Er ist ganz klein und braun, unsagbar scheu und, soviel ich weiß, ein ausgesprochener Nachtvogel.

Aber selten, sehr selten vernimmt man aus diesem Wald nachts eine Stimme, die wie im Schmerze die Silben „Ho-to-to-gi-su" ruft. Der Ruf und der Name des Rufers sind ein und dasselbe, Hototogisu.

Es ist ein Vogel, von dem man sich unheimliche Dinge erzählt, – denn man sagt, er sei kein Geschöpf der wirklichen Welt, sondern ein Nachtwanderer aus dem Lande der Dunkelheit. Im Meido ist sein Wohnort, zwischen jenen sonnenlosen Bergen von Shide, über die alle Seelen auf ihrem Wege zum Orte des Gerichts kommen müssen. Nur einmal im Jahre taucht er auf. Die Zeit seines Kommens fällt in das Ende des fünften Monats der alten Zeitrechnung nach Monden. Sobald die Bauern seine Stimme hören, sagen sie zueinander: „Nun müssen wir den Reis säen, denn der Shide-no-taosa ist zu uns gekommen." Das Wort Taosa bedeutet den Häuptling einer Mura oder eines Dorfes, da Dörfer in alten Zeiten regiert wurden. Aber warum der Hototogisu Taosa von Shide genannt wird, weiß ich nicht. Vielleicht hält man ihn für eine Seele aus irgendeinem schattenhaften Weiler der Shidehügel, wo die Geister zu rasten pflegen auf ihrem mühseligen Weg zum Reiche Emmas, des Königs der Toten.

Sein Ruf ist in verschiedener Weise gedeutet worden. Einige erklärten, der Hototogisu wiederhole nicht wirklich seinen eigenen Namen, sondern frage: „Honzon kaketa ka?" (Wurde der Honzon[27] aufgehängt?) Andere, die ihre

[27] Unter Honzon versteht man hier den heiligen Kake mono oder das Bild, welches in den Tempeln nur an dem Geburtstage Buddhas, der auf den achten Tag des alten

Interpretation auf chinesische Weisheit stützen, behaupten, sein Ruf bedeute: „Gewiss, es ist besser, heimzukehren." Eines ist wahr: Alle, die ferne von ihrem Lande in entlegenen Provinzen die Stimme des Hototogisu vernehmen, werden von Heimweh ergriffen.

„Nur bei Nacht", sagen die Leute, „vernimmt man seine Stimme." Und zumeist in Vollmondnächten. Und er singt unsichtbar in den Höhen schwebend, weshalb ein Dichter ihn folgendermaßen besang:

> Hito koe wa.
> Tsuki ga naita ka
> Hototogisu![28]

Und ein anderer, Fujiwara no Sanesada, schreibt:

> Hototogisu
> Nakitsuru kata wo
> Nagamureba,
> Tada ariake no
> Tsuki zo nokoreru.[29]

Der Stadtbewohner kann den Hototogisu sein ganzes Leben lang nicht zu hören bekommen. Im Käfig verstummt das kleine Wesen und stirbt. Dichter harren oft vergebens von Sonnenuntergang bis zum Morgengrauen im Tau aus, um den wundersamen Ruf zu hören, der so viele herrliche Verse inspiriert hat. Aber die, die ihn vernommen, finden ihn so tieftraurig, dass sie ihn dem Schrei eines plötzlich zu Tode Verwundeten vergleichen:

> Hototogisu
> Chi ni naku koe wa
> Ariake no
> Tsuki yori hoka ni
> Kiku hito mo nashi.[30]

---

vierten Monats fällt, zur allgemeinen Ansicht ausgestellt wird. Honzon bedeutet auch das Hauptbild in einem buddhistischen Tempel.

[28] „Eine vereinzelte Stimme! Rief der Mond? Nur der Hototogisu war's."

[29] „Schweift mein Blick zu der Stelle, von wo ich den Ruf des Hototogisu hörte, – siehe, – nichts ist da als die bleiche Mondsichel im Morgengrauen."

[30] „Niemand als der Morgenmond vernahm des Hototogisu herzzerreißenden Schrei."

Was die Eulen in Izumo betrifft, werde ich mich darauf beschränken, eine Aufgabe eines meiner japanischen Schüler anzuführen:

„Die Eule ist ein hassenswerter Vogel, der im Dunkel sehen kann. Kleine Kinder, die schreien, schüchtert man mit der Drohung ein: ‚Die Eule wird dich holen!' Denn die Eule schreit: ‚Ho! Ho! Sorotto ko ka! Sorotto ko ka!', was bedeutet: ‚Du, soll ich sacht hereinkommen?' Sie schreit auch: ‚Noritsuke hose! Ho! Ho!', was bedeutet: ‚Du, richte die Stärke her für die morgige Wäsche!' Und wenn die Frauen diesen Ruf vernehmen, wissen sie, dass der morgige Tag ein schöner sein werde. Sie ruft auch: ‚Tototo!', ‚Der Mann stirbt!' und ‚Kotokoko', ‚Der Knabe stirbt!' Deshalb hassen die Menschen sie. Und die Krähen hassen sie so sehr, dass man die Eule dazu benutzt, um Krähen zu fangen. Die Landleute stellen nämlich eine Eule in dem Reisfeld auf, und alle Krähen eilen herbei, um sie zu töten, und verfangen sich dabei in den Fallen. Dies sollte uns lehren, unserer Abneigung gegen andere Leute nicht allzu sehr nachzugeben."

Die Gabelweihen, die den ganzen Tag über in der Stadt umherstreifen, leben nicht in der Nachbarschaft. Ihre Nester sind weit entfernt auf den blauen Gipfeln. Aber sie verbringen den größten Teil ihrer Zeit damit, Fische zu fangen und allerhand aus den Hinterhöfen zu stehlen. Auch machen sie in Gärten und Wäldern plötzlich räuberische Besuche, und ihr unheimlicher Schrei „Pi-yoroyoro, pi-yoroyoro" ertönt vom Morgengrauen bis zum Sonnenuntergang mit kleinen Unterbrechungen über der Stadt. Sie sind sicherlich die frechsten aller dieser gefiederten Geschöpfe, noch frecher sogar als selbst ihre Raubgenossen, die Krähen. Eine Gabelweihe wird sich von einer Höhe von drei Meilen herabstürzen, um einen Tai-Fisch aus dem Bottich eines Fischhändlers oder einen Kuchen aus der Hand eines Kindes zu reißen und wieder in die Lüfte hinaufschießen, ehe das Opfer Zeit gehabt hat, sich zu besinnen und dem Dieb einen Stein nachzuwerfen, daher die Redensart „so verdutzt aussehen, als wenn einem eine Gabelweihe einen Aburage[31] aus den Händen gerissen hätte". Man kann überhaupt gar nicht sagen, was eine Gabelweihe nicht alles zu stehlen für gut fände. So z. B. ging neulich das Dienstmädchen meines Nachbars zum Fluss und trug im Haar eine Schnur kleiner, kunstvoll aus Reiskörnern präparierter und rotgefärbter Kügelchen. Eine Gabelweihe schoss auf ihren Kopf herab, entriss ihr blitzschnell die Perlenschnur und verschlang sie. Es ist aber ein großer Spaß, diese Vögel mit toten Ratten und

[31] Eine Art Pfannkuchen aus Bohnenmehl oder Tōfu bereitet.

Mäusen zu füttern, die man in der Nacht in Fallen gefangen und hernach ertränkt hat. Sowie nur eine tote Ratte hingelegt wird, stürzt sich alsogleich eine Gabelweihe aus den Lüften, um sie davonzutragen. Manchmal kann ihr eine Krähe darin zuvorkommen, aber dann muss diese auch imstande sein, sich schleunigst in den Wald zu retten, um ihre Beute in Sicherheit zu bringen. Die Kinder singen ihr das Lied:

> Tobi, tobi, maute mise!
> Ashita no ba ni
> Karazu ni kakushite
> Nezumi yaru.[32]

Die Erwähnung des Tanzes bezieht sich auf die schöne wiegende Bewegung des Flügelschlages der Gabelweihe. Diese Bewegung wird poetisch dem anmutigen Umherschweben einer Maiko (Tänzerin) verglichen, wenn sie mit ausgestreckten Armen die langen wallenden Ärmel ihres seidenen Gewandes hin und her schwingt.

Obwohl sich auch eine zahlreiche Krähensubkolonie in dem Walde hinter meinem Hause eingerichtet hat, so ist das Hauptquartier der Krähen in dem Föhrenhain der alten Schlossgründe, die ich von meinen Vorderzimmern übersehen kann. Den gesamten Krähenzug gleichzeitig jeden Abend zur selben Stunde heimfliegen zu sehen, ist ein interessantes Schauspiel, und die Volksphantasie hat dafür einen ergötzlichen Vergleich gefunden in dem wirren Durcheinander der Leute, wenn sie zu einer Feuersbrunst laufen. Dies erklärt den Sinn des Liedes, das die Kinder an die in ihr Nest zurückkehrenden Krähen richten:

> Ato no karasu saki i ne,
> Ware ga iye ga yakeru ken,
> Hayō onde midzu kake,
> Midzu ga nakya, yarō zo,
> Amattara ko ni yare,
> Ko ga nakya, modose.[33]

---

[32] Gabelweihe, Gabelweihe, lass mich dich tanzen sehen, und morgen Abend, wenn die Krähe nichts davon weiß, will ich dir eine Ratte geben.

[33] „O säumige Krähe, spute dich, dein Haus steht in Flammen, – Eile, Wasser darauf zu schütten, hast du kein Wasser, will ich dir's geben, hast du zu viel, gib's dem Kind, hast du kein Kind, gib's mir zurück."

Der Konfuzianismus scheint bei der Krähe Tugenden entdeckt zu haben. Es gibt eine japanische Redensart: „Karasu ni hampo no kō ari", deren Sinn ist, dass die Krähe die Kinderpflicht des Hampo erfülle, oder wörtlicher, man finde bei der Krähe die kindliche Pflicht des Hampo. „Hampo" heißt wörtlich „Essen zurückgeben". Man behauptet, dass, wenn die jungen Krähen kräftig genug sind, sie sich für die Fürsorge der Eltern dankbar erweisen, indem sie diesen Nahrung zutragen. Ein anderes Beispiel kindlicher Pietät sagt man der Taube nach: „Hato ni sanshi no rei ari", die Taube sitzt drei Zweige unter ihren Eltern, oder wörtlich: „die Taube hat die drei-Zweige-Etikette zu vollziehen".

Der Schrei der wilden Taube (Yamabato), den ich fast täglich aus dem Wald vernehme, ist der süßeste Klageton, den ich je gehört habe. Die Landleute in Izumo sagen, der Vogel rufe folgende Worte:

> Tete poppo,
> Kaka poppo,
> Tete poppo,
> Kaka poppo.
> Tete... (plötzliche Pause)

Und wirklich, merkt man genau auf, wird man finden, dass es sich tatsächlich so verhält.

„Tete" ist das Kinderlallen für „Vater" und „Kaka" für „Mutter", Poppo bedeutet in der Kindersprache die Brust.[34]

Wilde Uguisu verschönen mir oft den Sommer mit ihrem Gesang und fliegen manchmal ganz nahe an das Haus heran, offenbar angezogen von dem Tirilieren meines Lieblings im Käfig. Die Uguisu kommen in dieser Provinz sehr häufig vor. Sie suchen alle Wälder und heiligen Haine in der Umgebung der Stadt auf, und ich habe während der warmen Jahreszeit nie eine Reise durch Izumo gemacht, dass mir nicht aus irgendeinem lauschigen Versteck seine Stimme entgegengeschallt hätte. Aber freilich, es gibt Uguisu und Uguisu. Man kann schon einen um einen oder zwei Yen haben, aber der abgerichtete,

---

[34] Die Worte Papa und Mama existieren in der japanischen Kindersprache, aber diese Worte bedeuten nicht das, was man meinen sollte. Mama, mit dem üblichen ehrfurchtsvollen O davor, O-mamma, bedeutet „gekochter Reis"'; Papa bedeutet „Tabak"'.

zahme Käfigsänger kann auch einen Preis von nicht weniger als hundert Yen erreichen.

In einem kleinen Dorftempel hörte ich zum ersten Male von einem seltsamen Aberglauben, der über dieses zarte Geschöpfchen verbreitet ist. Der japanische Sarg, in dem die Leiche zur Beerdigung getragen wird, ist ganz verschieden von dem abendländischen Sarg. Es ist dies eine kleine würfelförmige Kiste, in der der Tote in sitzender Stellung untergebracht wird. Wie der Körper irgendeines Erwachsenen in einem so engen Raum Platz finden kann, ist jedem Fremden ein Rätsel. In Fällen ausgesprochener Totenstarre fällt die Aufgabe, die Leiche in dem Sarg unterzubringen, selbst dem Berufs-Dōshinbōzu oft sehr schwer. Aber die frommen Bekenner der Nichirensekte glauben, dass ihr Körper nach dem Tode vollkommen biegsam bleiben wird, und sie verkünden auch, dass der tote Körper eines Uguisu niemals steif werde, denn dieser kleine Vogel gehöre zu ihrem Glauben und bringe sein Leben damit zu, die Sutra des Lotos des Guten Gesetzes in seinem Sang zu preisen.

Mein kleines Reich ist mir schon allzu sehr ans Herz gewachsen. Täglich, wenn ich von meinen Schulpflichten heimkehre und meine Lehreruniform mit dem so viel bequemeren japanischen Kleid vertauscht habe, finde ich reichliche Entschädigung für die Anstrengung meines fünfstündigen Klassenunterrichts in dem schlichten Vergnügen, mich auf die schattige Veranda zu hocken, die mir den Ausblick über die Gärten gewährt. Jene hochbemoosten alten Gartenmauern mit ihren geborstenen Ziegeln scheinen sogar das Echo des Stadtlebens auszuschließen. Man hört keinen Laut, nur Vogelstimmen oder das Schrillen des Semi, und in langen, träumerischen Pausen das vereinzelte Platschen eines untertauchenden Frosches. Aber diese Mauern schließen mich von weit mehr ab als von dem Lärm der Stadtstraßen, jenseits von ihnen braust das moderne Japan der Telegraphen, Zeitungen und Dampfschiffe, diesseits umfängt mich die friedvolle Ruhe der Natur und die Träume des sechzehnten Jahrhunderts. Schon in der Luft liegt ein unsagbarer Zauber. Die vage Empfindung, von etwas Unsichtbarem lieblich umschwebt zu sein, vielleicht der geisterhafte Hauch toter Frauen, die wie die Damen in den alten Bilderbüchern aussehen, und die hier lebten, als noch alles neu war. Selbst in dem Sommerlicht, wie es über die grauen, seltsam geformten Steine gleitet, durch das Laub dieser liebevoll gehegten Bäume zittert, liegt die Zärtlichkeit einer geisterhaften Liebkosung. Dies sind die Gärten der Vergangenheit. Die Zukunft wird sie nur als Träume kennen, Schöpfungen einer vergessenen Kunst, deren Reiz kein Genius wiederzugeben vermag.

Vor den menschlichen Bewohnern scheint hier kein Geschöpf Furcht zu haben. Die kleinen, auf den Lotosblättern ruhenden Frösche schrecken kaum vor der Berührung meiner Hand zurück, die Eidechsen sonnen sich in meiner Griffweite, die Blindschleichen huschen furchtlos über meinen Schatten, Scharen von Semis haben ihr ohrenbetäubendes Orchester auf einem Pflaumenzweig über meinem Kopfe aufgeschlagen, und eine freche Fangheuschrecke macht es sich auf meinem Knie bequem.

Und Schwalben und Sperlinge bauen nicht nur ihre Nester auf meinem Dach, sondern kommen ganz ungescheut in meine Stuben, ja eine Schwalbe hat ihr Nest sogar an der Decke meines Badezimmers aufgeschlagen, und das Wiesel stibitzt mit der größten Unverfrorenheit vor meinen Augen Fische. Ein wilder Uguisu wiegt sich in einem Zedernbaum vor meinem Fenster und fordert mit seinem süßen Geschmetter meinen gefangenen Liebling zum Wettgesang heraus, und durch die goldene Luft, von dem grünen Dämmer der Bergföhren rieselt unablässig der klagend liebkosende, entzückende Ruf der Yamabato zu mir her:

Tete poppo,
Kaka poppo,
Tete poppo,
Kaka poppo,
Tete...

Keine europäische Taube hat diesen Ruf. Wer die Stimme einer Yamabato zum ersten Male vernimmt, ohne sein Herz in einer neuen Empfindung geschwellt zu fühlen, verdient nicht, in dieser schönen Welt zu weilen.

Aber zweifellos wird all dies – der alte Kachū Yashiki mit seinen Gärten – verschwunden sein, ehe viele Jahre ins Land gehen. Schon sind viele weit größere und schönere Gärten als der meinige in Reisfelder und Bambushaine umgewandelt worden. Und die wunderliche Stadt Izumo endlich von einer jener langprojektierten Eisenbahnlinien erfasst, vielleicht schon innerhalb der nächsten zehn Jahre, wird wachsen, anschwellen, sich ausdehnen, alltäglich werden und diese Grundflächen für Fabriken und Mühlen in Anspruch nehmen. Ach, nicht diese Provinz allein scheint dem Lose verfallen, ihren alten Frieden und Zauber einzubüßen. Denn vergänglich sind alle

Dinge, insbesondere in Japan; aber die Wandlungen und die, die sie hervorrufen, werden sich immer wieder und wieder wandeln, bis kein Raum mehr für sie da sein wird – und alles Klagen ist eitel. Die tote Kunst, die die Schönheit dieses Ortes schuf, war auch zugleich die Kunst jenes Glaubens, dem der alltrostbringende Text angehört: „Wahrlich, selbst Pflanzen und Bäume, Felsen und Steine, - alle werden sie in das Nirvana eingehen."

Aus dem Tagebuch eines englischen Lehrers

Ich habe mich kontraktlich verpflichtet, das Lehramt der englischen Sprache in der Jinjō Chūgakkō oder der gewöhnlichen Mittelschule, und in der Shihan-Gakkō, der Lehrerbildungsanstalt in Matsue, in der Provinz Izumo, auf die Dauer eines Jahres zu übernehmen.

Die Jinjō Chūgakkō ist ein ungeheures zweistöckiges Holzgebäude in europäischem Stil, mit dunkelblaugrauem Anstrich, dessen Räumlichkeiten für ungefähr dreihundert Schüler Platz bieten. Das Gebäude liegt an der Ecke einer sehr großen quadratischen Grundfläche, die an zwei Seiten von Kanälen und an den zwei anderen Seiten von sehr ruhigen Straßen eingefasst ist. Es befindet sich in unmittelbarer Nähe des alten Schlosses.

Auf der gegenüberliegenden Seite des Squares liegt das weit umfangreichere Gebäude der Lehrerbildungsanstalt. Dieses sieht auch äußerlich viel hübscher aus mit seinem schneeweißen Anstrich und der kleinen Kuppel, die das Dach krönt. In der Shihan-Gakkō ist nur für hundertundfünfzig Schüler Raum; aber diese sind Interne.

Zwischen diesen beiden Schulgebäuden liegen noch andere Lehranstalten, über die ich wohl später mehr erfahren werde.

Es ist mein erster Schultag. Nishida Sentarō, der japanische Lehrer der englischen Sprache, hat mich durch alle Gebäude geführt, hat mich dem Direktor vorgestellt, mich mit den künftigen Kollegen bekannt gemacht, mir alle erforderlichen Instruktionen über Lehrstunden und -bücher gegeben und hat auch mein Pult mit allem Nötigen versehen. Ehe der Unterricht beginnt, muss ich aber noch dem Statthalter der Provinz, Koteda Yasusada, vorgestellt werden, mit dem mein Kontrakt durch Vermittlung seines Sekretärs abgeschlossen wurde. Nishida geleitet mich also zum Kenchō, dem Präfekturamt, das sich in einem fremdartigen, quer über die Straße gelegenen Gebäude befindet.

Wir steigen über eine breite Treppe und kommen in ein weitläufiges europäisch ausgestattetes Gemach mit Erkerfenstern und gepolsterten Sesseln. An einem runden Tisch sitzt ein Mann, rings um ihn stehen sechs andere. Alle tragen das japanische Galakostüm – prachtvolle Seidenhakamas oder chinesische Beinkleider, seidene Gewänder, seidene Haoris (Oberkleider) mit eingestickten Familienwappen, bei deren Anblick mich eine Art Beschämung über meine eigene, alltäglich unschöne, abendländische Kleidung überkommt. Dies sind Beamte und Lehrer des Kenchō, die sitzende Person ist der Statthalter. Er erhebt sich zu meiner Begrüßung, und ich fühle den Händedruck eines Riesen, aber als ich in sein Auge blicke, habe ich die Empfindung, dass ich diesen Mann bis an das Ende meiner Tage lieben werde. Sein Antlitz ist frisch und treuherzig wie das eines Knaben und hat dabei den Ausdruck besonnener Kraft und weitherziger Güte. Die ganze Milde und Gelassenheit eines Buddha. Neben ihm sehen die übrigen Beamten sehr klein aus, und auf den ersten Blick glaubt man wirklich, einen Menschen einer anderen Rasse vor sich zu haben. Während es mir durch den Sinn fährt, ob wohl die alten japanischen Helden aus gleichem Stoff gemodelt waren, bedeutet er mir mit einer Geste, Platz zu nehmen und richtet mit seiner wohllautenden Bassstimme einige Fragen an meinen Führer. Der Zauber dieser weichen, sonoren, tiefen Stimme verstärkt noch den ersten gewinnenden Eindruck des Gesichtes. Ein Diener bringt Tee.

„Der Statthalter fragt“, verdolmetscht Nishida, „ob Sie die alte Geschichte Izumos kennen?“

Ich antworte, dass ich das Kojiki in der Übersetzung von Professor Chamberlain gelesen habe und deshalb über die Geschichte der urältesten Provinz Japans ein wenig Bescheid wisse. Dann folgt eine kurze Konversation in japanischer Sprache. Nishida sagt dem Statthalter, ich sei nach Japan gekommen, um die alten Religionen, die Sitten und Gebräuche zu studieren, und habe besonderes Interesse für den Shintōismus und die Überlieferungen Izumos. Der Statthalter regt mich zum Besuche der berühmten Heiligtümer von Kizuki, Yaegaki und Kumano an und fragt dann:

„Ist ihm der Ursprung des Händeklatschens vor den Shintōaltären bekannt?“

Ich verneine, und der Statthalter sagt, dass man sich aus einem Kommentar zum Kojiki darüber belehren könne.

„Es ist in der dreiunddreißigsten Abhandlung des vierzehnten Bandes enthalten, wo geschrieben steht, dass Ya-he Koto-shiro-nushi no Kami in seine Hände klatschte."

Ich danke dem Statthalter für seine freundlichen Anregungen und Zitate, und nach einer kurzen Pause werde ich mit einem zweiten herzlichen Händedruck liebenswürdig entlassen, und wir kehren zur Schule zurück.

Ich habe drei Stunden in der Mittelschule unterrichtet und bin zur Erkenntnis gekommen, dass japanische Knaben zu unterrichten eine weit angenehmere Aufgabe ist, als ich es mir zuerst vorgestellt hatte. Jede Klasse ist vorher so gut für mich vorbereitet worden, dass meine gänzliche Unkenntnis des Japanischen gar kein Hindernis beim Unterricht bildet. Überdies, wenn die Knaben auch meine Worte beim Sprechen nicht immer verstehen können, so verstehen sie doch alles, was ich mit Kreide auf die Schiefertafel schreibe. Die meisten von ihnen sind schon seit ihrer Kindheit von japanischen Lehrern im Englischen unterrichtet worden. Alle sind wunderbar gelehrig und geduldig. Nach alter Sitte erheben sich alle Schüler beim Eintritt des Lehrers und verbeugen sich vor ihm; er erwidert den Gruß und liest das Namensverzeichnis ab.

Nishida ist ungemein liebenswürdig. Er steht mir in jeder erdenklichen Weise bei und erschöpft sich in Entschuldigungen, mir nicht noch mehr an die Hand gehen zu können. Natürlich gilt es, einige Schwierigkeiten zu überwinden; so wird es gewiss sehr lange dauern, bis ich mir auch nur die Namen der Knaben merke, von denen ich die meisten, selbst mit dem Klassenbuche vor mir, nicht einmal auszusprechen vermag. Und obgleich für den fremden Lehrer die Namen der verschiedenen Klassenzimmer mit lateinischen Buchstaben auf die Türe geschrieben wurden, werden doch noch Wochen vergehen, bis sie mir ganz geläufig geworden sind. Indessen dient mir Nishida noch immer als Führer zu den Klassenzimmern, und er zeigt mir auch den Weg durch die langen Korridore zu der Lehrerbildungsanstalt und macht mich mit dem Lehrer Nakayama bekannt, welcher dort mein Führer sein soll.

Ich habe bloß viermal wöchentlich in der Lehrerbildungsanstalt zu unterrichten, aber man hat mir auch dort ein schönes Pult im Professorenzimmer zur

Verfügung gestellt und macht es mir so behaglich wie möglich. Nakayama zeigt mir alles, was es im Gebäude Interessantes gibt, ehe er mich mit meinen zukünftigen Zöglingen bekannt macht. Diese Bekanntschaft ist sehr angenehm und als Schulerfahrung ganz neu. Wir durchschreiten einen langen Korridor und kommen in ein großes, lichtstrahlendes, weißgetünchtes Zimmer voll junger Leute in dunkelblauen Uniformen. Jeder von ihnen sitzt vor einem sehr kleinen, auf einem einzigen dreiteiligen Fuß ruhenden Schreibpult. Im Hintergrund des Zimmers steht ein Katheder mit sehr hohem Pult und einem Sessel für den Vortragenden. Während ich meinen Platz vor dem Pult einnehme, ertönt eine laute Stimme in englischer Sprache: „Steht auf!" Und alle erheben sich, wie von einer unsichtbaren Sprungfeder in die Höhe geschnellt. „Verneigt euch!" kommandiert dieselbe Stimme, die Stimme eines jungen Mannes, der das Abzeichen des Primus am Ärmel trägt, alle grüßen mich, ich erwidere den Gruß, wir nehmen unsere Plätze ein, und die Lektion beginnt.

Alle Professoren der Lehrerbildungsanstalt werden vor Beginn jeder Unterrichtsstunde in derselben militärischen Weise begrüßt. Das Kommando erfolgt im Allgemeinen in japanischer Sprache, nur um meinetwillen wurde es in englischer Sprache gegeben.

Die Lehrerbildungsanstalt ist in Japan eine staatliche Institution. Die Aufnahme der Schüler erfolgt auf Grund einer Prüfung und eines Zeugnisses über den guten Charakter des Zöglings. Aber die Zahl der Zugelassenen ist natürlich beschränkt. Die jungen Leute zahlen nichts – weder Schulgeld, noch Geld für Verpflegung, Wohnung, Kleidung und Bücher. Für alle diese Bedürfnisse kommt der Staat auf, aber als Gegenleistung verlangt er, dass die Schüler nach ihrer Graduierung dem Staate ihre Lehrtätigkeit fünf Jahre lang zur Verfügung stellen.

Die Aufnahme sichert jedoch keineswegs die Graduierung. Jedes Jahr finden drei oder vier Prüfungen statt, und die Studenten, denen es nicht gelingt, den recht hohen Prüfungsanforderungen zu entsprechen, müssen die Schule verlassen, gleichviel, wie exemplarisch ihr Benehmen und wie gewissenhaft ihre Bemühungen auch sein mögen. Man kann keine Nachsicht üben, wo es sich um die Unterrichtserfordernisse des Staates handelt, und diese verlangen natürliche Begabung und ein hohes Maß von Kenntnissen. Die Disziplin ist militärisch streng, sie ist dies so sehr, dass der Graduierte einer solchen Anstalt von dem Kriegsgesetz für mehr als ein Jahr von der Militärpflicht befreit ist. Er verlässt aber auch das Kolleg als vollkommen vorgebildeter Soldat. Gute Konduite ist auch ein Erfordernis, und es werden dafür besondere Noten ausgestellt. Wie täppisch ungeschickt sich auch ein „Freshman" (Neuankömmling) bei seiner Aufnahme zeigen mag, er kann es nicht lange bleiben. Es wird ein Geist der Männlichkeit gepflegt, der Rohheit verpönt, aber Selbstvertrauen und Selbstbeherrschung entwickelt. Wenn der Schüler das Wort an seinen Lehrer richtet, muss er ihm ins Gesicht sehen, und seine Worte nicht nur deutlich, sondern auch mit sonorer Stimme aussprechen. Der Anstand in der Schule ist auch schon zum Teil durch die Beschaffenheit der Schulzimmereinrichtung bedingt. Die zierlichen Tischchen sind so klein, dass das Aufstützen der Arme unmöglich ist, die Stühle haben keine Lehne, und der Schüler ist deshalb gezwungen, sich bei der Arbeit vollkommen gerade zu halten. Aber auch peinlichste Reinlichkeit und Nettigkeit wird von ihm gefordert. Wann und wo immer er einem Lehrer begegnet, muss er Halt machen, die Hacken zusammenschlagen und in kerzengerader Haltung militärisch salutieren. Und dies geschieht mit einer behenden Anmut, die sich kaum beschreiben lässt. Das Benehmen einer Klasse während der Lehrstunden ist beinahe zu tadellos. Nie hört man auch nur ein Flüstern, nie blickt einer ohne Erlaubnis vom Buche auf. Aber wird ein Schüler mit Namen aufgerufen, so schnellt der Jüngling alsogleich auf und antwortet mit so vernehmlicher und weithin tönender Stimme, dass der Kontrast mit der lautlosen Stille und Selbstbeherrschung der übrigen anfangs beinahe verblüffend wirkt.

Die weibliche Abteilung der Anstalt, wo ungefähr fünfzig junge Mädchen zu Lehrerinnen erzogen werden, ist ein besonderer, großer, luftiger, zweistöckiger Gebäudekomplex, mit seinen Gärten so angelegt, dass er von allen übrigen Gebäuden abgetrennt und von der Straße aus unsichtbar ist. Die Mädchen erhalten nicht nur nach den neuesten Methoden Unterricht in europäischen Wissenschaften, sondern werden auch in allen japanischen Künsten, wie Sticken, Malen, Dekorieren und Blumenarrangieren unterwiesen. Auch Zeichnen nach europäischer Art wird gelehrt – und zwar ausgezeichnet gelehrt, nicht nur hier, sondern in allen Schulen. Es wird aber kombiniert mit den japanischen Methoden unterrichtet, und man darf hoffen, dass diese Verschmelzung in der zukünftigen Kunstproduktion vorzügliche Resultate zeitigen wird. Ich kann wohl sagen, dass die Durchschnittsbegabung des japanischen Schülers für das Zeichnen mindestens um fünfzig Prozent höher steht als die des europäischen. Die Seele der Rasse ist eben durch und durch künstlerisch, und die außerordentlich schwere Kunst, die chinesischen Schriftzeichen zu erlernen, in der die Japaner von ihrer frühesten Kindheit an geschult werden, entwickelt – lange ehe der Zeichenlehrer seinen Unterricht in der Perspektive beginnt – Auge und Hand schon so wunderbar, wie der Europäer es sich gar nicht vorstellen kann.

An diese Anstalt anschließend und auch durch einen Korridor mit der Jinjō Chūgakkō verbunden, befindet sich eine Elementarschule für ganz kleine Knaben und Mädchen. Dort unterrichten die Schüler und Schülerinnen der oberen Klassen, die so für ihren Beruf vorgebildet werden, ehe man sie zum Staatsdienst zulässt. Nichts kann für den Fremden als erziehliches Schauspiel interessanter sein, als der Anblick einiger dieser Elementarklassen. In dem ersten Zimmer, das ich betrete, einer Klasse ganz kleiner Knaben und Mädchen, manche so zierlich und hübsch wie ihre Puppen, beugen sich die Kleinen hinter den Pulten über kohlschwarze Papierbogen, die sie durch ihr energisches Hantieren mit dem Schreibpinsel und dem, was wir „chinesische Tusche" nennen, anscheinend noch schwärzer zu machen versuchen. Tatsächlich lernen sie aber eben Strich um Strich japanische und chinesische Schriftzeichen. Ehe nicht ein Strich vollkommen richtig ist, dürfen sie keinen anderen versuchen, geschweige denn irgendeine Kombination. Noch ehe die erste Lektion vorüber ist, ist das ursprünglich weiße Papier von der Masse der ungelenken Pinselstriche gleichmäßig schwarz geworden. Aber trotzdem wird derselbe schwarze Bogen weiter benutzt, denn die nasse Tinte hinterlässt noch dunklere Zeichen auf der trockenen, so dass diese dadurch trotzdem leicht erkennbar sind.

In einem anderen Zimmer sehe ich eine andere Kinderklasse, die man lehrt, mit Scheren umzugehen, japanische Scheren aus einem Stück, ungefähr wie ein U geformt, sind weit schwerer zu handhaben als die unseren. Man lehrt die Kleinen Muster und Formen bestimmter Gegenstände oder Symbole, die sie sich einprägen müssen, auszuschneiden. Blumenformen sind die gewöhnlichsten Vorlagen; manchmal werden auch gewisse Ideogramme als Aufgabe gegeben.

Und in einem anderen Zimmer hat eine dritte Klasse Gesangunterricht. Der Lehrer schreibt die Musiknoten (do re mi) mit Kreide auf eine Schiefertafel und begleitet den Gesang mit einer Ziehharmonika. Die Kleinen haben die japanische Nationalhymne (Kimi ga yowa) gelernt, und zwei japanische, zu einer schottischen Melodie gesetzte Lieder, von denen eines hier in diesem weltfernen Winkel des Orients viele entzückende Erinnerungen in mir wachruft: Auld Lang Syne.

Die Elementarschüler haben keine Uniform, alle tragen dort das japanische Kleid, die Knaben den dunkelblauen Kimono, die kleinen wie Schmetterlinge gaukelnden Mädchen Gewänder aller Farben. Doch tragen die Mädchen zur Ergänzung ihres Anzugs Hakamas[35], und diese sind von einem satten Himmelblau.

Zwischen den Lehrstunden sind zehnminutenlange Ruhe- oder Spielpausen. Die Knaben spielen „Schatten und Dämon" oder Blindekuh oder sonst irgendein lustiges Spiel; sie lachen, springen, laufen um die Wette, ringen auch, aber im Gegensatz zu europäischen Kindern raufen oder streiten sie nie miteinander.[36] Die kleinen Mädchen bleiben unter sich und spielen entweder Ball oder irgend ein Reigenspiel, das sie mit Gesang begleiten.

> Kango-kango shō ya,
> Naka yo ni shō ya,
> Don-don to kunde
> Jizō-San no midzu wo
> Matsuba no midzu irete,
> Makkuri kaeso.[37]

---

[35] Es gibt eine Legende, nach welcher die Sonnengöttin die ersten Hakama erfand, indem sie ihr Unterkleid zusammenband.

[36] Nachdem ich das Vorhergehende geschrieben hatte, fand ich während meiner zweijährigen Lehrtätigkeit an verschiedenen großen japanischen Schulen Gelegenheit, praktische Erfahrungen zu sammeln, und während dieser ganzen Zeit ist mir persönlich nie irgendeine ernste Zwistigkeit zwischen den Schülern bekannt geworden, ja, ich habe nie auch nur von einer Rauferei zwischen meinen Zöglingen etwas gehört; und ich habe doch weit über achthundert Knaben und junge Leute unterrichtet.

[37] „Lasset uns das Spiel kango-kango spielen. Schnell und reißend rauschen die Wasser des Jizō-San heran, überströmen das Föhrenlaub, verlaufen sich dann wieder." Viele Spiele der japanischen Kinder und auch viele ihrer Spielsachen sind buddhistischen Ursprungs oder haben wenigstens eine buddhistische Bedeutung.

Dieser Rundgesang der Kleinen ist von unbeschreiblicher Weichheit und Zartheit.

Ich beobachte, dass die jungen Männer und Mädchen, die dieses kleine Völkchen unterrichten, außerordentlich zärtlich gegen ihre Schutzbefohlenen sind. Ein Kind, dessen Kimono beim Spiel in Unordnung geraten oder beschmutzt ist, wird beiseite genommen und sein Anzug liebreich, wie von einem älteren Bruder, abgebürstet und geordnet.

Aber nicht genug damit, dass die jungen Mädchen durch den Unterricht an den Elementarschulen für ihren künftigen Beruf vorgebildet werden, zieht man die Studentinnen der Shihan-Gakkō auch zum Unterricht im benachbarten Kindergarten heran. Es ist dies ein gar prächtiger Kindergarten mitgroßen luftigen, sonnigen Räumen, wo eine Menge pädagogischer Spielsachen für den täglichen Gebrauch auf Pulten aufgestapelt liegt.

Aber ich werde wohl nicht allzu viel von der Lehrerbildungsanstalt zu sehen bekommen, denn ich bin eigentlich kein Mitglied ihres Stabes. Meine Dienste gehören der Mittelschule, der ich den größten Teil meiner Zeit widmen soll. Ich sehe die Studenten der Lehrerbildungsanstalt nur in ihren Klassenzimmern; denn es ist den Zöglingen nicht gestattet, die Lehrer in ihren Stadtwohnungen zu besuchen. So darf ich also nicht hoffen, jemals mit ihnen so vertraut zu werden wie mit den Schülern der Chōgakkō, die schon anfangen, mich „Lehrer" statt „Sir" zu nennen und mich wie eine Art älteren Bruder behandeln. Und ich fühle mich auch in den großen, lichten, behaglichen Räumen der Lehrerbildungsanstalt weniger heimisch als in unseren dunklen, kalten Chōgakkō-Lehrzimmern, wo mein Pult neben dem Nishidas steht. An den Wänden hängen Karten, bedeckt mit Ideogrammen, große Tabellen, die zoologische Fakten im Licht der Evolutionslehre veranschaulichen, und ein ungeheurer Rahmen, mit kleinen lackierten Holztäfelchen angefüllt, die so genau ineinanderpassen, dass die ganze Oberfläche so glatt aussieht, wie eine einzige Schiefertafel. Auf diesen Tafeln nun sind die Namen der Lehrer, der Schulgegenstände, der Klassen und die Stundenfolge aufgeschrieben oder eigentlich in Weiß aufgemalt. Vermöge der sinnreichen Konstruktion der Täfelchen kann jede Stundenabänderung durch einfaches Auswechseln der Täfelchen angezeigt werden. Da all dies in japanischen und chinesischen Schriftzeichen geschrieben ist, bleibt es für mich ein Geheimnis, soweit es sich dabei nicht um den allgemeinen Plan und die Grundideen handelt. Ich habe es nur so weit gebracht, die Schriftzeichen meines eigenen Namens und die Form der einfacheren Zahlen zu erkennen.

Auf dem Pulte jedes Lehrers steht ein kleines Hibachi aus blau und weiß glasiertem Ton, in dem einige glühende Kohlenstückchen in einem Aschenbett ruhen. Während der kurzen Ruhepausen zwischen den Lehrstunden raucht jeder Lehrer ein kleines Pfeifchen aus Kupfer oder Silber. Das Hibachi und eine Tasse heißen Tees ist unsere einzige Erfrischung nach den Mühen im Klassenzimmer.

Nishida und ein oder zwei andere Lehrer sind des Englischen ziemlich mächtig, und wir plaudern während dieser Ruhepausen zuweilen miteinander. Aber meistens spricht niemand etwas, alle sind nach den Lehrstunden ermüdet und rauchen lieber schweigend. Dann ist das einzige Geräusch im Zimmer das Ticken der Uhren und das scharfe Aufschlagen der Pfeifchen, wenn sie auf dem Rand des Hibachi ausgeklopft werden.

Heute habe ich dem jährlichen Athletenwettkampf (Undō-kwai) aller Schulen in Shimane-Ken beigewohnt. Die Spiele fanden in den großen Schlossanlagen in Ninomaru statt. Gestern Morgen wurde ein kreisrunder Wettrennplatz abgesteckt, Hürden aufgerichtet, Tausende von Holzsitzen für eingeladene und Ehrengäste vorbereitet, und eine große Loge für den Gouverneur erbaut, all dies geschah noch vor Sonnenuntergang. Der Platz sah aus wie ein ungeheurer Zirkus, mit seinen amphitheatralisch aufsteigenden Sitzreihen und der mit Kränzen und Fahnen prächtig geschmückten Loge des Gouverneurs. Schulkinder aus allen Städten und Dörfern auf fünfundzwanzig Meilen im Umkreis waren in erstaunlichen Massen herbeigeströmt. An die sechstausend Knaben und Mädchen wurden zum Wettbewerb an den Spielen zugezogen. Ihre Eltern, Verwandten und Lehrer bildeten auf den Bänken innerhalb der Tore eine imposante Zuschauerschar, aber auf den Wällen, von denen man die große Einfriedung überblicken konnte, hatte sich eine noch größere Menge eingefunden, die wohl ein Drittel der Stadtbevölkerung bilden mochte.

Das Signal für den Beginn oder Schluss eines Preisspiels war ein Pistolenschuss. Vier verschiedene Spiele fanden gleichzeitig in den verschiedenen Teilen der Anlagen statt, denn es war Raum genug für eine Armee. Jeder Gewinner erhielt den Preis aus der Hand des Gouverneurs selbst. Es wurden

Wettrennen zwischen den besten Läufern jeder Klasse veranstaltet; als der beste Läufer erwies sich Sakane aus unserer fünften Klasse, der anscheinend ohne die geringste Anstrengung alle anderen um vierzig Ellen schlug. Er ist unser Champion, und da er ebenso gut als stark ist, war ich sehr erfreut, zu sehen, dass er so viele Preise davontrug. Er blieb auch Sieger in einem Fechtkampf, der durch das Zerbrechen eines kleinen, an dem linken Arm jedes Kämpfers befestigten Tongefäßes entschieden wurde, und er siegte auch in einem Springmatch, das zwischen unseren älteren Knaben stattfand.

Es gab noch viele hundert andere Sieger, denn Hunderte von Preisen kamen zur Verteilung. Da waren Wettläufe, bei denen die Läufer paarweise zusammengebunden wurden, der linke Fuß des einen mit dem rechten Fuß des andern; es gab auch sehr komische Rennen, bei denen der Sieg nicht bloß von der Leichtfüßigkeit im Laufen abhing, sondern von der Geschmeidigkeit, abwechselnd zu kriechen, zu klettern, zu voltigieren und zu springen.

Es wurden auch Wettrennen für die kleinen Mädchen veranstaltet, hübsch wie die Schmetterlinge flatterten sie in ihren himmelblauen Hakamas und buntfarbigen Gewändern umher, Wettspiele, bei denen jede der kleinen Bewerberinnen aus einer Menge über den Boden verstreuter bunter Bälle drei verschiedenfarbige im Laufe aufheben musste. Außerdem hatten die kleinen Mädchen ein sogenanntes Fahnenrennen und Preisfederballspiele.

Dann kam der Kulminationspunkt des Wettkampfes: hundert Studenten an einem Seilende, hundert an dem andern – ein prächtiges Schauspiel. Aber die wunderbarste Darbietung des Tages waren die Hantelübungen. Sechstausend Knaben und Mädchen in fünfhundert Reihen aufgestellt, sechstausend Arme, die sich gleichzeitig hoben und senkten, sechstausend sandalenbekleidete Füße, die gleichzeitig vorschritten und zurückwichen, sechstausend Stimmen, die gleichzeitig das eins, zwei, drei des Hantelkommandos „Ichi ni san shi go roku schichi hachi“ riefen.

Die Schlussnummer bildete das eigenartige Spiel „Festungseinnahme“.

Zwei japanische, ungefähr fünfzehn Fuß hohe Turmmodelle aus einem mit Papier bekleideten Bambusrahmenwerk wurden je eines an den beiden Enden des Platzes angebracht. Im Innern der „Schlösser“ hatte man eine entzündliche Flüssigkeit in offenen Gefäßen aufgestellt, so dass, wenn die Gefäße zum Stürzen gebracht wurden, das Ganze lichterloh aufflammen musste. Die in zwei Lager geteilten Knaben bombardierten die „Schlösser“ mit

Holzbällen, die leicht durch die Papierwände eindrangen; und nach kurzer Zeit erglühten die beiden Modelle im prächtigsten Feuerschein. Natürlich verlor die Partei, deren Schloss zuerst Feuer fing.

Die Spiele begannen um acht Uhr morgens und endeten um fünf Uhr nachmittags. Auf ein Kommando ertönte aus fünftausend Kehlen die prächtige Nationalhymne „Kimi-ga-yo", die in einem dreimaligen Hoch auf ihre Kaiserlichen Majestäten, den Kaiser und die Kaiserin von Japan, ausklang.

Die Japaner schreien und brüllen nicht, wenn sie hochrufen, sie singen. Jeder Hochruf klingt wie der langgehaltene Anfangston eines ungeheuren Musikchors: „A-a-a-a-a-a-a-a-..."

Man ist nicht wenig überrascht, zu finden, dass selbst in diesem weltfernen Teil Japans Botanik, Geologie und andere Wissenszweige zum täglichen Unterricht gehören. Die Pflanzenphysiologie und die Gewebelehre der Vegetabilien werden in ihrem Zusammenhange mit der Chemie unter Zuhilfenahme ausgezeichneter Mikroskope studiert. In regelmäßigen Intervallen werden zur Erläuterung des vorgetragenen Lehrstoffes unter Leitung des Professors Ausflüge in die ländliche Umgebung unternommen, um das Gelernte an Beispielen aus der heimischen Flora zu illustrieren. Der von einem Graduierten der berühmten Ackerbauschule in Sapporo geleitete Unterricht in der Bodenkultur wird praktisch auf Landgütern veranschaulicht, die ausschließlich für Unterrichtszwecke von den Schulen angekauft und bewirtschaftet werden. Jeder Geologie-Kurs wird durch Ausflüge in die Berge oder an die ungeheuren Felsenküsten ergänzt, wo die Studenten angeregt werden, sich durch Anschauung mit der Formation der Schichtungen und der sichtbaren Geschichte der Felsen vertraut zu machen. Das Seebecken und die Umgebung von Matsue werden physiographisch nach dem ausgezeichneten Handbuche Huxleys studiert. Auch der Naturgeschichtsunterricht wird nach den letzten und besten Methoden und mit Zuhilfenahme von Mikroskopen erteilt.

Die Resultate dieser Unterrichtsmethoden sind mitunter höchst überraschend. Ich kenne einen kaum sechzehnjährigen Knaben, der aus eigenem Antrieb mehr als zweihundert verschiedene Arten von Wasserpflanzen für seinen Lehrer sammelte und klassifizierte. Ein anderer siebzehnjähriger Jüngling legte – ohne irgendwelche Hilfsmittel – für mich ein wissenschaftliches Verzeichnis aller in der Stadtumgebung vorkommenden Schmetterlingsarten an; wie ich mich später überzeugte, fast fehlerlos und ohne die geringste Auslassung.

Seine Kaiserliche Majestät hat an alle großen öffentlichen Schulen des Kaiserreichs durch den Unterrichtsminister ein Sendschreiben erlassen, das das Datum des dreizehnten Tages des zehnten Monats des dreiundzwanzigsten Meiji-Jahres trägt. Und die Studenten und Lehrer der verschiedenen Schulen versammeln sich, um der Verlesung beizuwohnen.

Um acht Uhr morgens erwartet die gesamte Mittelschule in ihrer eignen Versammlungshalle das Kommen des Statthalters, der das kaiserliche Schreiben in den verschiedenen Schulen verlesen soll. Wir brauchen nur kurze Zeit zu warten, denn schon erscheint der Statthalter mit allen Beamten des Kenchō und den Hauptfunktionären der Stadt. Wir erheben uns zu seiner Begrüßung, und dann wird die Volkshymne abgesungen. Darauf betritt der Statthalter das Podium, zieht die kaiserliche Botschaft hervor, eine chinesische Manuskriptrolle in seidenem Umschlag. Er nimmt sie feierlich aus der gewebten Enveloppe, führt sie ehrfurchtsvoll an die Stirn, entrollt sie und führt sie wieder an die Stirn. Und nach einer feierlichen Pause beginnt er nach der althergebrachten Weise, die wie Gesang klingt, mit seiner wohllautenden tiefen Stimme die melodischen Silben zu lesen:

„Chokujō. Chin omommiru ni waga kōso kono kuni wo..."

„Wir glauben, dass die Begründer unseres Kaiserreiches und die Vorläufer unseres kaiserlichen Hauses das Fundament unseres Landes auf einer großen und unerschütterlichen Basis errichtet haben und dass ihre Herrschaft auf den Prinzipien tiefer Humanität und weisen Wohlwollens beruht. Dass unsere Untertanen sich durch jahrhundertelange Loyalität, Pietät und einsichtsvolle Mitwirkung Verdienste um den Staat erworben haben, steht in Übereinstimmung mit dem Grundcharakter unserer Nation. Auf diesem selben Prinzip ist auch unsere Schulerziehung aufgebaut. Ihr, unsere Untertanen, seid deshalb kindlich gegen eure Eltern, liebevoll gegen eure Brüder, seid verträglich als Ehemänner und -frauen und treu gegen eure Freunde, betraget euch mit Anstand und Würde, übet Großmut und Wohlwollen gegen eure Nachbarn, gehet euren Studien und Bestrebungen nach, veredelt euren Intellekt und hebt und vertieft eure Sittlichkeit, sorgt für das öffentliche Wohl und fördert gemeinnützige Interessen, beobachtet immer die Gesetze und die Verfassung des Reichs und zeiget allezeit euren persönlichen Mut für das Wohl des Landes, und stützt so die kaiserliche Macht, welche mit den himmlischen und irdischen Mächten eins ist. Solches Verhalten von eurer Seite wird nicht bloß den Charakter unserer loyalen und guten Untertanen stählen, sondern auch zur Erhaltung des Ruhms eurer würdigen Vorfahren beitragen. Dies ist die uns von unseren Vorfahren vererbte Richtschnur, die unsere Untertanen befolgen sollen; denn die Wahrheit hat sie allezeit geleitet und leitet sie noch heute in ihrem Tun und Lassen und in ihrem Vorgehen gegen Fremde. Deshalb hoffen wir, dass wir und unsere Untertanen diesen heiligen Vorschriften mit derselben Gesinnung nachstreben werden, um zu demselben Ziel zu gelangen."[38]

Dann sprachen der Statthalter und der Schuldirektor noch einige Worte, die mit großem Nachdruck die Bedeutung der erhabenen Befehle Seiner Kaiserlichen Majestät betonten und alle ausdrücklich ermahnten, ihrer eingedenk zu sein, und ihnen in allen Stücken nachzukommen.

Worauf die Schüler einen Ferientag erhielten, um sich das eben Gehörte noch mehr ins Gedächtnis einprägen zu können.

Nach dem jetzigen modernen Erziehungssystem in Japan wird der Unterricht mit äußerster Güte und Sanftmut erteilt. Der Lehrer ist nur Lehrer – kein Zuchtmeister. Er steht zu seinen Schülern in dem Verhältnis eines älteren Bruders – er versucht nie, ihnen seinen Willen aufzuzwingen; er zankt nie, kritisiert selten und straft kaum jemals. Kein japanischer Lehrer vergreift sich jemals an seinem Schüler. Eine solche Handlung würde ihn auf der Stelle um seinen Posten bringen; er lässt sich auch ebenso wenig zur Heftigkeit

[38] Die angeführte Übersetzung ist einem pädagogischen Journal in Tōkyō entnommen. Der Eindruck des Originaltextes war ein so überwältigender, dass er vielleicht durch keine Übersetzung wiedergegeben werden könnte. Die chinesischen Worte, mit denen der Kaiser sich auf seine Person und seinen Willen bezieht, sind weit nachdrücklicher und eindrucksvoller als unser abendländisches „Wir" und „Unser". Und die Worte, die sich auf Pflicht, Tugend, Weisheit und anderes beziehen, sind Worte, die in dem Japaner Ideen erwecken, die nur der mit dem japanischen Leben ganz Vertraute vollkommen würdigen kann und die, obgleich von unseren verschieden, nicht minder schön und heilig sind.

hinreißen – dies würde ihn in den Augen seiner Schüler und in der Meinung seiner Kollegen sehr herabsetzen. Tatsächlich gibt es in der japanischen Schule eigentlich keine Strafe. Es kommt wohl vor, dass ein besonders ausgelassener Knabe während der Erholungspausen im Schulgebäude zurückbehalten wird, aber selbst diese leichte Bestrafung wird nicht direkt vom Lehrer, sondern auf dessen Klage vom Direktor verhängt. Der Zweck ist in solchen Fällen nicht, durch Freiheitsentziehung Kränkung zu bereiten, sondern das Ver- gehen zur öffentlichen Kenntnis zu bringen. Und in den meisten Fällen genügt eine solche Beschämung vor den Kameraden, um eine Wiederholung des Vergehens zu verhüten. Hier ist niemals die Rede von grausamen Strafen, wie etwa einem untalentierten Schüler noch mehr geistige Anstrengung aufzubürden oder ihn dazu zu verurteilen, seine Augen durch Abschreiben von vier- bis fünfhundert Zeilen zu überanstrengen. Eine solche Form der Bestrafung würde bei der jetzigen Sachlage wohl kaum lange von den Schülern geduldet werden. Die allgemeine Auffassung der maßgebenden Pädagogen geht dahin, dass es besser sei, sich der Schüler, die nicht ohne Strafe zu lenken sind, ganz zu entledigen, und trotzdem sind Ausstoßungen äußerst selten.

Ich sage, dass Strenge von Seiten der Lehrer kaum von den Schülern geduldet werden würde, eine Behauptung, die europäischen und amerikanischen Ohren sehr seltsam klingen muss. Freilich Tom Browns Schule existiert nicht in Japan. Die gewöhnliche Schule hat mehr Ähnlichkeit mit der idealen, in de Amicis „Cuore" entzückend geschilderten italienischen Institution. Übrigens fordern und genießen japanische Schüler eine Freiheit und Unabhängigkeit, die mit allen abendländischen Begriffen über „notwendige Disziplin" im Widerspruch steht.

Im Abendlande schließt der Lehrer den Schüler aus; in Japan kommt es ebenso oft vor, dass die Schüler den Lehrer ausschließen. Jede öffentliche Schule ist eine kleine, ernste, lebensvolle Republik, in welcher Direktor und Lehrer nur im Verhältnis des Präsidenten zum Kabinett stehen. Wohl erfolgt die Anstellung der Lehrer auf Empfehlung der Unterrichtsverwaltung der Hauptstadt durch das Präfektur-Gouvernement, aber in der Praxis können sich die Lehrer nur dann in ihrem Amt behaupten, wenn sie es verstehen, sich die Schätzung der Schüler für ihre Lehrbefähigung und für ihren persönlichen Charakter zu erringen, und sie müssen auf ihre Absetzung gefasst sein, wenn sie diesem Urteil nicht standhalten können.

Es ist oft behauptet worden, dass die Schüler ihre Macht missbrauchten, aber diese Behauptung rührt bloß von europäischen Ansiedlern her, die für die strenge abendländische Disziplin sehr eingenommen sind. (Ich weise darauf hin, dass eine englische Zeitung in Yokohama die Einführung der Rute befürwortete.) Mich selbst hat meine eigene Beobachtung, ebenso wie viele andere ihre reichere Erfahrung überzeugt, dass in den meisten Fällen von Auflehnung der Schüler gegen ihre Lehrer das Recht auf Seiten der Schüler war. Nur in den allerseltensten Fällen kommt es vor, dass sie einen missliebigen Lehrer beleidigen oder in seiner Klasse Störung verursachen, sie sistieren einfach den Schulbesuch, bis der Lehrer von seiner Stellung enthoben wird. Persönliche Gefühle mögen vielleicht oft die sekundäre Ursache sein, aber soweit meine Erfahrung reicht, sind sie selten der primäre Grund für eine solche Forderung. Ein Lehrer mit unsympathischem, ja ausgesprochen unangenehmem Wesen wird trotzdem Gehorsam und Achtung genießen, wenn seine Schüler von seiner Lehrbefähigung und seinem Gerechtigkeitssinn überzeugt sind. Und sie haben einen ebenso scharfen Blick für seine Fähigkeit wie für seine etwaige Parteilichkeit.

Andererseits wird aber ein bloß liebenswürdiges Wesen den Mangel an Kenntnissen oder Lehrbefähigung in ihrer Schätzung nicht wettmachen. Mir ist ein Fall aus einer Nachbarschule bekannt, wo die Schüler um Enthebung ihres Chemie-Professors ansuchten. Bei der Einbringung ihrer Klage gestanden sie freimütig: „Wir lieben ihn, er ist gegen uns alle gütig; er tut sein Bestes. Aber er weiß nicht genug, um uns so zu unterrichten, wie wir gern lernen möchten. Er vermag unsere Fragen nicht zu beantworten; er kann die Experimente, die er uns zeigt, nicht erklären. Unser früherer Lehrer konnte all dies. Wir müssen einen anderen Lehrer haben." Eine Untersuchung bewies, dass die Knaben vollkommen recht hatten. Der junge Lehrer war auf der Universität graduiert worden, verfügte über gute Empfehlungen, aber er hatte keine gründliche Kenntnis der Wissenschaft, die er vortragen sollte, und keine Erfahrung als Lehrer. In Japan verbürgt nicht der Titel den Erfolg des Lehrers, sondern sein praktisches Wissen und seine Fähigkeit, dieses Wissen verständlich und gründlich mitzuteilen.

Die Mehrzahl der Schüler der „Jinjō-Chūgakō" sind nur Tagesschüler. Sie gehen des Morgens in die Schule, kommen zum Mittagessen nach Hause und kehren um ein Uhr zu dem kurzen Nachmittagsunterricht wieder zurück. Alle Schüler aus der Stadt leben in ihren Familien. Aber es gibt viele Knaben aus entfernten Landdistrikten, die keine Verwandten in der Stadt haben, und diesen bietet die Schule Pensionshäuser, in denen eine gesunde sittliche Disziplin durch eigene Lehrer aufrechterhalten wird.

Es steht jedoch den Schülern frei, sich ein anderes Boarding-House zu wählen, wenn sie über genügende Mittel verfügen und dieses respektabel ist; sie können sich aber auch in Familien einmieten. Doch nur wenige richten sich in dieser Weise ein.

Ich zweifle, ob in irgendeinem Lande die Kosten der Erziehung – einer Erziehung der besten und vorgeschrittensten Art – so gering sind wie in Japan. Der Student in Izumo ist in der Lage, zu einem Preise zu leben, der so tief unter dem unvermeidlichen Budget im Abendland steht, dass schon die bloße Ziffer den Leser überraschen muss.

Eine Summe, die in amerikanischem Gelde ungefähr zwanzig Dollars gleichkommt, genügt, um ein Jahr lang Miete und Kost zu bestreiten. Seine ganzen Ausgaben, Schulgeld mit inbegriffen, belaufen sich auf ungefähr sieben Dollars per Monat. Für sein Zimmer und drei reichliche Mahlzeiten zahlt er monatlich ein Yen fünfundachtzig Sen, nicht viel mehr als anderthalb Dollar in amerikanischem Geld.

Ist er sehr arm, so braucht er keine Uniform zu tragen; aber fast alle Studenten der höheren Klassen tragen Uniform, da die komplette Equipierung, Kappe und Lederschuhe miteingeschlossen, in der billigeren Qualität nur etwa drei und einen halben Yen kostet. Diejenigen aber, die keine Lederschuhe tragen, müssen während der Schulstunden ihre klappernden „Getas" mit „Zōris" (leichten Strohsandalen) vertauschen.

Aber die geistige Bildung, die die gewöhnliche Mittelschule dem japanischen Studenten in so bewunderungswürdiger Weise vermittelt, wird nicht um so geringen Preis erlangt, wie man nach dem geringen Kostenüberschlag für Lebensbedürfnisse und Schulausgaben annehmen sollte, denn die Natur fordert ein größeres Schulgeld und treibt erbarmungslos ihre Forderung an Menschenleben ein. Um dies zu verstehen, muss man sich vor Augen halten, dass die moderne Bildung, die sich der moderne Student in Izumo bei einer Diät von Bohnenmus und gekochtem Reis aneignen muss, von Geistern entdeckt, entwickelt und systematisiert wurde, die sich an einer nahrhaften Fleischdiät gekräftigt hatten. Die Unterernährung der japanischen Nation bietet das grausamste Problem, das die Erzieher Japans lösen müssen, wenn das Land imstande sein soll, die eingeführte fremde Zivilisation völlig zu assimilieren.

Wie Herbert Spencer dargelegt hat, muss der Grad menschlicher Energie sowohl physisch wie geistig von dem Nahrungsgehalt der Kost abhängen, und die Geschichte zeigt, dass stets die gutgenährten Nationen die herrschenden und kraftvollen waren. Vielleicht wird in Zukunft der Geist der ausschlaggebende Faktor sein, aber der Geist ist eine Kraftform und muss genährt werden durch den Magen. Gedanken, die die Welt erschütterten, sind niemals bei Wasser und Brot entstanden.

Und die Wissenschaft lehrt uns auch, dass das heranwachsende Kind noch kräftigere Ernährung braucht als der Erwachsene, und dass gar der Studierende einer ganz besonders stärkenden Nahrung bedarf, um den physischen Kraftverbrauch wettzumachen, den die Gehirnanstrengung involviert.

Worin besteht nun die Schädigung, die dem japanischen Schüler durch das Schulsystem zugefügt wird? Sie ist sicherlich größer als die Überanstrengung, die dem Organismus europäischer oder amerikanischer Studenten zu derselben Zeit zugemutet wird. Sieben Schuljahre braucht er für die bloße notdürftige Erlernung seines dreifachen Ideogramm-Systems – oder weniger genau, aber gemeinverständlicher ausgedrückt, des ungeheuren Alphabets seiner Nationalliteratur. Aber diese Literatur muss er auch studieren und sich die zwei Formen seiner Sprache, die der geschriebenen und die der gesprochenen, aneignen. Natürlich muss er auch die Geschichte und Ethik seines Landes studieren. Außer diesen orientalischen Wissenszweigen umfasst der Unterrichtsplan noch allgemeine Weltgeschichte, Geographie, Arithmetik, Astronomie, Physik, Geometrie, Naturgeschichte, Agrikultur, Chemie, Zeichnen und Mathematik. Aber, was das Schlimmste ist, er muss Englisch lernen, eine Sprache, von deren Schwierigkeit für den Japaner sich niemand eine annähernde Vorstellung machen kann, der nicht mit der Struktur der japanischen Sprache vertraut ist, eine Sprache, die von seiner eigenen so verschieden ist, dass selbst der allereinfachste japanische Satz weder dem Sinne noch der Form nach durch wörtliche Übersetzung wiedergegeben werden kann.

Und all dies muss er bewältigen, bei einer Diät, bei der kein englischer Knabe leben könnte: immer dünn gekleidet in sein dürftiges baumwollenes Gewand, ohne Feuerung selbst im strengsten Winter, in seinem Schulzimmer höchstens ein Hibachi mit einigen glühenden Kohlenstückchen in der Asche... Ist es da verwunderlich, wenn sogar jene Schüler, die alle ihnen zugänglichen Kurse erfolgreich durchmachen, nur in vereinzelten Fällen Resultate aufweisen können, wie sie von abendländischen Studenten erzielt werden? Bessere Bedingungen sind für die kommenden Zeiten zu erwarten,[39] aber jetzt unterliegen junge Körper und Geister zu oft dem Übermaß ungewohnter Anspannung. Und die Unterliegenden sind wahrlich nicht die Unbegabten, nein, oft gerade der Stolz der Klasse, ihre Besten.

Aber soweit die Schulfinanzen reichen geschieht das Möglichste, die Schüler gesund und glücklich zu machen, ihnen reiche Gelegenheit zu geistigen Genüssen und körperlichen Übungen zu geben. Ist der Unterrichtsplan auch streng, so ist doch die Stundenzahl nicht groß, und eine von den täglichen fünf ist militärischen Übungen gewidmet. Diese werden für die Schüler durch die Benützung wirklicher Gewehre und Bajonette, die die Regierung liefert, noch interessanter gestaltet.

Neben der Schule befindet sich ein wunderschöner Turnplatz mit einer Menge von Trapezen, Recken und Barren. An der Mittelschule allein sind zwei Turnlehrer angestellt. Es gibt eine Anzahl Boote, in denen sich die Knaben bei günstigem Wetter nach Herzenslust auf dem schönen See umhertummeln können. Da ist auch eine ausgezeichnete Fechtschule, die unter der Leitung des Gouverneurs selbst steht, der, obgleich eine so gewichtige Persönlichkeit, für den besten Fechter seiner Zeit gilt.

Das System, nach welchem unterrichtet wird, ist das alte, das beide Hände für die Führung des Schwertes in Anspruch nimmt. Die Rapiere sind aus langen Bambussplittern hergestellt, die so zusammengefügt sind, dass sie wie

[39] Öfen werden jetzt schon überall eingeführt. In den höheren Gouvernementsschulen und in den Lehrerbildungsanstalten erhalten auch die internen Schüler eine bessere Verpflegung als die meisten unbemittelten Knaben zu Hause bekommen können. Auch wird in den Zimmern gut geheizt.

lange Liktorstäbe aussehen. Masken und wattierte Kleider schützen Kopf und Körper, denn die Hiebe sind wuchtig. Diese Art des Fechtens erfordert große Gelenkigkeit und bedingt mehr Beweglichkeit als unser abendländisches System. Eine andere Form hygienischer Leibesübung sind lange Fußwanderungen zu berühmten Orten. Schulfreie Tage sind dafür eigens vorgesehen. Die Schüler marschieren in militärischer Ordnung aus der Stadt, von einigen ihrer Lieblingslehrer begleitet, zuweilen schließt sich dem Zuge auch ein Diener an, der unterwegs die Mahlzeiten bereitet. So legen sie hundert, ja hundertundfünfzig Meilen zurück. Aber wenn der Ausflug ein sehr langer ist, dürfen sich nur die kräftigeren Knaben daran beteiligen. Sie marschieren in Waraji (Strohsandalen), die fest an den nackten Fuß gebunden, diesen ganz frei und biegsam lassen, wodurch Blasen und Hühneraugen verhütet werden. Nachts schlafen sie in buddhistischen Tempeln, und ihre Mahlzeiten werden auf freiem Felde bereitet, wie bei kampierenden Soldaten. Denjenigen, die keine Lust zu anstrengenden Fußtouren haben, steht eine gute Bibliothek zur Verfügung, die sich mit jedem Tag vergrößert. Allmonatlich erscheint auch eine Schulzeitung, die von den Knaben selbst herausgegeben und redigiert wird, und es gibt auch eine Studentenvereinigung, bei deren regelmäßigen Zusammenkünften Debatten über alle erdenklichen, die Studenten interessierenden Gegenstände stattfinden.

Die Schüler der dritten, vierten und fünften Klasse machen für mich einmal wöchentlich kurze Aufsätze in englischer Sprache über leichte, von mir angeregte, gewöhnlich japanische Themata.

Bedenkt man die ungeheure Schwierigkeit, die die englische Sprache dem japanischen Studenten bietet, so ist die Gewandtheit, mit welcher sich manche Knaben darin ausdrücken, geradezu erstaunlich. Ihre Aufsätze haben für mich ein ganz besonderes Interesse, nicht als Offenbarungen des individuellen Charakters, sondern des nationalen Gefühls. Was mich bei den meisten Aufsätzen der japanischen Studenten besonders frappiert, ist, dass sie überhaupt kein persönliches Gepräge haben.

Sogar die Handschrift von zwanzig englischen Aufsätzen weist eine seltsame Familienähnlichkeit auf, und ausgesprochene Verschiedenheiten kommen zu selten vor, um die Regel aufzuheben.

Hier liegt einer der besten Aufsätze auf meinem Tische, von dem Primus meiner Klasse, ich habe nur einige Japanismen verbessert:

„*Der Mond.* Der Mond scheint dem Traurigen melancholisch und dem Glücklichen fröhlich. Wenn man reist, lässt der Mond in uns Erinnerungen an die Heimat auftauchen, und wir empfinden Heimweh. So rief der von dem Verräter Hōjō nach Oki verbannte Kaiser Godaigo beim Anblick des Mondes, der das Meer beschien, aus: ‚Der Mond ist herzlos!' Der Mond ruft in unseren Herzen ein unermessliches Gefühl hervor, wenn wir durch die klare Luft einer schönen Nacht zu ihm aufblicken. Unsere Herzen sollten so rein und mild sein wie das Licht des Mondes. Dichter vergleichen den Mond oft mit einem japanischen (Metall-)Spiegel (Kagami), und bei Vollmond sieht er auch wirklich so aus. Der Empfindungsvolle hat seine Freude am Mond, er sucht sich irgendein Haus mit der Aussicht auf das Wasser, um den Mond zu betrachten und Verse an ihn zu dichten. Die besten Plätze, von wo man den Mond beobachten kann, sind Tsukigashi und der Berg Obasute. Der Mond scheint über Gute und Böse, Hohe und Niedere. Diese herrliche Leuchte ist weder mein, noch dein, sondern jedermanns. Wenn wir auf den Mond blicken, sollten wir in seinem Zunehmen und Abnehmen das Bild jener Wahrheit erkennen, dass der Höhepunkt aller Dinge auch zugleich der Beginn ihres Verfalls ist."

Jemand, der mit den pädagogischen Methoden in Japan gar nicht vertraut ist, müsste glauben, der angeführte Aufsatz bekunde ein ursprüngliches Denken oder eine kräftige Phantasie. Aber dies ist nicht der Fall, ich finde dieselben Gedanken und Vergleiche in dreißig anderen Aufsätzen über dasselbe Thema. Und wirklich, die Aufgaben einer beliebigen Anzahl von Mittelschülern über denselben Gegenstand werden sicherlich sowohl gedanklich als gefühlsmäßig große Ähnlichkeit aufweisen, was jedoch ihren Reiz durchaus nicht beeinträchtigt.

Im Allgemeinen zeigt der japanische Schüler auch im Punkte der Einbildungskraft wenig Originalität. Seine Phantasie wurde schon vor vielen Jahrhunderten für ihn geprägt, zum Teil in China, zum Teil in seinem eigenen Vaterland. Von Kindheit an wird er dazu geschult, die Natur in der Weise jener wunderbaren Meister zu sehen und zu empfinden, die mit ein paar leichten Pinselstrichen die Farbenstimmung einer frostigen Morgendämmerung, die Mittagsglut oder den Herbstabend auf das Papier hinwerfen. Während seiner ganzen Knabenzeit wird er gelehrt, seinem Gedächtnis die schönsten Gedanken und Gleichnisse aus seiner nationalen, alten Literatur einzuprägen. Jeder Knabe hat daher gelernt, dass die Gestalt des „Fuji", wie er sich gegen den blauen Himmel abhebt, einem weißen halbgeöffneten Fächer gleicht, der verkehrt am Himmel schwebt. Jeder Knabe weiß, dass ein Kirschbaum in voller Blüte aussieht, als hätten sich die zartesten, rosig angehauchten Sommerwölkchen in seinen Zweigen verfangen. Jeder Knabe kennt den Vergleich zwischen dem Niederschweben bestimmter Blätter auf den Schnee und den leichten Pinselstrichen, mit denen die Texte auf weißes Papier hingeworfen werden. Jeder Knabe und jedes Mädchen kennt die Verse, die die Fußstapfen einer Katze im Schnee Pflaumenblüten vergleichen, und den Vergleich des Eindrucks der Bokuri (Holzschuhe, auch Takageta genannt) im Schnee mit dem japanischen Zeichen für die Zahl zwei.

Diese Gedanken wurden in uralten Zeiten von Dichtern ausgesprochen, und es würde schwerhalten, hübschere auszudenken. Die künstlerische Leistung beschränkt sich in diesen Stilübungen auf das korrekte Memorieren und die kluge Anwendung und Kombination dieser alten Gedanken.

Ebenso sind die jungen Leute dazu geschult worden, jedem belebten oder unbelebten Gegenstand eine moralische Nutzanwendung abzugewinnen. Ich habe sie mit hundert Themata – japanischen Themata – auf die Probe gestellt, und nie verfehlten sie, eine „Moral" darin zu entdecken, vorausgesetzt, dass das Thema ein nationales war. Schlug ich das Thema „Leuchtkäfer" vor, so waren sie gleich damit einverstanden und schrieben für mich die Geschichte jenes chinesischen Studenten nieder, der zu arm, um sich eine Lampe anzuschaffen, viele Leuchtkäfer in einer Papierlaterne einfing und dadurch Licht genug hatte, um auch nach Einbruch der Dunkelheit studieren zu können und dereinst ein großer Gelehrter zu werden.

Schlug ich „Frösche" vor, so schrieben sie als Aufgabe die Legende von Ono no Tofu, der durch seine Beobachtung der beharrlichen Bemühung eines Frosches, an einem Weidenzweig hinaufzuhüpfen, dazu angespornt wurde, sich den gelehrten Studien zu widmen, was er mit großem Erfolg tat.

Ich füge noch einige Beispiele der so von mir angeregten Moral-Ideen hinzu. Ich habe nur einige grammatikalische Fehler des Originals korrigiert, ließ aber im Übrigen die Eigenart unangetastet:

„*Die Botan (japanische Päonie).* Die Botan ist groß und schön anzusehen, ihr Geruch ist aber unangenehm. Dies sollte uns davor bewahren, uns bloß von dem äußerlich Schönen in der menschlichen Gesellschaft bestechen zu lassen. Sich von der Schönheit allein anziehen zu lassen, kann uns in schreckliches und verhängnisvolles Unglück bringen. Am besten und schönsten kann man die Botan auf Daikonshima in dem See Naka-umi sehen, wo zur Zeit ihrer Blüte die ganze Insel von den Blumen rot ist."

„*Der Drache.* Wenn der Drache versucht, auf den Wolken zu reiten, um in den Himmel zu kommen, bricht alsogleich ein furchtbarer Sturm los. Man glaubt, dass, während der Drache auf Erden weilt, er die Form eines Steines oder sonst irgendeines Gegenstandes annimmt; will er sich aber in die Luft erheben, so ruft er Wolken herbei. Sein Körper ist aus Teilen verschiedener Tiere zusammengesetzt; er hat die Augen eines Tigers, das Geweih eines Hirsches, den Leib eines Krokodils, die Klauen eines Adlers und zwei Rüssel nach Art des Elefantenrüssels. Er ist auch ein moralisches Tier. Wir sollten versuchen, es dem Drachen gleich zu tun, indem wir alle guten Eigenschaften anderer herauszufinden trachten, um sie uns anzueignen."

Am Schluss dieses Aufsatzes über den Drachen ist eine Fußnote für den Lehrer, in der es heißt: „Ich glaube nicht, dass es Drachen gibt, aber es gibt viele Geschichten und seltsame Bilder von ihnen."

Das folgende, die Äußerungen eines Sechzehnjährigen, soll hier nur als charakteristisches Beispiel halbentwickelter Ideen über ein weniger naheliegendes Thema angeführt werden.

„*Europäische und japanische Sitten.* Die Kleidung der Europäer ist eng, und sie sind im Hause immer mit Schuhen bekleidet. Die Kleidung der Japaner ist weit, und nur wenn sie ausgehen, tragen sie Schuhe. Was uns sehr seltsam vorkommt, ist, dass in Europa eine Frau ihren Mann mehr liebt als ihre Eltern. In Japan gibt es keine Frau, die ihre Eltern nicht mehr liebte als ihren Gatten. Und Europäer gehen auch mit ihrer Frau spazieren, was wir um keinen Preis täten, außer am Feste Hachiman. Die japanische Frau wird von ihrem Mann als Dienerin behandelt, während die europäische Frau Herr im Hause ist. Ich glaube, diese Sitten sind alle beide gleich schlecht. Uns scheint es sehr schwer, mit europäischen Damen umzugehen, und wir verstehen nicht, warum die Damen von Europäern respektiert werden."

Gespräche im Klassenzimmer über fremde Verhältnisse sind oft ebenso unterhaltend als anregend: „Herr Lehrer, man hat mir gesagt, dass, wenn ein Europäer mit seinem Vater und seiner Frau zusammen ins Wasser fiele und nur er schwimmen könnte, er zuerst versuchen würde, seine Frau zu retten. Würde er das wirklich tun?"

„Wahrscheinlich", antwortete ich.

„Aber warum?"

„Ein Grund dafür ist, dass ein Europäer es als Ehrenpflicht ansieht, zuerst dem Schwachen beizustehen – insbesondere Frauen und Kindern."

„Und liebt ein Europäer seine Frau mehr als Vater und Mutter?"

„Nicht immer, aber im Allgemeinen verhält es sich wohl so."

„Nun, Herr Lehrer, nach unseren Begriffen ist das sehr unmoralisch."

... „Herr Lehrer, wie tragen denn die europäischen Frauen ihre Kinder?"

„Auf dem Arm."

„Wie ermüdend! Und wie weit kann eine Frau mit einem Kind auf dem Arm gehen?"

„Eine kräftige Frau kann mehrere Meilen so gehen."

„Aber wenn sie das Kind so trägt, kann sie doch ihre Hände gar nicht gebrauchen, nicht wahr?"

„Wenigstens nicht sehr gut."

„Dann ist es aber sehr unpraktisch, die Kinder so zu tragen!" usw. usw.

Meine Lieblingsschüler besuchen mich manchmal nachmittags. Zuerst schicken sie ihre Karte herein, um sich anzumelden, und wenn ich sie zu mir hereinbitten lasse, entledigen sie sich im Vorraum ihrer Fußbekleidung, treten in mein Studierzimmer, begrüßen mich in der landesüblichen Weise, indem sie sich tief zu Boden neigen, und dann hocken wir uns alle auf den Estrich, der in allen japanischen Häusern so weich ist wie eine Matratze. Der Diener bringt „Zabuton" (kleine Kniepolster) herein und reicht Tee und Kuchen. Zu sitzen, wie die Japaner sitzen, erfordert Übung; manche Europäer können sich gar nicht daran gewöhnen. Um es sich zu eigen zu machen, muss man sich auch daran gewöhnen, japanische Kleidung zu tragen. Aber hat man sich erst einmal in diese Art des Sitzens hineingefunden, so erscheint sie einem als die einzig angenehme und natürliche Position, und man nimmt sie mit Vorliebe beim Essen, Lesen, Rauchen und Plaudern ein. Für das Schreiben mit europäischen Federn ist sie vielleicht nicht sehr empfehlenswert, da bei der abendländischen Art des Schreibens die Bewegung von dem aufgestützten Handgelenk ausgeht; aber sie ist die beste Methode für das Schreiben mit dem japanischen Pinsel, bei dessen Gebrauch der Arm gänzlich ungestützt bleibt und die Bewegung vom Ellbogen ausgeht.

Ich muss gestehen, dass, nachdem ich mich ein Jahr lang an das japanische Leben gewöhnt hatte, ich die abendländische Art des Sitzens auf einem Stuhl ein wenig ermüdend fand.

Nachdem wir einander begrüßt und unsere Plätze auf den Kniekissen eingenommen haben, folgt ein kurzes, höfliches Schweigen, das ich als erster unterbreche. Einige der jungen Leute sprechen recht gut Englisch. Sie verstehen mich ganz gut, wenn ich jedes Wort nur langsam und deutlich ausspreche und einfache Ausdrücke wähle. Muss ich aber ein Wort gebrauchen, das ihnen nicht geläufig ist, so nehmen wir unsere Zuflucht zu einem guten japanisch-englischen Wörterbuch, das jede einheimische Wortbezeichnung sowohl in den Kana (einfachere vom chinesischen Alphabet abgeleitete Schriftzeichen) als in den chinesischen Ideogrammen gibt.

Gewöhnlich bleiben meine jungen Freunde lange; aber ihr Besuch ermüdet mich fast nie. Ihre Gespräche und Gedanken sind so schlicht und treuherzig als nur möglich. Sie kommen nicht, um zu lernen; sie wissen, dass es unrecht wäre, ihrem Lehrer zuzumuten, außerhalb der Schule zu unterrichten. Sie sprechen hauptsächlich von Dingen, für die sie bei mir ein besonderes Interesse voraussetzen. Manchmal sprechen sie überhaupt nicht, sondern versinken in eine Art glücklicher Träumerei.

Warum sie eigentlich kommen, ist, um das Gefühl einer sympathischen Gemeinschaft zu genießen. Nicht einer intellektuellen Sympathie, sondern der Sympathie des reinen Wohlwollens, die schlichte Freude, mit einem Freund beisammen zu sein. Sie begucken meine Bücher und Bilder, und manchmal bringen sie selbst Bücher und Bilder zum Anschauen mit, auch andere seltsame entzückende Dinge, Familienstücke, die ich zu meinem Schmerz nicht kaufen kann. Sie sehen sich sehr gerne meinen Garten an und freuen sich an allen Dingen darin, mehr noch als ich selbst. Oft bringen sie mir Blumenspenden. Unter keinen Umständen sind sie mir jemals störend, nie lästig, neugierig oder geschwätzig. Höflichkeit in ihrer höchsten Verfeinerung, einer Verfeinerung, von der selbst die Franzosen keine Vorstellung haben, scheint dem Knaben in Izumo angeboren wie die Farbe seiner Haare oder der Ton seiner Hautfarbe. Er ist auch ebenso gutherzig, als er höflich ist. Angenehme Überraschungen für mich auszusinnen ist eines der Hauptvergnügen meiner Knaben, und sie bringen mir entweder selbst alle möglichen schönen seltsamen Dinge ins Haus oder veranlassen andere, es zu tun. Von all den seltsamen und schönen Dingen nun, die ich so betrachten darf, macht mir nichts so viel Freude als ein wunderbares Kakemono des Amida Nyorai. Es ist ein recht großes Bild, das einem Priester entlehnt wurde, um es mir zu zeigen. Buddha steht in ermahnender Stellung mit erhobener Hand da. Hinter seinem Kopfe bildet ein großer Mond eine Aureole, und über das Antlitz des Mondes schweben duftige Federwölkchen. Zu seinen Füßen ballen sich dunklere Wolken – wie wallende Rauchmassen – zusammen.

Schon als koloristische und zeichnerische Leistung ist es ein Wunderwerk. Aufmerksame Betrachtung enthüllt aber die erstaunliche Tatsache, dass alle Schatten und Wolken aus einem Zaubertext chinesischer Schriftzeichen bestehen, die so winzig sind, dass nur das allerschärfste Auge sie zu unterscheiden vermag. Und dieser Text ist der ganze Text zweier berühmter Sutras, der Kwammu-ryō-ju-kyō und des Amida-kyō, die nicht größer sind wie Fliegenbeine. Und alle kräftigen dunklen Linien der Figur so wie der Saum von Buddhas Gewand sind aus den sich viele tausend Male wiederholenden Schriftzeichen der heiligen Beschwörungsworte der Shin-Shū: „Namu Amida Butsu!" gebildet, eine unendliche, unermüdliche, geduldige Arbeit liebender Gläubigkeit in irgendeinem dämmerigen Tempel vor uralter Zeit.

Ein andermal bewog einer meiner Schüler seinen Vater, mir eine wunderbare Konfuzius-Statue zu bringen, die, wie man mir sagt, aus der Zeit der Ming-Dynastie stammt. Man versicherte mir auch, die Statue sei zum ersten Male aus dem Hause ihres Besitzers entfernt worden, um mir gezeigt zu werden. Bis dahin mussten sich diejenigen, die ihr ihre Verehrung bezeigen wollten, in das Haus begeben. Es ist in der Tat ein herrliches Bronzekunstwerk, die Gestalt eines lächelnden, bärtigen, alten Mannes mit gestikulierenden Fingern und halbgeöffneten Lippen, wie in einem Gespräch begriffen. Er trägt zierliche chinesische Schuhe, und seine wallenden Gewänder sind mit dem mystischen Phönixbild geschmückt. Die minutiöse Vollendung des Details scheint in der Tat auf die wunderbare Kunstfertigkeit einer chinesischen Hand hinzuweisen: Jeder Zahn, jedes einzelne Haar sehen aus, als wären sie zu einem speziellen Studium gemacht worden.

Ein anderer Schüler führt mich in das Haus eines seiner Verwandten, um mir dort eine Holzkatze zu zeigen, die von der Hand des berühmten Hidari Jingorō geschnitzt worden sein soll, eine schleichende, lauernde Katze, so lebenswahr, dass man erzählt, „wirkliche Katzen hätten sie mit gekrümmtem, sprungbereitem Rücken angefaucht".

Aber trotzdem bin ich überzeugt, dass einige der jetzt in Matsue lebenden Künstler imstande wären, eine noch wunderbarere Katze zu machen. Unter diesen ist der ehrwürdige Arakawa Junosuke, der in der Tempōära (1830–44) für den Daimyō von Izumo die auserlesensten Dinge ausgeführt hat, und dessen Bekanntschaft ich durch die Vermittlung eines meiner Schüler machen durfte. Eines Abends brachte er mir in seinem Ärmel verborgen eine ganz seltsame uralte Kuriosität ins Haus. Es war eine Puppe, ein kleiner geschnitzter und bemalter Kopf ohne Körper. Dieser wurde nur durch ein zierliches, am Halse befestigtes Kleid gebildet. Aber indem Arakawa Junosuke mit der Puppe herumhantierte, schien sie sich zu beleben. Von rückwärts glich der Kopf der Puppe dem Hinterschädel eines Greises, aber das Gesicht war das eines lachenden Kindes. Wie immer auch der Kopf gewendet wurde, sein Aussehen war so urkomisch, dass man sich des Lachens nicht erwehren konnte. Die Puppe stellt einen Kirakubo vor, was so viel bedeutet, wie jemand, der zu arglos und unschuldig ist, um sich von Sorge anfechten zu lassen. Es ist kein Original, aber die Kopie eines sehr berühmten Originals, dessen Geschichte in einer vergilbten Rolle aufgezeichnet ist, die Arikawa aus seinem anderen Ärmel nahm und von einem Freunde für mich übersetzen ließ. Diese kleine Geschichte wirft ein ganz seltsames Licht auf das schlichte japanische Leben und Denken in früheren Jahrhunderten.

„Vor 260 Jahren wurde diese Puppe von einem berühmten Verfertiger von No-Masken in Kyōto für den Kaiser Go-midzu no O (1612–29) gemacht. Der Kaiser pflegte sie jeden Abend neben sein Kopfkissen legen zu lassen, denn er liebte sie sehr und schrieb folgendes Gedicht über sie:

Yo no naka wo
Kiraku ni kurase
Nani goto mo
Omoeba omou

Omowaneba kozo.[40]

Nach dem Tode des Kaisers kam die Puppe in den Besitz des Prinzen Konoye, in dessen Familie sie sich noch befinden soll. Etwa vor hundertundsieben Jahren entlieh die damalige Ex-Kaiserin mit dem posthumen Namen Saikwa Monin, die Puppe und ließ eine Kopie davon anfertigen. Diese Kopie hatte sie immer in ihrer Nähe. Nach dem Tode der guten Kaiserin gab man diese Puppe einer Hofdame, deren Name nicht bekannt ist. Diese Dame schnitt späterhin aus unbekannten Gründen ihr Haar ab, wurde eine buddhistische Nonne und nahm den Namen Shingyō-in an. Und jemandem, der die Nonne Shingyō-in kannte, einem Mann mit Namen Kondo-yu-hako-in-hokyu, wurde die Ehre zuteil, die Puppe zum Geschenk zu erhalten. Mich, den Schreiber dieses Dokuments, befiel eines Tages Krankheit, und diese Krankheit war durch Melancholie verursacht. Mein Freund Kondo-yu-hako-in-hokyu, der mich besuchen kam, sagte: ‚Daheim habe ich etwas, das dich gesund machen wird.' Und er ging nach Hause und kam alsbald mit der Puppe zurück, um sie mir einige Zeit zu lassen. Er legte sie neben mein Kopfkissen, damit ich auf sie sehen und mich an ihrem Anblick ergötzen möchte. Nachträglich besuchte ich selbst die Nonne Shingyō-in, die zu kennen ich nun das Vergnügen habe, und schrieb die Geschichte der Puppe nieder und machte ein Gedicht auf sie."

(Ungefähr neunzig Jahre zurückdatiert; ohne Unterschrift.)

Ich finde bei allen meinen Schülern eine Dosis gesunder Skepsis gewissen Formen des Volksglaubens gegenüber. Die wissenschaftliche Erziehung zerstört rasch alte abergläubische Vorstellungen, an denen die unteren Klassen, insbesondere die der Landbevölkerung, noch festhalten, wie beispielsweise den Glauben an die Mamori und die Ofuda. Die äußeren Formen des Buddhismus – seine Bildwerke, seine Reliquien, seine gewöhnlichen Andachtsübungen – berühren den Durchschnittsstudenten sehr wenig. Man findet bei ihm nicht, wie vielleicht der Fremde voraussetzen könnte, Interesse für die Ikonographie, für religiöse Volksmythen oder für vergleichende Religionswissenschaften – ja, in neun Fällen von zehn schämt er sich vielleicht sogar

[40] Der Inhalt dieses kleinen Gedichtes ist, dass, wer in dieser Welt viel nachsinnt, in Angst leben muss, und wer sich keine Gedanken macht, dessen Leben verläuft in ungetrübtem Glück.

der ihn umgebenden Zeichen und Beweise des volkstümlichen Glaubens. Aber jener tiefreligiöse Sinn, der aller Symbolik zugrunde liegt, bleibt ihm erhalten, und die moderne Erziehung verstärkt und vertieft eher die monistische Idee des Buddhismus, als dass sie sie schwächen würde. Was für die Wirkung der öffentlichen Schule auf den volkstümlichen Buddhismus gilt, gilt auch für ihre Wirkung auf den volkstümlichen Shintōismus. Die Studenten sind alle, oder fast alle, aufrichtige Shintōisten, aber nicht fromme Anbeter gewisser Kamis, sondern strenge Bekenner dessen, was der höhere Shintōismus bedeutet – Vaterlandsliebe, kindliche Pietät, Gehorsam gegen Eltern, Lehrer und Vorgesetzte und Ehrfurcht vor den Ahnen. Denn der Shintōismus ist noch weit mehr, als ein bloßer Glaube.

Als ich zum ersten Mal vor dem Altar der großen Gottheit von Kizuki stand, nicht ohne eine Anwandlung ehrfürchtiger Scheu, als der erste Abendländer, der dieses Vorrechtes gewürdigt worden war, überkam mich der Gedanke: „Dies ist der Altar des Stammvaters einer Rasse, dies ist das symbolische Zentrum der Verehrung einer Nation für ihre Vergangenheit." Und auch ich zollte dem Andenken des Ahnherrn dieses Volkes meine Ehrfurcht.

Wie ich damals empfand, so empfindet der intelligente Student der Meiji-Ära, den die Schulerziehung über das gewöhnliche Niveau des Volksglaubens emporgehoben hat. Und für ihn bedeutet auch der Shintōismus – ob er nun über die Frage reflektiert oder nicht – die ganze Familienethik und jenen Geist der Loyalität, der ihm so in Fleisch und Blut übergegangen ist, dass beim Rufe der Pflicht das Leben selbst für ihn aufhört, Wert zu haben, außer als ein Werkzeug der Pflichterfüllung. Noch braucht dieser Orient nicht über den Ursprung seiner hohen Ethik nachzudenken. Man stelle sich vor, dass der musikalische Sinn in unserer eigenen Rasse so entwickelt sei, dass ein Kind imstande wäre, ein kompliziertes Instrument zu spielen, sobald nur seine kleinen Finger biegsam und kräftig genug geworden wären, um die Töne anzuschlagen. Nur ein solcher Vergleich kann eine richtige Vorstellung davon geben, was inhärente Religion und instinktive Pflicht in Izumo bedeuten.

Von der im Abendlande so gewöhnlichen, rohen und aggressiven Form der Skepsis, der natürlichen Reaktion nach der plötzlichen Befreiung von religiösem Aberglauben, finde ich unter meinen Schülern keine Spur, aber solche Empfindungen kann man anderswo finden, insbesondere in Tōkyō unter den Universitätsstudenten, von denen einer beim Klange einer herrlichen

Tempelglocke zu einem meiner Freunde sagte: „Ist es nicht eine Schmach, dass wir im neunzehnten Jahrhundert noch solche Töne vernehmen müssen.“

Zum Besten neugieriger Reisender möchte ich jedoch hier bemerken, dass es ebenso schlechter Ton wäre, zu Japanern der neuen Schule vom Buddhismus zu sprechen, als es daheim unangebracht wäre, zu einer Klasse von Männern, die durch ihre Erziehung über allen Glaubensformen stehen, vom Christentume zu sprechen. Natürlich gibt es japanische Gelehrte, die fremden Forschern in ihren religiösen Untersuchungen gern an die Hand gehen. Aber sie haben keine Lust, der müßigen Neugierde der Globetrotter Vorschub zu leisten. Ich möchte auch betonen, dass der Fremde, der Wert darauf legt, Aufklärung über die religiösen oder abergläubischen Vorstellungen der unteren Volksschichten zu erhalten, solche aus diesen Kreisen selbst holen muss, nicht aus den gebildeten Kreisen.

Die langen Sommerferien sind vorüber; ein neues Schuljahr beginnt. Viele Veränderungen haben stattgefunden. Manche meiner Schüler sind tot, andere haben die Schule absolviert und Matsue für immer verlassen. An Stelle einiger Lehrer sind andere gekommen, und wir haben einen neuen Direktor.

Aber auch unser verehrter guter Statthalter ist fort, er wurde in das kalte Niigata im Nordwesten versetzt. Es war eine Beförderung. Aber er hatte sieben Jahre lang eine milde Herrschaft über Izumo geführt und wurde von allen geliebt, insbesondere von den Schülern, die an ihm hingen, wie an einem Vater. Die ganze Bevölkerung drängte sich zum Flusse, um ihm Lebewohl zu sagen; die Straßen, die er auf seinem Wege zum Dampfer passieren musste, die Brücke, der Hafen und selbst die Hausdächer waren von einer Menschenmenge erfüllt, die ihn noch ein letztes Mal sehen wollte. Viele weinten. Und als der Dampfer von der Werfte abstieß, erscholl ein vielstimmiges, dröhnendes, langgezogenes „A-a-a-a-a-a-a!“, der Schmerzensschrei einer ganzen Stadt, so klagend, dass ich hoffe, einen solchen Schrei nie wieder zu hören.

Die Namen und die Gesichter der unteren Klassen sind mir alle fremd. Zweifellos war dies der Grund, warum mich beim Betreten des Klassenzimmers der ersten Abteilung A die Erinnerung an meinen ersten Unterrichtstag in der Schule mit einer solch außerordentlichen Lebhaftigkeit überkam.

Seltsam angenehm ist der erste Eindruck, den man von einer japanischen Klasse empfängt, wenn man die Reihen der jungen Gesichter entlangblickt. Das ungeübte europäische Auge unterscheidet vorerst nichts Spezielles in den Physiognomien, aber etwas unbeschreiblich Angenehmes scheint allen gemeinsam. Diese Züge haben nichts Eindringliches, nichts Zwingendes, ja, verglichen mit abendländischen Gesichtern scheinen sie nur halb skizziert, so weich ist ihre Umrisslinie. Da ist weder Herausforderung noch Schüchternheit, weder Exaltiertheit noch Sympathie, weder Gleichgültigkeit noch Neugierde. Manche, obgleich Gesichter schon erwachsener junger Leute, sind von unsagbarer kindlicher Treuherzigkeit und Frische. Einige sind ebenso unbedeutend als andere interessant, manche von femininer Schönheit. Aber alle haben das charakteristische Gepräge einer seltsamen Gelassenheit, die weder Hass noch Liebe ausdrückt, noch sonst etwas anderes, nur vollkommene Ruhe und Sanftmut, wie die träumerische Gelassenheit der Buddhabilder. Später wird sich dieser Eindruck leidenschaftsloser Beherrschtheit nach und nach verlieren. Wenn du jedes einzelne Gesicht besser kennen lernst, wird es sich durch charakteristische Merkmale, die dir früher entgangen sind, immer mehr und mehr individualisieren. Aber die Erinnerung an diesen ersten Eindruck wird sich nie verwischen, und es kommt eine Zeit, wo es einem durch verschiedene Erfahrungen klar wird, wie seltsam dieser erste Eindruck etwas von dem japanischen Charakter verriet, der nur nach jahrelanger Bekanntschaft voll erfasst werden kann. Aus der Rückerinnerung an diesen ersten Eindruck wird man erkennen, dass sich einem schon damals ein blitzartiger Einblick in die Seele der Rasse geoffenbart hatte, mit ihrer unpersönlichen Liebenswürdigkeit und ihren unpersönlichen Schwächen, ein blitzartiger Eindruck des Charakters eines Lebens, den der allein in der Fremde weilende Abendländer als physisches Behagen empfindet, nur der Befreiung vergleichbar, die die Nerven spüren, wenn man aus dem Druck einer beklemmenden Atmosphäre in dünne, freie, klare Luft gelangt.

War es nicht der überspannte Fourier, der von den schrecklichen Gesichtern der „Zivilisierten" sprach? Aber wer es auch immer gewesen sein mag, er hätte seine physiognomische Theorie scheinbar bestätigt gefunden, hätte er Zeuge der Wirkung sein können, die der erste Anblick eines europäischen Gesichtes in diesem östlichsten Osten hervorrief. Alles, was man uns daheim lehrt, an einer Physiognomie schön, interessant oder charakteristisch zu finden, macht in China oder Japan nicht denselben Eindruck. Die den Gesichtsausdruck bestimmenden Schatten, uns als Zeichen unseres eigenen Gesichtsalphabets vertraut, bemerkt der Orientale auf den ersten Blick gar nicht. Was ihn gleich frappiert, ist das Charakteristische der Rasse, nicht das des Individuums. Die entwicklungsgeschichtliche Bedeutung des tiefliegenden Auges, der vorspringenden Stirne, der Habichtsnase, der massiven Kinnlade – Symbole der aggressiven Kraft – offenbarten sich dieser sanfteren Rasse in derselben intuitiven Weise, wie sich einem zahmen Tier die gefährliche Natur des ersten ihm begegnenden räuberischen Feindes offenbart. Den Europäern schienen die geschmeidigen, klein gewachsenen, feingesichtigen Japaner Knaben, und „boy" wird jeder eingeborene Kommis eines Kaufmannes in Yokohama noch immer genannt.

Den Japanern erschienen die rothaarigen, derben, trunkenen, europäischen Seeleute wie Unholde, Shōjōs – Meerdämonen. Von den Chinesen werden die Abendländer bis zum heutigen Tage „fremde Teufel" genannt.

Die große Statur, die massive Kraft, die herausfordernde Haltung der Fremden in Japan erhöhte noch den seltsamen Eindruck, den ihre Gesichter hervorriefen. Die Kinder weinten vor Furcht, wenn sie ihnen auf der Straße begegneten, und in entlegeneren Gegenden kommt es sogar jetzt noch vor, dass der Anblick eines europäischen oder amerikanischen Gesichtes die Kleinen in Schrecken und Furcht versetzt.

Eine Dame in Matsue erzählte in meiner Gegenwart folgende seltsame Erinnerung aus ihren Kinderjahren: „Als ich noch ein ganz kleines Mädchen war", sagte sie, „berief unser Daimyō einen Fremden als Lehrer der Kriegswissenschaft. Mein Vater und viele Samurais begaben sich zum Hafen, um den Ankömmling zu empfangen, und in den Straßen machte die Bevölkerung Queu, denn nie vorher war ein Fremder nach Izumo gekommen, und niemand wollte sich den Anblick entgehen lassen. Der Fremde kam zu Schiff; damals gab es bei uns noch keine Dampfer. Er war sehr groß und schritt mächtig aus; die Kinder begannen bei seinem Anblick zu weinen, weil sein Gesicht anders war als die Gesichter der Leute von Nihon. Mein kleiner Bruder kreischte laut auf und versteckte sein Gesicht in Mutters Kleiderfalten; und Mutter verwies es ihm und sagte: ‚Dieser Fremde ist ein sehr guter Mensch, er ist gekommen, um unserem Fürsten Dienste zu leisten, und es ist deshalb sehr unehrerbietig, bei seinem Anblick zu weinen.' Aber er fuhr fort zu weinen und wollte sich nicht beruhigen. Ich ließ mich nicht einschüchtern und blickte dem Fremden lächelnd ins Gesicht, als er vorüberkam. Er hatte einen großen Bart, und sein Antlitz war gutmütig, obgleich es mir seltsam und ernst vorkam. Als er mir nahekam, blieb er stehen, strich mit seiner großen Hand lächelnd über mein Haar und mein Gesicht, und indem er einige Worte sagte, die ich nicht verstehen konnte, legte er etwas in meine Hand. Dann schritt er weiter. Nachdem er vorübergegangen war, sah ich mir an, was er mir in die Hand gedrückt hatte, und es zeigte sich, dass es ein hübsches kleines Glas zum Durchschauen war. Legt man eine Fliege darunter, sieht sie ganz ungeheuer groß aus. Dazumal schien mir das Stückchen Glas etwas Wunderbares, ich besitze es noch." Sie nahm aus einer Lade ein winziges Mikroskop und legte es vor mich hin.

Der Held dieses kleinen Erlebnisses war ein französischer Offizier, den man, als das Feudalsystem fiel, seiner Stellung enthob. Die Erinnerung an seine Person lebt noch in Matsue fort, und alte Leute entsinnen sich noch eines improvisierten Spottliedes, eines rasch hervorgesprudelten Kauderwelschs, das als eine Nachahmung seiner fremden Sprache gelten sollte.

Tōjin negoto niwa kinkarakuri medagasho,
Saiboji ga shimpei shite harishite keisan,
Hanryo na Sacr-r-r-r-e-na-nom-da-Jiu.

Shida wird nicht mehr in die Schule kommen. Er schläft unter dem Schatten der Zedern in dem alten Friedhof Tōkōji. Bei der Totenfeier las Yokogi eine schöne Ansprache (Saibun) an die Seele seines toten Kameraden.

Aber mit Yokogi selbst steht es nicht gut, und ich bin sehr besorgt um ihn. Er leidet an irgendeiner Gehirnaffektion – eine Folge geistiger Überanstrengung, sagt der Arzt. Selbst, wenn er davonkommt, wird er sich immer sehr schonen müssen. Manche von uns sind hoffnungsvoller, denn der Knabe ist sehr kräftig gebaut und noch sehr jung. Dem starken Sakane sprang vergangenen Monat ein Blutgefäß, und er ist schon wieder hergestellt. Vielleicht wird es also auch mit Yokogi wieder besser werden. Adzukizawa bringt uns täglich Nachricht von seinem Freunde.

Aber die Erholung will noch immer nicht kommen. Irgendeine geheime Feder im Mechanismus des jungen Lebens ist wohl gebrochen. Der Geist erwacht nur für kurze Intervalle zwischen langen Stunden der Bewusstlosigkeit. Eltern und Freunde harren auf dieses kurze Aufflackern, um dem

Kranken ein liebkosendes Wort zuzuflüstern oder ihn zu fragen: „Hast du irgendeinen Wunsch?“ Und einmal in nächtlicher Stunde sagte er:

„Ja, ich möchte zur Schule gehen, ich möchte die Schule sehen.“

Da befällt sie Angst, der zarte Geist sei ganz in Verwirrung geraten, aber sie sagen: „Es ist ja schon Mitternacht vorüber, wir haben keinen Mondschein, und die Nacht ist so kalt.“

„O, ich sehe genug bei dem Licht der Sterne, ich möchte so gerne die Schule wiedersehen.“

Sie bemühen sich liebreich, es ihm auszureden – vergebens. Der sterbende Knabe wiederholt mit der klagenden Beharrlichkeit eines letzten Wunsches:

„Ich möchte die Schule wiedersehen, jetzt, gleich jetzt möchte ich sie wiedersehen.“

Nun folgt eine geflüsterte Beratung im Nebenzimmer. Tansu-Schubladen werden aufgeschlossen, warme Kleider herausgenommen, dann tritt Fusaichi, der stämmige Diener, mit einer angezündeten Laterne ins Zimmer und ruft mit seiner lieben rauen Stimme: „Ich will Master Tomi auf meinen Schultern zur Schule tragen. Er wird die Schule wiedersehen. Es ist ja nur ein kurzes Stück zu gehen.“

Sorgsam wird der Knabe in wattierte Kleider eingehüllt, dann schlingt er seine Arme um Fusaichis Hals wie ein Kind, und der kräftige Diener trägt die leichte Bürde durch die winterlichen Straßen, während der Vater mit der Laterne vorangeht. Und über die kleine Brücke ist es nicht weit zur Schule.

Das ungeheure dunkelgraue Gebäude ragt beinahe schwarz gegen den Himmel; aber Yokogi kann es sehen; er blickt zu den Fenstern seines eigenen Klassenzimmers empor, sein Blick schweift über die überdachte Seitentür, wo er vier glückliche Jahre lang jeden Morgen seine Getas mit lautlosen Strohsandalen vertauschte, zu der Loge des schlafenden Kodzukai (Schulpförtners), zur Silhouette der Glocke, die sich in ihrem Türmchen schwarz vom Himmel abzeichnet, und er murmelt: „Nun habe ich mir alles eingeprägt und kann mich wieder daran erinnern. Ich hatte alles vergessen, so krank war ich! O Fusaichi, du bist sehr gut, ich bin so froh, dass ich die Schule wiedergesehen habe.“

Und dann eilen sie wieder zurück durch die langen menschenleeren Straßen.

Yokogi wird morgen an der Seite seines Kameraden begraben werden.

Wenn ein unbemittelter Mensch im Sterben liegt, eilen Freunde und Nachbarn herbei, um der Familie mit Rat und Tat beizustehen. Manche bringen die Trauerbotschaft zu entfernt wohnenden Verwandten, andere treffen die nötigen Vorkehrungen, andere wieder holen beim Eintritt der Katastrophe die buddhistischen Priester herbei.[41]

Man sagt, dass der Tod eines Menschen den Priestern schon am Abend, ehe die Katastrophe eintritt, bekannt sei, denn da poche die Seele des Sterbenden dumpf an die Türe des Tempels. Da stehen die Priester auf, kleiden sich an, und, wenn der Bote kommt, sagen sie: „Wir wissen schon, wir sind bereit."

Mittlerweile wird der Leichnam hinausgetragen und vor dem Butsudan auf den Estrich gelegt. Unter den Kopf kommt kein Kissen, aber auf die Gliedmaßen legt man ein bloßes Schwert, um die bösen Geister zu bannen. Die Türen des Butsudan sind geöffnet, und vor den Ahnentäfelchen brennen Lichter und dampft Weihrauch. Alle Freunde schicken Weihrauch, weshalb es als unglückbringend gilt, bei anderen Gelegenheiten Weihrauch zu spenden, und wäre er auch noch so kostbar.

Aber der shintōistische Hausaltar muss, mit weißem Papier verhüllt, den Blicken entzogen werden, und auch die an der Haustüre befestigte Ofuda muss während der ganzen Trauerzeit verdeckt bleiben.[42] Während dieser ganzen

---

[41] Ausgenommen in jenen verhältnismäßig seltenen Fällen, wo die Familie sich ausschließlich zum shintōistischen Glauben bekennt oder, obgleich beiden Religionen anhängend, es doch vorzieht, ihre Toten nach shintōistischem Ritus zu begraben. Im Allgemeinen haben in Matsue bloß hohe Staatsbeamte shintōistische Begräbnisse.

[42] Es sei denn, dass der Tote nach shintōistischem Ritus begraben wird. In Matsue dauert die Trauerzeit gewöhnlich fünfzig Tage. Am einundfünfzigsten Tage gehen alle hinterbliebenen Familienmitglieder nach Enjoji-nada (dem Seeufer am Fuße des Hügels, auf dem der große Tempel von Enjoji steht), um die Reinigungszeremonie vorzunehmen. In Enjoji-nada steht am Strand eine hohe Jizō-Statue aus Stein; vor dieser beten die Leidtragenden und reinigen sich Mund und Hände mit dem Wasser des Sees. Dann erst begeben sie sich in irgendein befreundetes Haus, um zu frühstücken, denn wenn irgend möglich, wird die Reinigung schon bei Tagesanbruch vorgenommen. Während der Trauerzeit darf kein Familienmitglied in dem Hause eines Freundes essen. Erfolgt jedoch das Begräbnis nach shintōistischem Ritus, kann von allen diesen Zeremonien abgesehen werden.

Trauerzeit darf sich auch kein Familienmitglied einem Shintōtempel nahen oder zu den Kamis beten, ja, es darf nicht einmal unter einem Torii durchgehen.

Zwischen dem Leichnam und der Haustüre wird ein Papierschirm (Byōbu) aufgestellt und darauf das auf einem weißen Papierstreifen geschriebene Kaimyō (Name nach dem Tode) befestigt. Ist der Verblichene jung, so muss der Schirm verkehrt aufgestellt werden, aber bei alten Leuten geschieht dies nicht.

Freunde beten an der Leiche, neben der eine Büchse mit tausend Erbsen steht. Diese zählt man ab, während man die tausend Beschwörungen hersagt, die, wie man glaubt, dem Heil der abgeschiedenen Seele auf ihrer unbekannten Reise förderlich sind.

Die Priester kommen und rezitieren die Sutras, und dann wird der Leichnam vor der Beerdigung mit warmem Wasser gewaschen und in weiße Gewänder gekleidet. Aber der Kimono des Toten wird auf der linken Seite aufgesteckt, weshalb es als unglückbringend angesehen wird, seinen Kimono auch nur zufällig so aufzustreifen.

Nachdem der Tote in seinen seltsamen, viereckigen, sänftenartigen Sarg gebettet worden, legt jeder Anwesende etwas von seinem Haar oder einen abgeschnittenen Fingernagel – als Symbol seines Blutes – hinein; auch sechs Rin werden in den Sarg gelegt, für die sechs Jizōs, die an den Kreuzungen der Wege der sechs Schattenreiche stehen.

Der Trauerzug setzt sich vom Sterbehause aus in Bewegung. An seiner Spitze geht ein Priester, der eine kleine Glocke schwingt, und ein Knabe trägt das Ihai des eben Verstorbenen. Der Vortrab der Prozession besteht nur aus Männern, Angehörigen und Freunden. Manche tragen Hatas (weiße symbolische Wimpel), manche Blumen, aber alle Papierlaternen, denn in Izumo werden die Erwachsenen erst bei Anbruch der Nacht beerdigt und nur Kinder bei Tage begraben.

Zunächst kommt der Sarg oder Kwan, wie eine Sänfte auf den Schultern der Männer jener Pariakaste getragen, deren Geschäft es ist, die Gräber zu schaufeln und beim Begräbnis zu assistieren. Zuletzt kommen die weiblichen Leidtragenden.

Sie tragen alle weiße Kapuzen und weiße, vom Kopf bis zu den Füßen wallende Gewänder wie Phantome.[43] Man kann sich kaum etwas Gespenstischeres denken als solch eine verhüllte Begräbnisprozession, die sich beim Scheine der Papierlaternen fortbewegt. Hat man einmal einen solchen Zug gesehen, so wird er einem oft noch im Traume wiederkehren.

Beim Tempeleingang wird der Kwan auf das Pflaster gestellt, und unter klagender Musik und Hersagen von Sutras wird eine zweite Andacht abgehalten. Dann formiert sich der Zug wieder, umkreist einmal den Tempelhof und nimmt dann seinen Weg zum Friedhof. Aber begraben wird der Leichnam erst vierundzwanzig Stunden später, sonst könnte der Totgeglaubte vielleicht noch im Grabe erwachen. In Izumo werden die Leichen selten verbrannt. Darin wie in anderen Dingen zeigt sich das Überwiegen der shintōistischen Empfindung.

Zum letzten Male blicke ich in sein Antlitz. Da liegt er auf seinem Totenbette, weißgekleidet vom Kopf bis zu den Füßen, weißgegürtet für seine schattenhafte Reise, aber lächelnd mit geschlossenen Lidern, fast in derselben seltsam sanften Art, wie dann, wenn er die Lösung irgendeines ihm vorher unergründlich scheinenden Rätsels in unserer schweren englischen Sprache erhielt. Aber mir ist, als sei das Lächeln jetzt noch süßer, gleichwie in plötzlicher, tiefer Erkenntnis geheimnisvoller Dinge. So lächelt in dem großen Tempel von Tōkōji durch Weihrauchwolken das goldene Antlitz Buddhas.

Die große Glocke von Tōkōji tönt für die Totenfeier – für die Tsuito-kwai – von Yokogi, langsam und regelmäßig. Schlag um Schlag ihres erzenen Donners hallt über den See, wogt über die Dächer der Stadt und bricht sich in tiefem Schluchzen an dem grünen Rund der Hügel.

Es ist eine ergreifende Feier, diese Tsuito-kwai, voll seltsamer Zeremonien, die, obgleich schon lange in den japanischen Buddhismus aufgenommen, chinesischen Ursprungs und sehr schön sind. Es ist auch eine kostspielige Zeremonie, und die Eltern Yokogis sind sehr arm. Aber alle Kosten sind durch freiwillige Subskriptionen von Schulkindern und Lehrern bestritten.

---

[43] In alten Zeiten waren jedoch bei Begräbnissen von Samurais die Frauen schwarz gekleidet.

Priester aller großen Tempel der Zen-Sekte in Izumo haben sich in dem Tempel versammelt. Die gesamte Lehrerschaft der Stadt und alle Schüler sind in den Hondō des ungeheuren Tempels eingetreten und haben sich rechts und links vor dem Hochaltar gruppiert. Sie knien auf dem mattenbedeckten Boden, und draußen auf den Stufen stehen Tausende von Schuhen und Sandalen, die sie dort abgelegt haben.

Vor dem Haupteingang, dem hohen Altar gegenüber, ist ein neuer Butsudan errichtet worden. Durch seine geöffneten Türen sieht man im Innern das in Gold und Lack glitzernde Ihai des toten Knaben. Auf dem hohen Ständer vor dem Butsudan hat man ein Weihrauchgefäß mit Büscheln von Senkō-Wurzeln aufgestellt und Gaben von Früchten, Backwerk, Reis und Blumen. Große und schöne Blumenvasen zu beiden Seiten des Butsudan sind mit entzückend angeordneten blühenden Zweigen geschmückt. Vor dem Honzon brennen Fackeln in schweren Kandelabern, deren Schäfte aus polierter Bronze dräuende Ungeheuer darstellen – der sich in die Luft erhebende und der sich zu Boden senkende Drache. Und Weihrauch ringelt sich aus Gefäßen empor, die die Form des heiligen Hirschs, der symbolischen Schildkröte, des meditierenden Storchs aus der Buddhalegende haben. Und darüber im Dämmerlichte der großen Nische lächelt Buddha das Lächeln der vollkommenen Ruhe.

Zwischen dem Butsudan und dem Honzon steht ein kleiner Tisch. Zu beiden Seiten desselben knien zwei Reihen Priester einander gegenüber. Zwei Reihen glänzender, kahler Köpfe und die Pracht scharlachfarbener Seide und goldgestickter Gewänder.

Die große Glocke hat zu läuten aufgehört; man vernimmt das Segaki-Gebet, das bei Darbringung der Speisen an die Geister hergesagt wird; und von sonoren abgemessenen Schlägen und klagendem Gesang begleitet, beginnt die musikalische Andachtszeremonie. Die Schläge sind die Schläge des Mokugyō, des ungeheuren Fischkopfes aus Holz, vergoldet und lackiert, wie der Kopf eines grotesk-idealisierten Delphins, und der Gesang ist der Sang aus dem Kapitel der Kwan-on aus dem Hokkekyō, mit der herrlichen Lobpreisung.

„O Du, deren Augen klar sind, deren Augen gütig sind, deren Augen voll Erbarmen und Milde sind. O Du Liebliche mit deinem hellen Angesicht, o Du mit deinen schönen Augen. O Du Reine, deren Lichtglanz ohne Flecken ist, deren Weisheit ohne Schatten ist. O Du in alle Ewigkeit Strahlende, der Sonne gleich, deren Herrlichkeit keine Macht widerstehen kann. O Du Sonnengleiche in Deiner Gnadenbahn, gießest Licht auf die Welt!"

Und während die Stimmen der Hauptsänger in klarem vibrierendem Unisono zusammenklingen, murmelt der vielstimmige Priesterchor in tiefem gedämpftem Ton die mächtigen Verse, und ihr Klang ist wie das Brausen der Meerflut.

Der dumpfe Widerhall des Mokugyō verstummt, der ergreifende Gesang hält inne, und die ministrierenden Männer – Priester berühmter Tempel – treten einer nach dem anderen an das Ihai heran, neigen sich tief davor, entzünden eine neue Weihrauchwurzel und stecken sie aufrecht in die kleine Bronzevase.

Jeder einzelne rezitiert einen heiligen Vers, dessen Anfangston der Laut eines Schriftzeichens in dem Kaimyō des toten Knaben ist. Und diese Verse, die nach der Folge der Schriftzeichen auf dem Ihai hergesagt werden, bilden das heilige Akrostichon, dessen Name die Worte des Dufts sind.

Dann ziehen sich die Priester auf ihre Plätze zurück, und nach einer kleinen Pause beginnt das Verlesen des Saibun, der Ansprache an die Seele des Toten. Zuerst sprechen die Schüler, je einer aus jeder Klasse nach vorhergegangener Wahl. Der Erwählte erhebt sich, nähert sich dem kleinen Tischchen vor dem hohen Altar, neigt sich tief vor dem heiligen Honzon, zieht aus seinem Gewand ein Papier heraus und liest in jenem hohen singenden Ton, der beim Lesen chinesischer Texte üblich ist. So kündet jeder einzelne die Zuneigung des Lebenden zu dem Toten in Worten liebenden Schmerzes und liebender Hoffnung. Und als letzte erhebt sich ein sanftes Mädchen, eine Schülerin der Lehrerinnenbildungsanstalt, und spricht in weichen Tönen wie Vogelgezwitscher. Jedes Mal, wenn der Saibun zu Ende gelesen ist, legt der Sprechende das beschriebene Blatt auf den Tisch vor dem Honzon, verneigt sich und geht.

Nun ist die Reihe an den Lehrern, und ein alter Mann nimmt seinen Platz vor dem kleinen Tischchen ein – der alte Katayama, der Lehrer des Chinesischen, berühmt als Dichter, angebetet als Lehrer. Und weil alle Schüler ihn lieben, wird das bisherige Schweigen noch feierlicher und intensiver, als er zu sprechen beginnt: „Ko-Shimane-Ken Jinjō-Chū-gakkō yo-nen-sei."

„Hier am dreiundzwanzigsten Tage des zwölften Monats des vierundzwanzigsten Meiji-Jahres spreche ich, Katayama Shokei, Lehrer der Jinjō-Chūgakkō von Shimane-Ken, der in großer Betrübnis der Totenfeier beiwohnt, zur Seele Yokogi Tomisaburōs, meines Schülers. Da ich, wie du weißt, zweimal fünf Jahre lang zu verschiedenen Zeiten Lehrer an der Schule gewesen, bin ich wahrlich mit nicht wenigen ausgezeichneten Schülern in Berührung gekommen. Aber sehr selten ist es einem Lehrer gegönnt, deinesgleichen zu begegnen. So fleißig, so achtsam in allen Dingen, so allen Kameraden überlegen durch tadelloses Benehmen, genaues Beobachten aller Vorschriften, nie ein Gebot übertretend. In dem Lande Kihoku, weit berühmt wegen seiner Pferde, pflegte man von alters her zu sagen, wenn kein Tier edelster Rasse vorhanden war: ‚Es ist kein Pferd da.' Wir haben ja unter unseren Schülern viele prächtige Jungen, viele Ryume – edle Renner –, aber den besten haben wir verloren. Im Alter von siebzehn Jahren zu sterben, der besten Studienzeit des Lebens – eben da du von den zehn Stufen schon sechs erklommen! Wie traurig! Aber trauriger noch ist es zu wissen, dass Deine Krankheit durch Deinen eigenen Übereifer verschuldet wurde. Am traurigsten aber ist der Gedanke, dass Du mit diesen Deinen seltenen Geistesgaben und Charakteranlagen in der von Dir erwählten Laufbahn sicherlich Großes und Gutes vollbracht hättest, dem Namen Deiner Vorfahren zur Ehre, wäre es Dir gegönnt gewesen, das Mannesalter zu erreichen. Ich sehe, wie Du die Hand erhebst, um eine Frage zu stellen, und Dich dann über das Pult beugst, um Dir alles zu notieren, was Dein armer alter Lehrer Dir sagen konnte. Dann wieder sehe ich Dich bei den militärischen Übungen, das Bajonett geschultert, so stramm aufrecht in den Reihen. Eben jetzt taucht Dein lächelndes Gesicht vor mir auf, so deutlich, als ständest Du neben mir. Ich glaube Deine Stimme so deutlich zu vernehmen, als hättest Du eben erst zu sprechen aufgehört, aber, ach, ich weiß, dass ich Dich, außer in der Erinnerung, nie mehr sehen und hören werde. O Himmel, warum nahmst Du dieses knospende Leben aus der Welt und verschontest einen solchen wie mich – mich, den alten, kraftlosen Shokei, der keinem mehr von Nutzen sein kann? Ich stand zu Dir nur im Verhältnis des Lehrers zum Schüler, und doch, wie groß ist mein Schmerz. Ich habe einen vierundzwanzigjährigen Sohn. Er ist jetzt weit von mir in Yokohama. Ich weiß, er ist nur ein unbedeutender Jüngling,[44] und doch gibt es nicht eine Stunde im Tage, wo das Herz seines alten Vaters nicht sein gedenken würde. Wie erst muss es Vater und Mutter, Brüdern und Schwestern

[44] Nur eine höfliche Form des Deprezierens. Ebenso wie nach echt japanischem Höflichkeits- und Pflichtbegriff ein Sohn nicht „Dein liebender oder gehorsamer Sohn" unterzeichnen darf, sondern „Dein undankbarer oder liebloser Sohn".

dieses sanften begabten Jünglings zumute sein, nun er von ihnen geschieden ist. Der bloße Gedanke lässt meine Tränen fließen. Ich kann nicht sprechen, so voll ist mein Herz. A-a! A-a! Du bist von uns gegangen! Du bist von uns gegangen! Aber obgleich Du tot bist, werden Dein Ernst und Deine Güte lange in der Erinnerung aller und in hohen Ehren bleiben und allen Schülern als Beispiel vor Augen stehen. Wir, Deine Lehrer und die Schüler, feiern hier diese Andacht für Deinen Geist mit Gebeten und Gaben. Beglücke Du, geliebte Seele, unsere Liebe durch Annahme dieser unserer demütigen Darbringungen."

Dann wird plötzlich das Schluchzen von dem Widerhall der Schläge auf den großen Fischkopf übertönt, als die hohen Stimmen der führenden Sänger das große Nehan-gyō, die Sutra vom Nirvana, anstimmen, den Gesang von dem triumphierenden Übergang über das Meer des Todes und der Geburt. Und tief unter diesen hohen Tönen und dem dumpfen Widerhall des Mokugyō fluten aus dem hundertstimmigen Chor wie ein brandendes Meer die sonoren Worte:

„Sho-gyō mu-jō, ji-sho meppō."
Vergänglich sind wir allzumal.
Wer geboren ist, muß sterben.
Bei der Geburt ist er dem Tod verfallen
Und die Toten freuen sich der Ruhe.

Die Geisha

Es gibt nichts Stilleres als den Beginn eines japanischen Banketts, und – mit Ausnahme eines Eingeborenen – könnte sich niemand, der einem solchen zum ersten Mal beiwohnt, einen Begriff von seinem tumultuösen Ende machen.

Geräuschlos treten die geputzten Gäste ein und lassen sich schweigend auf ihren Sitzpolstern nieder. Mädchen, deren nackte Füße lautlos durch das Zimmer gleiten, stellen das lackierte Service auf die Matten vor sie hin. Eine Zeitlang ist alles ein bloßes Hin und Her, ein Wogen und Lächeln wie im Traum. Auch von draußen dringt wohl kaum ein Laut herein, da ein Bankett-Haus gewöhnlich durch einen großen Garten von der Straße getrennt ist.

Endlich bricht der Zeremonienmeister, der Gastgeber oder der Arrangeur das allgemeine Schweigen mit der üblichen Formel: „O-somatsu de gozarimasu ga! – dōzo o-hashi!“, worauf alle Anwesenden sich schweigend verneigen, ihre „Hashis“ (Essstäbchen) ergreifen und zu essen beginnen. Aber die geschickt gehandhabten „Hashis“ machen auch kein Geräusch. Die Mädchen schenken jedem Gast heißen Sake in seine Schale, und erst nachdem mehrere Schüsseln und Schalen geleert worden, lösen sich die Zungen ein wenig. Dann treten unversehens einige junge Mädchen mit leisem Lachen ein, grüßen in der üblichen Weise, indem sie sich tief zur Erde neigen, gleiten in den offenen Raum zwischen den Reihen der Gäste und beginnen den Wein mit einer zierlichen Anmut und Geschicklichkeit zu kredenzen, deren ein gewöhnliches Mädchen nicht fähig wäre. Sie sind hübsch, in kostbare Seidengewänder gekleidet, wie Königinnen gegürtet, und ihr schön frisiertes Haar ist mit künstlichen Blumen, mit wunderbaren Kämmen und Nadeln und seltsamem goldenem Zierrat geschmückt. Sie begrüßen den Fremden wie einen alten Bekannten, sie scherzen und lachen und stoßen drollige kleine Laute aus. Es sind die für das Bankett engagierten Geishas oder Tänzerinnen.[45]

Samisen[46] ertönen. Die Tänzerinnen begeben sich in einen freien Raum im Hintergrund der Banketthalle, die immer groß genug ist, um mehr Gäste zu fassen, als sich bei gewöhnlichen Anlässen zu versammeln pflegen. Einige bilden unter der Führung einer Frau von mittlerem Alter das Orchester; dieses besteht aus mehreren Samisen und einer niedlichen, von einem Kind geschlagenen Trommel. Andere, entweder einzeln oder in Paaren, führen den Tanz aus. Dieser kann schnell und fröhlich sein und auch bloß aus anmutigen Posen bestehen. Zwei Mädchen tanzen zusammen mit einer solchen Gleichzeitigkeit der Schritte und Gesten, wie sie nur jahrelange Übung erzielen kann. Aber weit häufiger ist es mehr ein Agieren, als das, was wir Abendländer tanzen nennen würden. Ein Agieren, begleitet von seltsamen Bewegungen der Ärmel und Fächer, und mit einem Augen- und Mienenspiel, süß, zart, beherrscht, ganz und gar orientalisch. Die Geishas kennen auch wollüstigere Tänze, aber bei gewöhnlichen Anlässen und vor einem gewählten Publikum veranschaulichen sie schöne, alte japanische Überlieferungen, wie die Legende von dem Fischerknaben Urashima, dem Geliebten der Tochter des Meergottes, und dazwischen singen sie altchinesische Lieder, die schlichte

[45] In Kyōto nennt man sie maiko.

[46] Eine Gitarre mit drei Saiten.

menschliche Empfindungen mit köstlicher Lebhaftigkeit in wenigen Worten schildern. Und immer füllen sie die Becher von neuem mit Wein, dem warmen, blassgelben, betäubenden Wein, der wohlig durch die Adern rieselt, uns mit traumhaftem Schleier umwebend, der das Alltägliche wundersam, die Geishas zu Paradiesesmädchen macht und die Welt weit wonniger erscheinen lässt, als es nach der gewöhnlichen Ordnung der Dinge möglich wäre.

Das anfänglich so schweigsame Bankett steigert sich allgemach zu einem lustigen Tumult. Die Reihen lösen sich, es bilden sich Gruppen, und lachend und plaudernd gehen die Geishas von Gruppe zu Gruppe, immer Sake einschenkend, die geleerten Becher wieder füllend, die mit tiefen Verbeugungen immer von neuem entgegengenommen und gewechselt werden.[47] Männer stimmen alte Samurai-Gesänge und altchinesische Lieder an, ein oder zwei tanzen sogar. Die Samisen intonieren die lebhafte Melodie „Kompira fune fune", eine Geisha schürzt ihr Kleid bis zu den Knien auf. Beim Klange der Musik beginnt die Tänzerin in hurtigem Lauf die Figur 8 zu beschreiben, und ein junger Mann mit einer Sakeflasche und einem Becher beschreibt dieselbe Figur. Treffen dann die beiden in einer Linie zusammen, so muss der, durch dessen Schuld das Zusammentreffen geschah, einen Becher Sake leeren. Die Musik wird rascher und rascher und der Lauf der Tänzer schneller und schneller, denn sie müssen mit der Musik Takt halten. Und die Geisha gewinnt fast immer. In einem anderen Teil der Halle spielen Gäste und Geishas „Ken". Während sie spielen, singen sie und blicken sich ins Gesicht, klatschen in die Hände und schnellen in kleinen Zwischenräumen mit leisem Gekicher ihre Finger in die Luft. Und die Samisen halten Takt.

Chotto, – don-don!
O-tagai – da ne;
Chotto, – don-don!
Oidemashita ne;
Chotto, – don-don!
Shimaimashita ne.

----

[47] Es ist manchmal üblich, dass die Gäste die Schalen miteinander tauschen, nachdem sie sie in höflicher Weise ausgespült haben. Es bedeutet immer ein Kompliment, die Schale von seinem Freunde zu erbitten.

Mit einer Geisha Ken zu spielen, erfordert einen kühlen Kopf, ein gutes Auge und sehr viel Übung. Von Kindheit an geschult, alle Arten von Ken zu spielen – und es gibt deren viele – verliert sie gewöhnlich nur aus Artigkeit – wenn sie überhaupt verliert.

Die Zeichen eines gewöhnlichen Ken sind ein Fuchs, ein Mann und eine Flinte. Macht die Geisha das Zeichen der Flinte, muss alsogleich und genau im Takte mit der Musik, das Zeichen des Fuchses folgen, der die Flinte nicht handhaben kann. Denn machst du das Zeichen des Mannes, so wird sie mit dem Zeichen des Fuchses antworten, der den Mann überlisten kann, und du verlierst. Und macht sie das Zeichen des Fuchses zuerst, dann müsstest du das Zeichen der Flinte machen, mit der der Fuchs getötet werden kann. Aber während alledem musst du ihre glänzenden Augen und ihre geschmeidigen Hände ansehen, – sie sind hübsch – und lässt du dich auch nur für den Bruchteil einer Sekunde hinreißen, daran zu denken, wie hübsch sie sind, bist du berückt und besiegt.

Aber all dieser scheinbaren Kameradschaftlichkeit ungeachtet wird bei einem japanischen Bankett ein gewisses strenges Dekorum zwischen Geishas und Gästen gewahrt. Wie erregt durch den Wein ein Gast auch geworden sein mag, er wird niemals versuchen, ein Mädchen zu liebkosen, er wird nie außer Acht lassen, dass sie beim Bankett nur wie eine menschliche Blume angesehen werden soll, an deren Anblick man sich wohl erfreuen, die man aber nicht berühren darf. Die Familiarität, die sich fremde Touristen oft in Japan mit Geishas oder Aufwärterinnen erlauben, ist – obgleich mit lächelnder Langmut geduldet, in Wahrheit sehr verpönt, und wird von den Eingeborenen als ausgesprochen vulgär angesehen.

Eine Zeitlang nimmt die Fröhlichkeit immer mehr zu, aber gegen Mitternacht schleicht sich ein Gast nach dem andern unbemerkt fort. Dann verstummt das Getöse allmählich, die Musik hält inne, und schließlich, nachdem die Geishas mit dem lachenden Rufe „Sayōnara“ die letzten Gäste zur Türe hinausgeleitet haben, dürfen sie sich endlich ruhig miteinander hinsetzen, um in der verödeten Halle ihr langes Fasten zu brechen.

Dies ist die Rolle der Geisha. Aber, was ist ihr Geheimnis? Wie sind ihre Gedanken, ihre Empfindungen, ihr innerstes Selbst? Was ist ihr wirkliches Dasein, fern von dem nächtlichen Festglanz der Bankethallen, fern von der

Illusion, die der Weindunst um sie webt? Ist sie immer so mutwillig, wie sie scheint, während ihre Stimme mit spöttischer Süßigkeit die Worte des alten Liedes singt:

> Kimi to neyaru ka, go sen goku toru ka?
> Nanno go sen goku kimi to neyo.[48]

Oder können wir glauben, sie wäre fähig, die leidenschaftliche Verheißung zu erfüllen, die sie so köstlich verkündet:

> Omae shindara tera e wa yaranu!
> Yaite ko-ni shite sake de nomu.[49]

Nun, was das betrifft, so sagt mir mein Freund, O-Kama aus Osaka habe das Liedchen erst im vorigen Jahre wahr gemacht, denn nachdem sie die Asche ihres Geliebten vom Holzstoß eingesammelt hatte, mischte sie sie mit Sake und trank sie bei einem Bankett in Gegenwart vieler Gäste. In Gegenwart vieler Gäste! Ach, um die Romantik!

In der Wohnung, die eine Gruppe Geishas innehat, befindet sich immer eine seltsame Figur in der Nische. Manchmal ist sie aus Ton, seltener aus Gold, am häufigsten aus Porzellan. Man verrichtet seine Andacht vor ihr und bringt ihr Gaben dar – Süßigkeiten, Reis, Brot und Wein; Weihrauch glimmt davor und eine Lampe brennt darunter. Es ist das Bild eines aufrechtstehenden Kätzchens, das die eine Pfote wie einladend ausstreckt; daher sein Name „das winkende Kätzchen".[50] Es ist der Genius loci, es bringt Glück, den Schutz der Reichen, die Gunst der Gastgeber. Nun, diejenigen, die die Seele der Geisha kennen, bestätigen, dass das Bild ein Symbol ihres Selbst ist.

---

[48] „Noch einmal bei ihr zu sein oder fünftausend Koku haben? Fünftausend Koku miss ich gern, kann mich nur ihr Anblick laben." In alter Zeit lebte ein Hatamoto, genannt Fuji-eda Geki, ein Vasall des Shōgun. Er hatte ein Einkommen von fünftausend Koku Reis, was in jenen Tagen als ein großes Einkommen galt. Aber er verliebte sich in eine Bewohnerin des Yoshiwara, namens Ayaginu, die er heiraten wollte. Als sein Herr ihm befahl, zwischen seiner Laufbahn und seiner Leidenschaft zu wählen, flohen die Liebenden insgeheim in das Haus eines Landmanns und töteten sich dort gemeinsam. Das angeführte Lied wurde auf sie gedichtet, und man singt es noch bis auf den heutigen Tag.

[49] „Liebster, stirbst du einst, nicht sollst ins Grab du sinken. In einem Becher Wein will deine Asch' ich trinken."

[50] Maneki-Neko.

Spielerisch und hübsch, sanft und jung, biegsam und liebkosend, schmiegsam und grausam, wie ein verzehrendes Feuer.

Sogar Schlimmeres als dies hat man von ihr gesagt: In ihrem Schatten schreitet der Gott der Armut, und die Füchsinnen sind ihre Schwestern; sie ist das Verderben der Jugend, die Vergeuderin des Wohlstandes, die Zerstörerin der Familien, sie kennt die Liebe nur als den Quell der Torheiten, die ihr Gewinn sind, und bereichert sich auf Kosten der Männer, die sie in den Tod getrieben hat – sie ist die abgefeimteste aller hübschen Heuchlerinnen, die unersättlichste aller Käuflichen, die gefährlichste aller Glücksjägerinnen, die erbarmungsloseste aller Geliebten. Dies kann nicht alles wahr sein – aber so viel ist wahr, dass die Geisha ihrer Beschaffenheit nach gleich der Katze ein Raubtier von Beruf ist. Es gibt freilich viele liebliche Kätzchen – ebenso wohl muss es auch eine Menge entzückender Geishas geben.

Die Geisha ist nur das, wozu sie der törichte menschliche Wunsch nach der Illusion einer Liebe voll Reiz und Genuss, aber ohne Skrupel und Verantwortlichkeit gemacht hat, und darum hat man sie gelehrt, außer mit dem „Ken" auch noch mit Herzen zu spielen. Nun ist es aber ein ewiges Gesetz in diesem irdischen Jammertal, dass man mit allen Dingen spielen kann, außer mit dreien, und diese sind: Liebe, Leben und Tod. Dies haben die Götter sich selbst vorbehalten, weil sonst niemand damit spielen kann, ohne Unheil anzurichten. Mit Geishas irgendein ernsteres Spiel zu spielen als Ken oder etwa Go, missfällt deshalb den Göttern.

Das Mädchen beginnt seine Laufbahn als Sklavin, – ein hübsches Kind, blutarmen Eltern abgekauft auf Grund eines Kontraktes, nach dem ihre Leistungen von dem Käufer 18, 20, ja selbst 25 Jahre lang beansprucht werden können. Sie wird in einem nur von Geishas bewohnten Hause genährt, gekleidet und erzogen und verbringt den Rest ihrer Kindheit unter strenger Zucht. Man unterweist sie in guter Lebensart, in Anmut, höflicher Rede, sie hat täglich Tanzstunde, und muß eine Menge von Liedern mit den Melodien auswendig lernen. Auch Spiele muß sie lernen, das Servieren bei Banketten und Hochzeiten, die Kunst, sich anzuziehen und schön auszusehen. Jede physische Anlage, die sie besitzt, wird sorglich ausgebildet. Dann folgt der Unterricht in verschiedenen Musikinstrumenten: zuerst kommt die kleine Trommel (die Tsuzumi), deren Behandlung sehr viel Übung erfordert. Dann lernt sie ein wenig auf der Samisen spielen mit einem Plektrum von Schildpatt oder Elfenbein. Mit acht oder neun Jahren wirkt sie bei Banketten mit – hauptsächlich als Trommelschlägerin. Sie ist dann das reizendste kleine Geschöpfchen, das man sich denken kann, und versteht schon zwischen zwei Schlägen auf ihrer Trommel deine Weinschale mit einem einzigen Neigen der Flasche vollzuschenken, ohne auch nur einen Tropfen zu verschütten.

Später wird ihre Lehrzeit grausamer. Ihre Stimme mag biegsam genug sein, aber sie entbehrt vielleicht der erforderlichen Stärke. In den eisigsten Winternächten muss sie daher auf das Dach ihres Wohnhauses steigen und dort singen und spielen, bis ihre Hände erstarren und die Stimme in ihrer Kehle erlischt. Das angestrebte Resultat ist eine fürchterliche Erkältung. Nach einer Periode heiseren Flüsterns erstarkt die Stimme und verändert ihre Klangfarbe. Nun erst ist sie reif, eine öffentliche Sängerin zu werden.

In dieser Eigenschaft tritt sie gewöhnlich im Alter von zwölf oder dreizehn Jahren zum ersten Male auf. Ist sie hübsch und gewandt, so werden ihre Dienste häufig verlangt, ihre Leistungen gut bezahlt (wohl zwanzig bis fünfundzwanzig Sen für die Stunde). Dann erst fangen ihre Käufer an, sich für all die für ihre Ausbildung aufgewendeten Kosten und Mühen schadlos zu halten. Und sie sind selten geneigt, sich großmütig zu erweisen. Auf Jahre hinaus legen sie auf alles, was sie einnimmt, Beschlag. Sie besitzt nichts – nicht einmal ihre Kleider.

Mit siebzehn oder achtzehn Jahren hat sie ihren künstlerischen Ruf begründet. Sie hat vielen hundert Unterhaltungen beigewohnt und kennt alle wichtigen Persönlichkeiten ihrer Vaterstadt – den Charakter jedes einzelnen, die Geschichte eines jeden. Ihr Leben war fast ausschließlich ein Nachtleben. Selten nur hat sie den Sonnenaufgang gesehen, seitdem sie Tänzerin geworden ist. Sie hat gelernt, Wein zu trinken, ohne jemals den Kopf zu verlieren, und dann auch, wenn es darauf ankommt, sieben und acht Stunden zu fasten. Sie hat viele Liebhaber gehabt – denn in gewissem Maße steht es ihr frei, jedem zuzulächeln, der ihr gefällt, aber man hat sie vor allem gelehrt, ihre Zauberkraft zum eigenen Vorteil auszunutzen. Sie hofft, jemanden zu finden, der erbötig und imstande sein wird, ihre Freiheit zu erkaufen. Dieser Jemand würde jedoch sicherlich viele neue und ausgezeichnete Wahrheiten in jenen buddhistischen Texten entdecken, die von der Torheit der Liebe und der Wandelbarkeit aller menschlichen Beziehungen erzählen.

Auf diesem Punkt ihrer Laufbahn ist es wohlgetan, die Geisha zu verlassen, denn späterhin mag sich ihre Geschichte unerfreulich gestalten, es sei denn, dass sie jung stirbt. Geschieht dies, wird ihr die Totenfeier ihrer Klasse zuteil, und die Erinnerung an sie wird durch verschiedene seltsame Riten bewahrt werden.

Schlenderst du gelegentlich zu nächtlicher Stunde durch japanische Straßen, so mag es geschehen, dass seltsame Musiklaute an dein Ohr schlagen. Samisengeklimper, vermischt mit schrillem Gesang von Mädchenstimmen ertönt aus dem großen Tor eines Buddha-Tempels, was dir als ein seltsames Zusammentreffen erscheinen mag. Der tiefe Hof ist von einer lauschenden Zuschauermenge erfüllt. Hast du dich dann durch das Gewühl auf der Tempelstiege durchgedrängt, so siehst du im Innern auf den Matten zwei Geishas sitzen, die spielen und singen, während eine dritte vor einem kleinen Tischchen tanzt. Auf dem Tisch steht ein Ihai (ein Sterbetäfelchen), und vor dem Täfelchen brennt eine kleine Lampe, und Weihrauch entströmt einer kleinen Bronzeschale. Eine kleine Mahlzeit steht davor – Früchte und Zuckerwerk –, eine Mahlzeit, wie man sie bei festlichen Gelegenheiten den Toten darzubringen pflegt. Du erfährst, dass das Kaimyō auf dem Täfelchen das einer Geisha ist, und dass die Genossinnen der Verblichenen sich an bestimmten Tagen im Tempel versammeln, um ihren Geist mit Gesängen und Tänzen zu erheitern. Jeder, dem es beliebt, darf dieser Zeremonie beiwohnen.

Aber die Tänzerinnen der alten Zeit waren nicht wie die Geishas von heutzutage. Manche von ihnen nannte man Shirabyōshi, und ihre Herzen waren nicht allzu hart.

Sie waren schön. Sie trugen seltsam geformte goldstrotzende Hauben und prächtige kostbare Gewänder und tanzten mit Schwertern in den Palästen von Fürsten.

Und von einer ist eine alte Geschichte überliefert, die wohl wert ist, hier verzeichnet zu werden.

In früheren Zeiten war es in Japan für junge Künstler Brauch und es ist es noch heute, die verschiedenen Provinzen des Kaiserreiches zu Fuß zu durchstreifen, um die berühmten Landschaftsszenerien kennenzulernen und zu skizzieren und die Kunstgegenstände in den buddhistischen Tempeln zu studieren, von denen viele in herrlichen Gegenden stehen.

Solchen Wanderungen danken wir hauptsächlich jene wundervollen Landschaftsbilderbücher und Studien aus dem Leben, die jetzt so selten geworden sind, und die uns besser als irgendetwas sonst zeigen, dass nur ein Japaner japanische Landschaften malen kann. Hat man sich mit der Art und Weise, wie sie ihre eigene Natur interpretieren, vertraut gemacht, so werden einem fremde Versuche auf demselben Gebiete seltsam flach und seelenlos erscheinen. Der fremde Künstler gibt realistische Spiegelbilder dessen, was er sieht. Aber er gibt nicht mehr. Der japanische Künstler gibt das, was er fühlt, die Stimmung einer Jahreszeit, die genaue Empfindung einer Stunde und eines Ortes; seinem Werk wohnt eine suggestive Kraft inne, die in der abendländischen Kunst selten zu finden ist. Der abendländische Maler gibt minutiöse Details. Aber sein orientalischer Bruder unterdrückt oder idealisiert das Detail, taucht die Fernen in Nebel, umschlingt seine Landschaften mit Wolken, gestaltet seine Erfahrung zu einer Erinnerung, in der nur das Seltsame und Schöne mit seinen Empfindungen fortlebt. Er übertrifft die Phantasie, stachelt sie an, schärft gleichsam ihr Verlangen nach dem Reiz, der nur blitzartig angedeutet wurde. Aber in solchen Andeutungen vermag er wie durch Magie das Gefühl einer Zeit, den Charakter eines Ortes auf dich zu übertragen. Er ist mehr ein Maler der Erinnerungen und Empfindungen, als der scharf umrissenen Realitäten, und darin liegt das Geheimnis seiner erstaunlichen Macht, einer Macht, die nur von dem ganz gewürdigt werden kann, der die Szenerien seiner Inspirationen aus eigener Anschauung kennt. Vor allem ist er unpersönlich, seine menschlichen Figuren sind aller Individualität entkleidet, aber sie haben unvergleichlichen Wert als typische Verkörperungen des Charakteristischen einer Klasse: der kindischen Neugierde des Bauern, mädchenhafter Schüchternheit, der Zaubergewalt der Joro, des selbstbewussten Samurai, der drolligen, unbeholfenen Kinderschönheit, der resignierten Milde des Alters. Reisen und Beobachtung waren die Einflüsse, die diese Kunst entwickelt haben, sie war nie eine Atelierpflanze.

Vor vielen Jahren machte ein junger Kunstschüler eine Fußwanderung über die Berge von Kyōto nach Yedo. Dazumal gab es nur sehr wenige und schlechte Straßen, und das Reisen war im Vergleich mit heute so mühselig, dass ein Sprichwort im Umlauf war: „Kawai ko wa tabi wo sase“ (ein verzogenes Kind sollte man eine Reise tun lassen). Aber das Land selbst war ebenso wie heute. Da waren dieselben Zedern- und Föhrenwälder, dieselben

Bambushaine, dieselben Dörfer mit den hochgiebeligen Binsendächern, dieselben terrassenförmig aufsteigenden Reisfelder mit den verstreuten großen gelben Strohhüten der Bauern, die sich zu Boden neigten. Dieselben Jizōstatuen lächelten am Wegrain auf die Pilger hernieder, die zu den Tempeln wallten. Und damals wie jetzt konnte man an Sommertagen nackte braune Kinder sich in den seichten Flüssen tummeln, und alle Flüsse der Sonne zulachen sehen.

Der junge Künstler nun war kein Kawai ko: Er war schon sehr viel gereist, gegen Strapazen und harte Nachtlager abgehärtet und Meister in der Kunst, sich in jede Lage zu schicken. Auf dieser Reise aber fand er sich eines Abends nach Sonnenuntergang in eine Gegend verschlagen, die so weltfern und abgetrennt von jeder Kultur schien, dass er glaubte, alle Hoffnung auf Unterkunft aufgeben zu müssen. Bei seinem Versuch, den Weg über einen Bergabhang abzuschneiden, hatte er die Richtung verloren.

Es war eine mondlose Nacht, und die Föhrenschatten verdunkelten alles ringsum noch mehr. Die Gegend, in die er verschlagen war, schien vollkommen unwirtlich. Kein Laut war vernehmbar, nur das Rauschen des Windes in den Föhrennadeln und das unaufhörliche Schellengeläute der Glöckcheninsekten. Er stolperte weiter, in der Hoffnung, an irgendein Flussufer zu kommen, an dem er entlanggehend eine Ansiedelung erreichen könnte. Plötzlich kreuzte ein Strom seinen Weg; aber er sah, dass seine reißenden Wasser sich zwischen Felsen in eine Bergschlucht ergossen. So am weiteren Vordringen gehindert, beschloss er, den nächsten Gipfel zu erklettern, um von dort vielleicht irgendein Zeichen menschlichen Lebens erspähen zu können. Aber am Ziele angelangt, sah er nichts weiter als wiederum Hügelmassen.

Schon hatte er sich darein ergeben, die Nacht unter freiem Himmel zubringen zu müssen, da gewahrte er in einiger Entfernung unten am Hügelabhang einen vereinzelten gelben Lichtschimmer, der offenbar aus irgendeiner Heimstätte kam. Er ging dem Lichte nach und entdeckte bald eine kleine Hütte – offenbar einen Bauernhof. Das Licht, das er gesehen hatte, drang durch eine Spalte der geschlossenen Sturmläden. Er beschleunigte seine Schritte und klopfte an die Eingangspforte.

Erst nachdem er mehrmals geklopft und gerufen hatte, vernahm er endlich ein Lebenszeichen von innen, und dann fragte eine Frauenstimme nach seinem Begehr. Die Stimme war ungewöhnlich wohllautend, und die Sprache der unsichtbaren Fragerin überraschte ihn, denn sie sprach in dem verfeinerten Idiom der Hauptstadt. Er sagte, er sei ein fahrender Kunstschüler, der sich in den Bergen verirrt habe, und womöglich hier Unterkunft für die Nacht und einen kleinen Imbiss zu erhalten wünschte, aber wenn solches hier nicht möglich wäre, würde er für die Auskunft, wie er das nächste Dorf erreichen könnte, sehr dankbar sein; und fügte er hinzu, er sei in der Lage, die Dienste eines Führers zu entlohnen. Die Frauenstimme stellte ihrerseits verschiedene Fragen, die großes Erstaunen darüber ausdrückten, dass jemand von der angegebenen Richtung aus das Haus habe auffinden können. Aber offenbar zerstreuten seine Antworten jedes Misstrauen, denn die Herrin des Hauses sagte entschlossen: „Ich komme gleich – es wäre schwer für Euch, noch heute ein Dorf zu erreichen, und der Pfad ist gefährlich." Nach einer kurzen Pause wurde die Sturmtüre zurückgeschoben, und eine Frau erschien mit einer Papierlaterne, die sie so emporhielt, dass ihr Licht auf das Antlitz des Fremden fiel, während ihr eigenes im Schatten blieb. Sie musterte ihn schweigend und sagte kurz: „Wartet, ich will Wasser bringen." Sie holte ein Wasserbecken, stellte es auf die Türschwelle und bot dem Gaste ein Handtuch. Er streifte seine Sandalen ab, wusch den Reisestaub von seinen Füßen und wurde dann in ein nettes Zimmer geführt, das den ganzen Innenraum einzunehmen schien, mit Ausnahme eines kleinen abgegrenzten Raumes im Hintergrund, der als Küche diente. Ein baumwollener Zabuton wurde vor ihm ausgebreitet und ein Feuerbecken vor ihn hingestellt.

Da erst hatte er Gelegenheit, seine Wirtin anzusehen, und er war von der Schönheit ihrer Züge betroffen. Sie mochte wohl drei oder vier Jahre älter sein als er selbst, prangte aber in holdester Jugendblüte. Sicherlich war sie kein Landmädchen. Mit derselben süßen Stimme wie vorher sagte sie zu ihm: „Ich bin jetzt allein und empfange hier niemals Gäste. Aber es wäre gefährlich für Euch, noch heute Eure Reise fortzusetzen. Wohl sind einige Bauernhäuser in der Nachbarschaft, aber Ihr könnt den Weg zu ihnen im Dunkel und ohne Führer nicht finden. So ist es also das Beste, Ihr bleibt bis morgen hier. Ihr werdet es freilich nicht behaglich haben, aber ein Bett kann ich Euch immerhin bieten. Gewiss habt Ihr auch Hunger, aber leider sind nur einige Shōjin-ryōri[51] da und nicht die allerbesten. Ihr müsst eben vorliebnehmen."

Dem müden und hungrigen Reisenden war das freundliche Anerbieten hochwillkommen. Die junge Frau entzündete ein kleines Feuer, richtete schweigend einige Schüsseln an: gedämpfte Na-Blätter, ein wenig Aburage, etwas Kampyo und eine Schüssel groben Reis, und setzte das Mahl mit einer Entschuldigung wegen seiner frugalen Beschaffenheit vor ihn hin. Aber während er aß, sprach sie kaum ein Wort, und ihre zurückhaltende Art machte ihn befangen. Da sie die wenigen Fragen, die er zu stellen wagte, nur mit einem leichten Kopfneigen oder einsilbig beantwortete, verstummte auch er bald.

Indessen war es ihm nicht entgangen, dass das kleine Haus spiegelblank war und die Gefäße, in denen die Speisen für ihn aufgetragen wurden, in makelloser Reinheit glänzten. Die wenigen einfachen Gegenstände in dem Gemach waren hübsch, die Fusuma des Oshiire und der Zendana[52] waren zwar bloß aus weißem Papier, aber mit großen, wunderbar gemalten chinesischen Schriftzeichen dekoriert, die dem Gesetz dieser Dekoration entsprechend, die Lieblingsthemen der Dichter und Künstler darstellten: Frühlingsblumen, Berg und Meer, Sommerregen, Himmel und Sterne, Herbstmond, Flusswasser und Herbstbrise. Auf einer Seite des Zimmers stand eine Art niedrigen Altars mit einem Butsudan, durch dessen winzige, lackierte, geöffnete Türen man im Innern ein Sterbetäfelchen sah, vor dem zwischen Feldblumen ein Lämpchen brannte. Über diesem Hausaltar hing ein Bild von ungewöhnlichem Wert, die Gnadengöttin darstellend, mit dem Mond als Aureole.

Nachdem der Schüler sein kleines Mahl beendet hatte, sagte die junge Frau: „Ich kann Euch kein gutes Bett anbieten, und es ist auch nur ein Moskito-Vorhang aus Papier vorhanden. Das Bett und den Vorhang benütze ich sonst selbst, aber heute Nacht habe ich vielerlei zu tun und werde keine Zeit zum Schlafen haben. Ich bitte Euch daher, zu versuchen, es Euch so bequem zu machen, als es eben geht." Er begriff, dass sie aus irgendeinem seltsamen

[51] Buddhistische Speise, die keinerlei animalische Substanz enthält. Manche Arten von Shōjin-Ryōri sind sehr schmackhaft.

[52] Die Bezeichnungen Oshiire und Zendana könnten durch „Garderobe" oder „Kredenzschrank" wiedergegeben werden. Die Fusuma sind verschiebbare Schirme, die als Türen dienen.

Grunde ganz allein war und ihm unter einem freundlichen Vorwand ihr einziges Bett überlassen wollte. Er verwahrte sich eifrig gegen ein solches Übermaß von Gastfreundschaft und versicherte ihr, dass er überall auf dem Boden ebenso gut schlafen könnte und dass die Moskitos ihn nicht im mindesten genieren würden. Aber sie erwiderte im Tone einer älteren Schwester, dass er sich ihren Wünschen fügen möge. Sie habe wirklich etwas zu tun, es mache ihr gar keine Ungelegenheiten, und sie erwarte von seiner Ritterlichkeit, dass er sie gewähren lasse, wie es ihr am besten dünkte. Nun konnte er sich nicht länger weigern, da bloß ein Zimmer vorhanden war. Sie breitete die Matratze auf den Boden, holte ein Holzkissen herbei, hängte einen Papier-Moskito-Vorhang auf, stellte einen großen Schirm auf der Bettseite gegen den Butsudan auf und wünschte ihm dann in einer Weise gute Nacht, die deutlich ihren Wunsch verriet, er möchte sich gleich zurückziehen. Dies tat er auch, aber nicht ohne Gewissensbisse zu empfinden bei dem Gedanken an alle die Mühe und Unruhe, die er ihr, wenn auch wider Willen, verursacht hatte.

So sehr es dem jungen Reisenden widerstrebte, eine Freundlichkeit anzunehmen, die das Opfer der Nachtruhe seiner Wirtin notwendig machte, so konnte er sich doch eines unsagbaren Wohlgefühles nicht erwehren, als er seine Glieder ausstreckte. Er hatte seinen Kopf auch kaum auf das Polster gelegt, als der Schlaf ihn schon übermannte und alle Bedenken verscheuchte.

Es schien jedoch nur eine kleine Weile vergangen zu sein, als er durch ein seltsames Geräusch erwachte. Es war sicherlich das Geräusch von raschen erregten Schritten. Da durchfuhr ihn der Gedanke, dass vielleicht Räuber in das Haus gedrungen sein könnten. Er für sein Teil hatte wenig zu fürchten, denn er hatte wenig zu verlieren. Seine Angst galt nur der liebenswürdigen Frau, die ihm Gastfreundschaft gewährt hatte.

Auf jeder Seite des Papier-Moskito-Vorhangs war ein kleines braunes, viereckiges Netzstückchen eingefügt, wie ein kleines Guckloch, und er mühte sich, durch eines derselben hinauszulugen. Aber der hohe Schirm stand zwischen ihm und dem, was möglicherweise vor sich ging. Schon wollte er rufen, aber dieser Impuls wurde durch das Bedenken unterdrückt, dass es im Falle wirklicher Gefahr zugleich nutzlos und unklug sein würde, seine Anwesenheit zu verraten, ehe er sich über die Sachlage klar geworden war. Das Geräusch, das ihn aufgeschreckt hatte, dauerte fort und wurde immer geheimnisvoller. Er entschloss sich also, der Gefahr entgegenzugehen und, wenn nötig, sein Leben zur Verteidigung seiner Wirtin zu wagen. Hastig seine Gewänder emporraffend, schlüpfte er unter dem Papiervorhang hervor und kroch bis an den äußersten Rand des Schirmes, um zu spähen. Was er sah, ließ ihn aufs höchste erstaunen.

Vor dem erleuchteten Butsudan, prächtig angetan mit golddurchwirkten Gewändern, tanzte das junge Weib ganz allein. Ihr Kostüm erkannte er als das einer Shirabyōshi, obwohl es weit reicher war, als er es je bei einer berufsmäßigen Tänzerin gesehen hatte. Wundersam durch diese Kleiderpracht gehoben, schien ihre Schönheit in dieser geisterhaften Stunde und Umgebung fast überirdisch. Aber noch wundersamer dünkte ihm ihr Tanz. Einen Augenblick fühlte er sich von unheimlichen Zweifeln überkommen. Die abergläubischen Vorstellungen der Bauern, die Legenden von Fuchsfrauen schossen ihm durch den Sinn, aber der Anblick des buddhistischen Altars, des heiligen Bildes verscheuchte die Anwandlung, und er schämte sich seiner Torheit. Gleichzeitig wurde er sich aber auch bewusst, dass er etwas beobachtete, dessen An- blick die junge Frau ihm nicht gewähren wollte, und dass es seine Pflicht als Gast war, sich alsogleich wieder hinter den Schirm zurückzuziehen. Aber das Schauspiel bannte ihn. Er fühlte mit einer Freude, die nicht geringer war als sein Staunen, dass er die vollkommenste Tänzerin vor sich hatte, die er je gesehen, und je mehr er schaute, desto mehr bestrickte und fesselte ihn der Zauber ihrer Anmut.

Plötzlich hielt sie inne, mit wogender Brust, und indem sie sich beim Raffen des Oberkleides zurückwendete, fuhr sie heftig betroffen zusammen, als ihre Augen den seinigen begegneten. Er erschöpfte sich in Entschuldigungen, erzählte ihr, wie er durch plötzliches Fußgetrippel aus dem Schlaf geschreckt, in Unruhe versetzt worden sei, hauptsächlich ihrethalben wegen der späten Nachtstunde und der einsamen Lage des Hauses. Dann gestand er seine Überraschung über das, was er gesehen, und sprach davon, wie ihn das Schauspiel gefesselt habe. „Ich bitte Euch, meine Neugierde zu verzeihen", fuhr er fort, „denn ich kann mir nicht erklären, wer Ihr seid und auf welche Weise Ihr eine so wunderbare Tänzerin werden konntet. Ich habe alle Tänzerinnen von Saikyō gesehen, aber unter den allergefeiertsten in dieser Kunst ist Euch keine gleichgekommen. Und von dem Moment, da ich Euch zuzusehen begann, waren meine Augen wie gebannt, und ich konnte sie nicht mehr abwenden."

Anfänglich schien sie ungehalten, aber im Verlauf seiner Rede veränderte sich ihr Gesichtsausdruck, sie lächelte und ließ sich neben ihm nieder. „Nein, ich bin Euch nicht böse", sagte sie, „es tut mir nur leid, dass Ihr mir zugesehen habt; denn sicherlich musstet Ihr mich für verrückt halten, als Ihr mich so allein herumtanzen saht. Und nun muss ich Euch die Bedeutung dessen erklären, was Ihr gesehen habt."

Und so erzählte sie also ihre Geschichte. Er entsann sich, als Knabe ihren Namen gehört zu haben, ihren Berufsnamen, den der allerberühmtesten Shirabyōshi, des Lieblings der Hauptstadt, die im Zenit ihrer Schönheit und ihres Ruhmes plötzlich vom Schauplatz verschwand; niemand wusste, warum und wohin. Sie ließ Wohlstand und Ruhm im Stich und entfloh mit einem Jüngling, der sie liebte. Er war arm, aber ihre gemeinsamen Mittel genügten für ein schlichtes glückliches Leben auf dem Lande. Sie erbauten sich ein kleines Häuschen in den Bergen, und dort verbrachten sie einige Jahre in ungetrübtem Glück, nur füreinander lebend.

Er betete sie an. Sein größtes Vergnügen war, sie tanzen zu sehen. Jeden Abend spielte er irgendeine Lieblingsmelodie, zu der sie für ihn tanzte. Aber während eines sehr kalten Winters erkrankte er und starb trotz ihrer zärtlichen Pflege. Seitdem hatte sie ganz einsam nur ihren Erinnerungen gelebt, all die kleinen Riten der Liebe und Treue vollziehend, mit denen die Toten geehrt werden. Täglich stellte sie vor sein Sterbetäfelchen die üblichen Gaben, und am Abend tanzte sie ihm zuliebe, wie sie es zu seinen Lebzeiten getan. Und dies war die Erklärung dessen, was der junge Reisende gesehen hatte.

„Es war wirklich nicht rücksichtsvoll von mir", fuhr sie fort, „einen ermüdeten Gast aufzuwecken." Aber sie hatte gewartet, bis sie ihn in festem Schlafe glaubte, und dann hatte sie sich bemüht, so leise wie irgend möglich zu tanzen. Sie hoffe also, er werde ihr verzeihen, ihn ganz gegen ihren Willen gestört zu haben. Nachdem sie ihm alles erklärt hatte, bereitete sie etwas Tee, den sie zusammen tranken, und dann bat sie ihn so inständig, sich ihr zu Gefallen wieder zur Ruhe zu begeben, dass ihm nichts übrigblieb, als sein Lager unter dem Moskito-Vorhang wieder aufzusuchen, was er unter wiederholten Entschuldigungen und Danksagungen tat.

Er schlief vortrefflich – und als er erwachte, stand die Sonne schon hoch am Himmel. Nachdem er aufgestanden war, fand er ein kleines schlichtes Mahl, wie das am vorhergehenden Abend, für sich bereitet. Er spürte großen

Hunger; aber in der Furcht, die junge Frau hätte, um ihm so viel auftischen zu können, sich selbst beraubt, aß er beinahe gar nichts. Und dann machte er sich zum Fortgehen bereit. Aber als er Miene machte, ihr für die genossene Gastfreundschaft und die Mühe, die er ihr verursacht hatte, eine Bezahlung anzubieten, wollte sie nichts davon wissen und sagte: „Was ich bieten konnte, war keine Bezahlung wert, und was ich tat, geschah nur aus gutem Herzen. Ich bitte daher, die Unbequemlichkeit zu verzeihen und nur meinen guten Willen in Erinnerung zu behalten, der leider nichts Besseres zu bieten hat." Er machte noch einen Versuch, sie zu überreden, irgendetwas anzunehmen, aber als er sah, dass sein Drängen ihr peinlich war, verabschiedete er sich, indem er, so gut er konnte, seine Dankbarkeit auszudrücken bemüht war. Er fühlte ein leises Abschiedsweh, denn ihre Schönheit und Sanftmut hatten ihn mehr bezaubert, als er sich eingestehen mochte. Sie zeigte ihm den Pfad, den er einschlagen musste und folgte ihm mit den Augen, wie er den Berg hinabstieg, bis er ihren Blicken entschwand. Eine Stunde später befand er sich auf einem Bergweg, den er kannte; da plötzlich fiel es ihm ein, dass er vergessen habe, ihr seinen Namen zu nennen. Er zauderte einen Moment, dann aber sagte er achselzuckend: „Ach, was liegt daran, ich werde doch immer derselbe arme Teufel bleiben!" Und er setzte seinen Weg fort.

Viele Jahre vergingen und mit ihnen viele Moden. Und der Maler wurde alt. Aber noch ehe er alt wurde, war er berühmt geworden. Von seinen Wunderwerken entzückt, hatten Fürsten miteinander gewetteifert, ihm ihre Gunst zuzuwenden, und so wurde er reich und angesehen und besaß ein vornehmes Haus in der Hauptstadt des Kaisers. Junge Künstler aus mehreren Provinzen waren seine Schüler, lebten mit ihm und suchten sich ihm in jeder Weise nützlich zu machen, während sie seinen Unterricht genossen, und sein Name war im ganzen Lande bekannt.

Eines Tages kam eine alte Frau in sein Haus und verlangte, mit ihm zu sprechen. Als die Diener ihre dürftigen Kleider und ihre armselige Erscheinung sahen, hielten sie sie für eine gewöhnliche Bettlerin und fragten sie barsch nach ihrem Anliegen. Als sie ihnen antwortete, sie könne bloß dem erlauchten Herrn selbst sagen, warum sie komme, glaubten sie es mit einer Wahnsinnigen zu tun zu haben und fertigten sie mit der unwahren Angabe ab: „Er ist jetzt nicht in Saikyō, und wir wissen nicht, wann er zurückkehren wird." Aber die alte Frau kam wieder und wieder, Tag um Tag, Woche um Woche, und jedes Mal schickte man sie mit einer anderen Ausflucht weg: „Heute ist er krank“, „heute ist er sehr in Anspruch genommen“ oder „heute hat er große Gesellschaft, und man darf niemand vorlassen“. Dessen ungeachtet fuhr sie fort, zu kommen, täglich zu derselben Stunde, immer ein Bündel in einem zerschlissenen Tuch bei sich tragend. Endlich wussten die Diener sich nicht mehr zu raten und beschlossen, ihrem Herrn doch von ihrem Kommen Mitteilung zu machen. Und so sagten sie zu ihm: „Eine sehr alte Frau, die wir für eine Bettlerin halten, steht an dem Haustor unseres erlauchten Herrn; mehr als fünfzigmal ist sie gekommen und verlangte mit unserem Herrn zu sprechen, und wollte uns nicht verraten, was sie zu ihm führe, denn sie sagte, sie könne es nur dem Herrn selbst mitteilen. Wir suchten sie abzuweisen, da sie uns verrückt zu sein schien, aber sie kommt immer wieder und wieder, und deshalb hielten wir es für das Beste, es dem Herrn zu melden, damit der Herr selbst entscheide, was mit ihr zu geschehen habe.“

Da rief der Meister barsch: „Warum hat es mir niemand früher gemeldet?“ Und er ging selbst an das Tor und sprach sehr gütig zu der Frau; denn er erinnerte sich sehr wohl daran, dass er selbst arm gewesen war, und fragte sie, ob ihr mit einer Geldgabe gedient sei.

Aber sie sagte, sie brauche weder Geld noch Nahrung, sondern möchte nur, dass er ein Bild für sie male. Er wunderte sich sehr über ihr Begehren, führte sie aber in das Innere des Hauses. In der Vorhalle angelangt, kniete sie nieder und begann, die Schnüre des Bündels zu lösen, das sie in der Hand hielt. Nachdem sie es auseinandergefaltet hatte, erblickte der Maler seltsam reiche, golddurchwirkte Seidenkleider, die aber sehr abgenutzt und verblasst waren – die verschlissene Kleiderpracht eines wunderbaren Kostüms einer Shirabyōshi aus früheren Zeiten. Während die alte Frau die Gewänder eines nach dem andern ausbreitete, und sie mit zitternden Fingern zu glätten versuchte, tauchte eine vage Erinnerung in dem Hirn des Malers auf, dämmerte dort einen Augenblick und erhellte sich plötzlich. In diesem Erinnerungsblitz sah er das einsame Berghäuschen wieder vor sich, wo er unvergoltene Gastfreundschaft empfangen hatte – das zierliche Zimmer mit dem Papier-Moskito-Vorhang, das für seine Nachtruhe bereitet worden war, das dämmerig brennende Lämpchen vor dem buddhistischen Altar, die seltsame Schönheit der tanzenden Frau in der einsamen Totenstille der Nacht.

Und zum unsagbaren Erstaunen der greisen Besucherin neigte er sich – er, der Fürstenliebling – tief vor ihr und sagte: „O, Verzeiht mir, dass ich nicht gleich Euer Gesicht erkannte. Aber seitdem wir uns gesehen, sind ja schon mehr als vierzig Jahre vergangen. Ja, nun weiß ich es ganz genau, Ihr habt mich einmal in Euer Haus aufgenommen, überließet mir das einzige Bett, das Ihr hattet. Ich sah Euch tanzen, und Ihr erzähltet mir Eure ganze Geschichte. Ihr wart eine Shirabyōshi und ich habe Euren Namen nicht vergessen."

Während er so sprach, stand die Frau betroffen und verwirrt und konnte keine Antwort finden; denn sie war alt, hatte viel gelitten, und ihr Gedächtnis fing nun an, sie im Stich zu lassen. Aber er sprach immer liebreicher auf sie ein und erinnerte sie an viele Dinge, die sie ihm erzählt, und beschrieb ihr das Haus, in dem sie damals gelebt hatte, so genau, dass sich nun auch in ihr die Erinnerung belebte und sie mit Tränen der Freude sagte:

„Sicherlich hat die Göttin, die sich auf den Klang des Gebetes herniederneigt, mich hierher geleitet. Aber als mein unwürdiges Haus von dem Besuche des erlauchten Gastes geehrt wurde, war ich nicht so, wie ich jetzt bin, und so scheint es mir wie ein Wunder unseres Herrn Buddha, dass der Meister sich meiner erinnert."

Dann erzählte sie das Ende ihrer einfachen Geschichte.

Im Laufe der Jahre hatte die Not sie gezwungen, sich von ihrem kleinen Häuschen zu trennen, und im Greisenalter kehrte sie allein in die große Hauptstadt zurück, wo ihr Name schon lange vergessen war. Es war ihr ein großer Schmerz, ihr Haus zu verlieren, aber noch mehr schmerzte es sie, dass sie nun so alt und schwach wurde und nicht mehr jeden Abend vor dem Butsudan tanzen konnte, um den Geist des toten Geliebten zu erfreuen. Deshalb wollte sie ein Bild von sich haben, in dem Kostüm und der Stellung des Tanzes, um es vor dem Butsudan aufzuhängen.

Um das hatte sie inbrünstig zur Kwan-on gebetet, und ihre Wahl war eben auf diesen Meister gefallen, wegen seiner Berühmtheit und seiner Geschicklichkeit im Malen, da es ihr um des geliebten Toten willen darum zu tun war, kein gewöhnliches Bild zu bekommen, sondern ein wirklich schön ausgeführtes Werk. Und sie hatte ihr Tanzkleid mitgebracht, in der Hoffnung, der Meister würde so gütig sein, sie darin zu malen.

Dieser hörte alles mit freundlichem Lächeln an und sagte: „Es wird mir eine Freude sein, das Bild zu malen, das Ihr wünschet. Heute muss ich etwas vollenden, das keinen Aufschub leidet, aber wenn Ihr morgen herkommt, werde ich es genauso malen, wie Ihr es angebt und so gut ich es vermag." Sie aber erwiderte: „Ich habe dem Meister noch nicht gesagt, was mich im Geiste beunruhigt, und dies ist, dass ich für eine so große Gnade nichts anzubieten habe, als diese Tanzkleider, die an sich keinen Wert haben, ob sie gleich einstmals kostbar waren. Trotzdem wage ich, zu hoffen, der Meister werde sie anzunehmen geruhen, da sie jetzt eine Seltenheit geworden sind, denn es gibt nun keine Shirabyōshis mehr, und die Maikos von heute tragen keine solchen Kleider."

„An so etwas dürft Ihr gar nicht denken", protestierte der Künstler. „Nein, ich bin nur allzu froh, dass sich mir jetzt Gelegenheit bietet, einen kleinen Teil meiner alten Schuld an Euch abzutragen. Also, ich will Euch morgen gerne malen, wie Ihr es wünscht."

Und mit vielen Danksagungen neigte sie sich dreimal zur Erde vor ihm und sagte: „Der Herr möge verzeihen, wenn ich noch etwas vorbringe, denn ich möchte nicht so gemalt sein, wie ich jetzt bin, sondern so, wie ich aussah, als ich jung war und der Herr mich gesehen hat."

Er antwortete: „Ich entsinne mich sehr genau, Ihr wart wunderschön..."

Ihre gerunzelten Züge verklärte ein Freudenschimmer, und sie neigte sich noch einmal dankend und rief: „Dann vollendet sich alles, was ich erbeten und erhofft. Da also der Herr sich meiner armen Jugend erinnert, beschwöre ich ihn, mich nicht zu malen, wie ich jetzt bin, sondern so, wie ich war, als er mich gesehen und geruht hat, mich nicht unschön zu finden. O Meister, macht mich wieder jung, macht mich schön, damit ich der Seele schön erscheine, um derentwillen ich, die Unwürdige, dies erflehe. Er wird des Meisters Werk sehen und mir vergeben, dass ich nicht mehr tanzen kann."

Noch einmal bat sie der Meister, sich keine Sorge zu machen und sagte: „Kommet nur morgen bestimmt, und ich werde Euer Bild malen. Ich will ein Bild von Euch machen, wie ich Euch als junge, schöne Shirabyōshi sah, und ich will es so sorgfältig und fein malen, wie das Bild der reichsten Frau des Landes. Seid dessen gewiss und kommet pünktlich."

Die alte Frau kam zu festgesetzter Stunde, und auf weiche, weiße Seide malte der Künstler ihr Bild. Doch nicht ihr Bild, wie sie die Schüler des Meisters sahen, sondern ihr Bild aus seiner Erinnerung, helläugig wie ein Vogel, biegsam wie ein Bambus, strahlend wie ein Tennin[53] in ihren goldgestickten

[53] Tennin, ein „Himmelsmädchen", ein buddhistischer Engel.

Seidengewändern. Unter dem Zauberpinsel des Malers belebte sich die entschwundene Anmut und erblühte in neuer Schönheit. Als der Kakemono fertiggestellt und mit seinem Siegel versehen worden war, spannte er ihn auf kostbare Seide, befestigte ihn an Rollen aus Zedernholz und versah ihn mit Gewichten aus Elfenbein und mit einer Schnur zum Aufhängen. Dann packte er das Ganze säuberlich in ein Kästchen aus weißem Holz, und so übergab er es der Shirabyōshi. Gern hätte er sie auch mit einer Geldgabe bedacht, aber, obgleich er in sie drang, konnte er sie doch nicht bewegen, eine Unterstützung anzunehmen.

„Nein", sagte sie mit tränenden Augen, „ich brauche wirklich nichts – das Bild war mein einziger Wunsch. Darum betete ich, und nun, da mein Gebet erhört ward, weiß ich, dass ich in diesem Leben nichts mehr zu wünschen habe, und dass, wenn ich so wunschlos sterbe, es mir nicht schwer fallen wird, die Bahn Buddhas zu betreten. Nur ein Gedanke bekümmert mich, dass ich dem Meister nichts zu bieten vermag, als diese Tanzgewänder, die annehmen zu wollen ich ihn beschwöre, obgleich sie von geringem Wert, und alltäglich will ich beten, dass sein zukünftiges Leben glücklich sein möge um der wundersamen Güte willen, die er mir bewiesen hat."

„Ach nein", wehrte der Maler lächelnd ab, „was habe ich denn Großes getan, in Wahrheit durchaus nichts. Was die Kleider betrifft, will ich sie gerne nehmen, wenn Ihr es wünschet, sie werden mir angenehme Erinnerungen zurückrufen an die Nacht, wo Ihr um mich Unwürdigen auf alle Bequemlichkeit verzichtetet und für all Eure Güte nichts annehmen wolltet. Ich fühle mich dafür ganz in Eurer Schuld. Aber nun sagt mir, wo Ihr wohnt, damit ich das Bild an Ort und Stelle sehen kann." Denn er hatte bei sich beschlossen, für sie zu sorgen. Aber sie entschuldigte sich mit demütigen Worten und verweigerte ihm jegliche Auskunft, indem sie sagte, ihre Wohnstätte sei allzu gering, um von einem so erlauchten Herrn betreten zu werden. Dann erschöpfte sie sich stets von neuem in Danksagungen, und, ihren Schatz mit Tränen der Freude an sich drückend, entfernte sie sich. Da rief der Meister einem seiner Schüler zu: „Folge schnell dieser Frau, aber so, dass sie es nicht merkt, und bringe mir Bescheid, wo sie wohnt."

Der Jüngling folgte ihr also unbemerkt. Er blieb lange aus, und bei seiner Rückkehr lächelte er so wie jemand, der sich genötigt sieht, etwas zu melden, was nicht angenehm zu hören ist – und er sagte: „O, Meister, ich folgte ihr aus der Stadt hinaus zum ausgetrockneten Bett des Flusses, dem Platz, wo

Verbrecher gerichtet werden. Dort sah ich eine armselige Baracke, wie sie ein Eta (Pariah) bewohnt, und dort lebt sie – eine weltverlassene trostlose Gegend, o Meister!“

Aber der Meister sagte: „Morgen wirst du mich an diesen Ort geleiten; denn solange ich lebe, soll es ihr weder an Nahrung, an Kleidung, noch an Behagen fehlen.“

Und als er merkte, dass sich alle verwunderten, erzählte er ihnen die Geschichte von der Shirabyōshi, worauf sie seine Worte nicht mehr seltsam fanden.

Am Morgen des nächsten Tages, eine Stunde nach Sonnenaufgang, machte sich der Meister mit seinem Schüler auf den Weg zum ausgetrockneten Flussbett, weit außerhalb des Stadtgebietes, dem Asyl der Ausgestoßenen. Den Eingang der kleinen Wohnung fanden sie mit einem einzigen Laden verschlossen, an den der Meister mehrmals pochte, ohne dass ein Lebenszeichen von innen erfolgte. Nun bemerkte er, dass der Laden von innen nicht befestigt war; er stieß ihn sachte auf und rief durch die Öffnung hinein. Aber als drinnen noch immer alles stumm blieb, beschloss er, einzutreten. Gleichzeitig durchzuckte ihn mit außerordentlicher Lebendigkeit die Erinnerung an jene Nacht, da er als wegmüder Wanderer um Einlass bittend vor dem einsamen Berghäuschen stand.

Behutsam eintretend sah er, in einen einzigen, dünnen zerschlissenen Futon gehüllt, die Frau scheinbar schlummernd daliegen. Auf einem roh gezimmerten Regal erkannte er den Butsudan, den er vor vierzig Jahren gesehen, mit seinem Täfelchen, und jetzt wie damals brannte ein winziges Lämpchen vor dem Kaimyō. Der Kakemono der Gnadengöttin mit der Mondaureole war verschwunden, aber an der Wand, dem Schrein gegenüber, sah er seine eigene zierliche Bildergabe hängen, darunter eine Ofuda, eine Ofuda der Hito-koto-Kwan-on, jener Kwan-on, zu der man nur einmal beten darf, da sie nur eine einzige Bitte erfüllt. Es war wenig anderes in dem trostlosen Heim, nur weibliche Pilgerkleider, Bettelstab und Almosenschüssel. Aber der Meister beachtete nichts, denn er war begierig, die Schläferin zu wecken und zu erfreuen, und er rief fröhlich ihren Namen, einmal, zweimal, dreimal.

Da plötzlich sah er, dass sie tot war, und als er in ihr Gesicht blickte, staunte er, denn sie schien nicht mehr alt... Eine zarte Lieblichkeit war wie ein geisterhafter Jugendhauch darüber ausgebreitet. Die Sorgenlinien und Runzeln waren seltsam gesänftigt und geglättet von der Hand eines mächtigeren Meisters.

Eine Pilgerfahrt nach Enoshima

Kamakura. Ein langgestrecktes, von einem Kanal durchschnittenes Dörfchen, zwischen niedrigen, bewaldeten Hügeln. Alte japanische Hütten, von der Zeit zu einer gleichmäßig schmutziggrauen Farbe getönt, mit Strohdächern, die sehr steil über die Holzmauern und Papiershōjis herabfallen. Auf den Dachabhängen grüne Flecken – eine Art Gras – selbst auf dem First üppig wuchernde Yane-shōbu[54], die Dachpflanze mit ihren schönen Purpurblüten. Mit der linden Luft mischen sich japanische Düfte – Düfte von Sake, Düfte von Algenseife, der starke Duft des Daikon, des einheimischen Rettichs – und alles durchdringend, ein süßer, schwerer Weihrauchduft, der Weihrauch von den Altären der Götter.

Akira hat für unsere Pilgerfahrt zwei Jinrikishas gemietet. Ein wolkenloser Himmel wölbt sich über die Welt, und im Sonnenrausch verklärt liegt das Land. Und doch überkommt mich ein Gefühl der Wehmut, eine unsagbare Traurigkeit, wie wir so an dem kleinen Strom zwischen den armseligen verfallenen Häuschen mit den grasüberwucherten Dächern dahinrollen. Denn dieser verfallene Weiler ist alles, was von den Straßen der millionenbevölkerten Hauptstadt Yoritomos geblieben ist, der mächtigen Residenz des Shōgunats, dem alten Sitz der feudalen Macht, zu dem die Gesandten des Kublai-Khans kamen, um Tribut zu heischen, diese Kühnheit aber mit ihren Köpfen bezahlen mussten.

Von den zahllosen Tempeln der einst so prächtigen Stadt sind einige wenige von den Feuersbrünsten des fünfzehnten und sechzehnten Jahrhunderts verschont geblieben, wohl dank ihrer Lage auf schwer zugänglichen Anhöhen, oder vielleicht auch, weil sie von der verderblichen Lohe der brennenden Straßen durch große Höfe und Haine abgetrennt waren. Hier wohnen noch die alten Götter in dem großen Schweigen ihrer verfallenen Tempel – ohne Gemeinde, ohne Gläubige, ohne Opfergaben, von trostlosen Reisfeldern

---

[54] Yane „Dach"; shōbu „Kalmus" (acorus calamus).

umgeben, aus denen jetzt der Gesang der Frösche herüberschallt, statt des Stimmengetöses, das einst, der Meeresbrandung gleich, heraufscholl aus der Stadt, die war und nicht mehr ist.

Um zum ersten großen En-gaku-ji-Tempel zu gelangen, muss man den Kanal auf einer kleinen Brücke überschreiten, die dem Eingangstor gegenüber liegt – ein überdachtes Tor in schönen chinesischen Linien, aber ohne Schnitzwerk. Wir durchschreiten es und gelangen zu einem imposanten Treppenaufstieg, der durch einen herrlichen Hain zu einer Terrasse führt, von der wir zu einem zweiten Tore gelangen. Dieses Tor ist eine Überraschung: ein imposanter zweistöckiger Bau mit kühngeschwungenen Dachkurven, mit riesigen Giebeln – uralt, chinesisch, prächtig. Es ist über vierhundert Jahre alt, aber die Jahrhunderte scheinen spurlos daran vorübergegangen zu sein. Der ganze mächtige, komplizierte Oberbau wird von einer runden offenen Galerie aus Säulen und Querbalken gestützt. Die großen Dachtraufen sind voller Vogelnester, und das laute Gezwitscher von den Dächern klingt wie das Rauschen des Wassers. Das Werk ist kolossal und imponiert durch die beherrschte Kraft, die darin zum Ausdruck kommt. Der Stil ist in seiner Art von großer Strenge: Man sieht keinerlei Schnitzwerk, keine Wasserspeier, keine Drachen; all die eigentümlichen Holzvorsprünge unter den Dachrinnen erinnern so seltsam an das Phantastische und Groteske einer anderen Kunst, dass man unwillkürlich nach den üblichen Löwen-, Elefanten- und Drachenköpfen ausblickt; und doch wenn man dann nur die viereckigen Balken sieht, ist man mehr erstaunt als enttäuscht. Die Majestät dieses Gebäudes hätte durch keinen derartigen Bildschmuck erhöht werden können.

Nach dem Tore wieder eine lange Stufenreihe und wieder mächtige, tausendjährige Bäume, tiefschattige Bäume, und dann die Tempelstraße selbst mit zwei wunderschönen Steinlaternen (Tōrōs) beim Eingang. Die Architektur des Tempels gleicht der des Tores, wenn auch in verkleinertem Maßstabe. Über der Tür ist ein Täfelchen, das in chinesischen Zeichen die Inschrift trägt: „Großer, reiner, klarer, leuchtender Schatz.“ Aber ein Lattenwerk aus schweren Holzbarren verschließt das Heiligtum; und es ist niemand da, der uns einlassen könnte. Zwischen den Stäben hindurchblickend, unterscheide ich zuerst im Dämmerschein einen Boden von Marmorquadern, dann ein Seitenschiff mit massiven Holzsäulen, auf denen das hohe Dach ruht, und gegen das Ende zu zwischen den Säulen die kolossale Gestalt Shakas mit schwarzem Antlitz in goldenen Gewändern auf einem Riesenlotos thronend, der wohl vierzig Fuß im Umfang hat. Zu seiner Rechten steht irgendeine geheimnisvolle weiße Gestalt, die eine Weihrauchbüchse hält. Zu seiner Linken betet eine zweite weiße Gestalt mit gefalteten Händen. Beide sind überlebensgroß. Aber der Raum ist zu dunkel, als dass man unterscheiden könnte, wen sie vorstellen – ob Buddhajünger, Gottheiten oder Gestalten von Heiligen.

Über dem Tempel erstreckt sich ein ungeheurer Hain von Bäumen, uralte Zedern und Fichten, und dazwischen ragen dichtgepflanzte prächtige Bambusbäume, gleich Masten empor und vermischen ihre Wedel mit dem Laub der Riesen – die Wirkung ist tropisch grandios. Durch dieses Dämmer führt sanft ansteigend eine breite Steintreppe zu dem noch älteren Heiligtum empor, und nach vollendetem Aufstieg gelangen wir zu einem anderen Tor, das kleiner ist als der imposante chinesische Bau, den wir früher durchschritten haben, aber wundersam gespenstisch von Drachen umschwärmt, Drachen von einer Form, die die Künstler heute nicht mehr meißeln, geflügelte Drachen, die aus einem Wasserstrudel aufsteigen oder in die Fluten hinabtauchen. Der Drache auf dem Paneel des linken Tores ist mit geschlossenem Rachen abgebildet, der auf dem Paneel des rechten Tores hat seine Kinnladen dräuend aufgerissen. Es ist ein männliches und ein weibliches Tier, wie das Löwenpaar Buddhas. Und das Wogen der wallenden Flut und der schäumenden Wellen in den Windungen und Kurven des grauen, von Wetter und Zeit zu Stein gehärteten Holzwerks hebt sich in verblüffender Schärfe von dem Paneel ab.

In dem kleinen Tempel ist kein berühmtes Buddhabild, nur ein Shari, eine aus Indien stammende Buddhareliquie. Und ich kann sie nicht sehen, denn ich habe nicht die Zeit, die Rückkehr des abwesenden Tempeldieners, dessen Obhut der Shari anvertraut ist, abzuwarten.

„Nun wollen wir die große Glocke besichtigen," sagt Akira. Beim Herabsteigen schreiten wir links über einen Pfad, der in der Höhe von sieben Fuß mit moosüberwucherten Schutzmauern versehen ist, und gelangen zu einer sehr verfallenen und wackeligen Treppe. Aus Fugen und Ritzen wuchert Gras. Die Stufen sind von zahllosen Pilgerfüßen so ausgetreten und gelockert, dass der Aufstieg mühselig, ja gefährlich ist. Wir erreichen jedoch unversehrt die Höhe und befinden uns vor einem kleinen Tempelchen, an dessen Stufen uns ein greiser Priester mit lächelnder Verbeugung willkommen heißt. Wir erwidern den Gruß und wenden uns, ehe wir den Tempel betreten, zur Rechten, um auf die Tsurigane, die berühmte Glocke, einen Blick zu werfen.

Unter einem hohen offenen Altan mit chinesischem Spitzdach hängt die große Glocke. Nach meiner Schätzung muss sie wohl neun Fuß hoch sein und fünf Fuß im Durchmesser haben; und ihre Ränder sind ungefähr acht Zoll stark. Ihre Form gleicht nicht der unserer Glocken, die sich gegen den Rand zu erweitern, da der Durchmesser der Tsurigane in der ganzen Höhe derselbe ist. Die Oberfläche ist mit buddhistischen Texten bedeckt, die in das glatte Metall eingeätzt sind. Man läutet sie vermittelst eines schweren, mit Ketten an dem Dach befestigten schwebenden Balkens, der wie ein Sturmbock gehandhabt wird. An diesem Balken hängen Schlingen von Palmfasern, um ihn heranziehen zu können. Und zieht man kräftig genug an, um dem Balken einen tüchtigen Schwung zu geben, dann schlägt er an ein an der Wand der Glocke befindliches Ornament, das wie eine Lotosblume aussieht. Dies muss er wohl zahllose Male getan haben, denn sein viereckiges, flaches Ende ist, obgleich aus einer harten massiven Holzart gemacht, zu einer konvexen Scheibe mit schartigen Ecken und Spitzen verbuckelt, etwa wie die Oberfläche des viel benutzten Hammers eines Druckers.

Der Priester bedeutet mir durch ein Zeichen, die Glocke zu läuten. Zuerst streife ich ganz sacht mit meiner Hand über den weiten Glockenrand und ein leises Klingen ertönt. Dann setze ich den Balken kräftig in Schwung, und ein Schall, dumpf wie Donnergrollen, mächtig wie Orgelbrausen, ein metallischer, ungewöhnlicher, aber schöner Klang rollt über die Hügel. Dann folgt gleich darauf ein schwächerer, süßerer Ton und wieder einer und dann ein Durcheinanderfluten und Wogen von Echowellen.

Ein einziges Mal nur habe ich sie berührt, die wundersame Glocke, aber wenigstens zehn Minuten lang fährt sie fort, zu seufzen und zu stöhnen.

Und diese Glocke ist mindestens sechshundertfünfzig Jahre alt.[55]

---

[55] Zur Zeit, da ich dieses Buch schrieb, hatte ich die gewaltigen Glocken in Kyōto und Nara noch nicht gesehen. Die größte Glocke Japans hängt in dem Tempelgebiet des großen Jōdo-Tempels von Chion-in in Kyōto. Sie wurde im Jahre 1633 gegossen; sie wiegt 74 Zentner, und man sagt, es bedürfe der Kraft von 25 Männern, um sie ordentlich zu läuten. Ihr zunächst an Umfang rangiert die Glocke des Daibutsu-Tempels in Kyōto, die die Besucher gegen Entrichtung eines kleinen Betrages läuten dürfen. Der Guss dieser Glocke erfolgte im Jahre 1615, und sie hat ein Gewicht von

In dem kleinen Tempelchen daneben zeigt uns der Priester eine Anzahl seltsamer Zeichnungen, die die sechshundertjährige Gedenkfeier des Glockengusses darstellen (denn dies ist eine heilige Glocke, und man sagt, dass der Geist eines Gottes darin wohne). Sonst ist der Tempel nur von geringem Interesse, er enthält einige Kakemonos, Iyeyasu mit seinen Lehnsleuten darstellend; und zu beiden Seiten der Türe, die das Innere von dem äußeren Sanctuarium trennt, stehen lebensgroße Figuren japanischer Krieger in altjapanischem Kostüm. Auf dem Altar des Innenschreins sieht man kleine, in einem bemalten hölzernen Miniaturlandschaftspanorama gruppierte Bilder, – die Jūgo-Dōji oder die fünfzehn Jünglinge, die Söhne der Göttin Benten; auf dem Schrein liegt ein Spiegel, und Goheis (shintōistische Embleme) hängen davor. Das Heiligtum ist bei der Übergabe buddhistischer Tempel an die Staatsreligion in andere Hände übergegangen.

Nahezu in jedem berühmten kleinen Tempel werden japanische Heftchen verkauft, die die Geschichte des Altars und seine wunderbaren Legenden erzählen. Ich finde mehrere solcher Dokumente zum Verkauf an der Tempeltür; und in einem, das mit dem Bild der Glocke geschmückt ist, entziffere ich mit Hilfe Akiras die folgende Sage:

Im zwölften Jahre der Bummei-Periode (1481) läutete diese Glocke von selbst; und einen, der bei der Erzählung dieses Wunders lachte, traf Ungemach, und einer, der daran glaubte, lebte fortan glücklich, und alle seine Wünsche gingen in Erfüllung.

Nun starb in dieser Zeit im Dorf Tamanawa ein kranker Mann, mit Namen Ono-no-kimi. Und Ono-no-kimi stieg hinab in das Totenreich und trat vor den Richterstuhl des Emma. Und Emma, der Seelenrichter, sagte zu ihm: „Du kommst zu früh! Die dir in der Shabawelt zugemessene Lebenszeit ist noch nicht abgelaufen. Begib dich alsogleich wieder zurück Aber Ono-no-kimi sagte flehend: „Wie soll ich zurückgehen, weiß ich doch den Weg in der

63 Zentnern. Die wundervolle Glocke von Tōdaiji in Nara, obgleich nur die drittgrößte, ist aber vielleicht die interessanteste von allen. Sie ist 13 Fuß 6 Zoll hoch und hat 9 Fuß im Durchmesser und steht den Glocken von Kyōto weniger in sichtbaren Dimensionen nach als im Gewicht, denn sie wiegt nur 37 Zentner. Sie wurde im Jahre 733 gegossen, ist also 1160 Jahre alt. Besucher zahlen einen Cent für einmaliges Läuten der Glocke.

Dunkelheit nicht zu finden?" Und Emma erwiderte: „Du kannst den Weg finden, wenn du auf den Klang der Glocke En-gaku-ji achtest, der in der Nan-en-Buai-Welt in südlicher Richtung vernommen wird." Und Ono-no-kimi wandte sich südwärts, vernahm die Glocke, fand den Weg durch das Dunkel und kehrte zurück in die Shabawelt zu neuem Leben.

In jenen Tagen tauchte auch in vielen Provinzen die Riesengestalt eines buddhistischen Priesters auf; niemand konnte sich entsinnen, ihn je zuvor gesehen zu haben, und niemand wusste seinen Namen. Er durchstreifte das Land und ermahnte überall die Menschen, vor der Glocke En-gaku-ji zu beten. Endlich entdeckte man, dass der Riesenpilger die durch übernatürliche Kraft in die Gestalt eines Priesters verwandelte heilige Glocke selbst war. Und nachdem alle diese Dinge sich zugetragen hatten, beteten viele vor der Glocke, und ihre Wünsche wurden erfüllt.

„O, es gibt noch etwas zu sehen", ruft mein Führer, als wir wieder zu dem großen chinesischen Tor gelangen, und er geht uns voran über einen anderen Pfad zu einem kleinen Hügel, der früher von den Bäumen verdeckt gewesen war. Die obere Schicht des Hügels, eine etwa hundert Fuß hohe, weiche Gesteinsmasse, ist in Gelasse ausgehöhlt, die mit Monumenten angefüllt sind. Sie sehen wie Grabgewölbe aus, und die Monumente scheinen Grabsteine zu sein. Diese Gelasse befinden sich in zwei Stockwerken, drei oben und zwei unten, durch eine in den Felsen gehauene enge Treppe miteinander verbunden. Und rings um die tropfenden Mauern dieser Gelasse stehen auf Sockeln graue Steinblöcke, genauso geformt wie die Hakas in den buddhistischen Friedhöfen, und mit Reliefabbildungen von Gottheiten bedeckt. Alle haben sie Heiligenscheine. Einige davon sind naiv treuherzig, wie die Schöpfungen unserer eigenen mittelalterlichen Künstler. Manche sind mir nicht unbekannt. Diese knieende Frauengestalt mit den zahllosen schattenhaften Händen habe ich schon auf dem Friedhof von Kuboyama gesehen, und auch jene schlummernde Gestalt mit der Tiara auf dem Haupte, mit hochgezogenem Knie, die Wange in die linke Hand geschmiegt, das milde und pathetische Symbol ewiger Ruhe. Andere, Madonnen gleichend, halten Lotosblumen in der Hand, und ihre Füße ruhen auf geringelten Schlangen. Ich kann nicht alle sehen, denn die Felsdecke eines Gelasses ist eingestürzt. Ein tanzender Sonnenstrahl, der in die Ruine fällt, zeigt Massen unzugänglicher, halb im Schutt begrabener Gestalten.

Doch nein, diese Grottenanlagen sind nicht den Toten geweiht, dies sind auch keine Hakas, wie ich annahm, sondern Bilder der Gnadengöttin. Diese Gelasse sind Kapellen; und diese Skulpturen sind die En-gaku-ji no Hyaku Kwan-on, die hundert Kwan-on von En-gaku-ji. In dem oberen Gelasse sehe ich in einer Felsennische eine Granittafel mit der Sanskritinschrift in chinesischen Zeichen: „Anbetung der Großen, Gnadenreichen Kwan-on, die sich auf den Klang der Gebete gnädig hinabneigt".

Kommt man durch das Tor des „großen Waldes der kontemplativen Worte" und das Tor „des großen Berges des Reichtums" in den Bereich des nächsten Tempels Ken-chō-ji, dann ist es einem fast, als wäre man durch irgendeinen seltsamen Irrtum wieder in den Bereich des En-gaku-ji zurückversetzt. Denn das dritte Tor vor uns und der imposante Tempel darüber sind nach demselben Modell wie der früher gesehene erbaut und stammen von der Hand desselben Architekten. Durch dieses dritte, kolossale, grandios-prächtige Tor gelangen wir zu einer Bronzefontäne vor den Tempelpforten – einem Metall-Lotosblatt von kolossalen Dimensionen; es bildet ein großes tiefes Becken, das durch den Springbrunnenstrahl in der Mitte immer bis zum Rande mit Wasser gefüllt wird.

Auch der Boden dieses Tempels ist mit schwarzen und weißen Quadern belegt, und wir dürfen ihn mit unseren Schuhen betreten. Von außen ist der Tempel schmucklos und feierlich wie der En-gaku-ji, aber das Innere bietet ein merkwürdiges Schauspiel verblasster Pracht. Statt des schwarzen Shakas sehen wir vor einem Flammenhintergrund eine Kolossalfigur, Jizō-Sama auf dem Thron, von einem Feuerschein umgeben – einem goldenen Kreis von der Größe eines Wagenrads, der an drei Punkten in Feuerzungen ausstrahlt. Der Gott sitzt auf einem ungeheuren Lotos aus geschwärztem Gold, über dessen hohen Rand sein Gewand herabwallt. Hinter ihm auf drei aufsteigenden Goldstufen drängen sich zahllose Statuetten des Gottes, gleichsam Vervielfältigungen seiner selbst, in Reihen von Hunderten – die tausend Jizōs. Von der Decke über ihm glitzert aus den Jahrhunderte alten Spinngeweben die verschlissene Pracht einer Art Perlarbeit, ein herabhängender Kreis fransenförmiger Gehänge; und die Decke selbst muss einst ein Wunderwerk gewesen sein. Ganz kassettiert, auf jedem Felde ein fliegender Vogel auf Goldgrund gemalt. Einst waren die acht großen, das Dach tragenden Säulen auch schwer vergoldet, aber jetzt sieht man auf ihrer wurmstichigen Oberfläche und den Kapitälen nur mehr schwache Spuren davon. Über den Türen sind herrliche Friese, deren Farben fast ganz verschwunden sind, wunderbare Reliefschöpfungen in Grau, wallende Tenningestalten, flötenblasende und die Biwa spielende himmlische Geister.

Durch eine massive Holzschiebewand von dem Seitenschiff rechts getrennt, ist noch ein Gemach. Der Priester, dem die Obhut des Tempels anvertraut ist, schiebt die Holzwand zurück und fordert uns auf, einzutreten. In diesem Gemach sieht man eine Trommel, die auf einem Messingpostament ruht. Ich habe ihresgleichen an Größe nie gesehen; sie hat volle achtzehn Fuß im Umfang. Daneben hängt eine mächtige Glocke, über und über mit buddhistischen Texten bedeckt. Zu meinem Bedauern höre ich, dass es verboten ist, auf die große Trommel zu schlagen. Sonst ist nichts zu sehen, als einige schmutzige Papierlaternen mit dem Svastikazeichen, dem heiligen buddhistischen Symbol, das die Japaner Manji nennen.

Akira sagt mir, dass in dem Buche Jizō-kyō- Kosui folgende Legende von der großen Jizō-Statue des uralten Tempels Ken-chō-ji erzählt wird.

In Kamakura lebte einst die Frau eines Rōnin[56] mit Namen Soga Sadayoshi, die ihr Leben durch Zucht von Seidenraupen und die Verarbeitung der von ihnen gewonnenen Seide kärglich fristete. Sie pflegte den Tempel Ken-chō-ji oft zu besuchen; als sie nun an einem frostigen Wintertage wieder das Heiligtum betrat, schien es ihr, als ob das Bildnis Jizōs unter der Kälte sehr leiden müsste. Sie beschloss zum Schutze des heiligen Hauptes eine Kappe anzufertigen, eine Kappe, wie sie die Landleute zur Winterszeit zu tragen pflegen. Sie ging heim, verfertigte die Kappe und bedeckte damit das heilige Haupt mit den Worten: „Ich wünschte, ich wäre so reich, um dir eine warme Hülle zu geben, groß genug, deinen ganzen, heiligen Körper zu bedecken, aber ach, ich bin arm, und diese karge Gabe ist deiner Göttlichkeit unwürdig."

Dieses Weib nun starb plötzlich im fünfzigsten Lebensjahre im zwölften Monat des fünften Jahres der Ji-shō-Periode. Aber drei Tage lang blieb ihr Körper warm, so dass ihre Verwandten die Überführung zum Verbrennungs-

[56] Der Leser ziehe für die erschöpfende Erklärung des Wortes Rōnin Mitfords bewunderungswürdige „Geschichten aus Alt-Japan", Leipzig 1875, zu Rate.

platz nicht zugeben wollten, und am Abend des vierten Tages kam sie wieder zum Leben.

Nun erzählte sie, an ihrem Todestage sei sie vor den Richterstuhl Emmas gekommen, de Königs und Richters der Toten. Und da Emma ihrer ansichtig ward, rief er zornig: „Du bist ein sündiges Weib gewesen und hast Buddhas Lehren missachtet. Dein ganzes Leben hast du damit verbracht, Seidenraupen zu morden, indem du sie in siedendes Wasser warfst. Nun sollst du in das Kwaki-jigoku kommen und dort so lange brennen, bis deine Sünden gesühnt sind.“ Alsogleich fühlte sie sich von Dämonen gepackt und zu einem großen, mit geschmolzenem Metall angefüllten Kessel gezerrt, in den diese sie warfen – und sie schrie entsetzt auf. Da tauchte plötzlich Jizō-Sama in das geschmolzene Metall herab, und das Metall wurde lind und sanft wie Öl und hörte auf zu brennen. Und Jizō hob sie empor und geleitete sie zu König Emma und bat, es möge ihr verziehen werden, um seinetwillen, denn sie sei ihm durch eine gute Tat in Erinnerung. So fand sie Gnade und kehrte in die Shabawelt zurück.“

„Akira“, sagte ich, „demnach muss es nach buddhistischer Auffassung eigentlich Unrecht sein, Seide zu tragen?“

„Gewiß“, antwortet Akira, „und nach dem Gesetze Buddhas ist es den Priestern sogar ausdrücklich untersagt, nichtsdestoweniger“, fügt er mit einem milden Lächeln hinzu, in dem ich einen sarkastischen Zug zu entdecken beginne, „tragen fast alle Priester Seide.“

Akira erzählt mir auch Folgendes: „Im siebenten Band des Buches Kamakura-shi wird berichtet, dass einstmals in Kamakura ein Tempel, Namens Em-mei-ji, stand, der eine berühmte Jizōstatue enthielt, die Hō-daka-Jizō oder der Nackte Jizō hieß. Die Statue war tatsächlich nackt, aber man hatte ihr Kleider umgetan, und sie stand aufrecht auf einem Schachbrett. Kamen nun Pilger zum Tempel und entrichteten einen bestimmten Betrag, so entfernten die Priester die Kleider von der Statue, und dann konnte man sehen, dass, obgleich das Antlitz die Züge Jizōs trug, der Körper der einer Frau war.

Die Sage, die sich an die berühmte Jizōstatue auf dem Schachbrett knüpft, ist folgende:

Der mächtige Prinz Taira no Tokiyori spielte einst mit seiner Gemahlin in Anwesenheit vieler Gäste mehrere Partien Schach mit wechselndem Glück. Er überredete sie nun, zuzustimmen, dass derjenige, der das nächste Spiel verlieren würde, sich nackt auf das Schachbrett stellen sollte. Und die nächste Partie verlor seine Gemahlin. Und sie flehte zu Jizō, sie vor der Schmach zu schützen, sich in ihrer Blöße auf dem Schachbrett zeigen zu müssen. Und auf ihr Bitten erschien Jizō, stellte sich auf das Schachbrett, entkleidete sich und wandelte alsogleich seinen Körper in den eines Weibes.

Auf unserer Weiterfahrt beschreibt der Weg eine Biegung, windet sich zwischen den Hügeln empor und wird enger und dunkler.

„Oi! Mate!“ (He, wartet!), ruft freundlich mein buddhistischer Führer den Läufern zu. Und unsere zwei Gefährte halten vor einem Lichtstreifen, den die Sonne durch eine blaue Spalte in dem Laubdach der Riesenbäume auf die altersgrauen, bemoosten Stufen malt. „Hier“, sagt mein Freund, „ist der Tempel des Königs des Todes. Er heißt Emma-dō, und ist ein Tempel der Zen-Sekte, – Zen-ōji. Er ist über siebenhundert Jahre alt und enthält eine sehr berühmte Statue.“

Wir steigen zu einem kleinen, engen Hof empor, in dem das Gebäude steht. Oben angelangt, sehen wir zur Rechten eine Steintafel. Sie ist sehr alt, und ihre zolltief eingeschnittenen chinesischen Schriftzeichen bedeuten: „Dies ist der Tempel Emmas, des Königs.“

Von außen und innen gleicht der Tempel den anderen, die wir schon besucht haben; wie im Tempel Shakas und des kolossalen Jizō von Kamakura ist der Boden gepflastert, und wir dürfen beim Eintritt unsere Schuhe anbehalten. Das Ganze ist verfallen, düster grau, von Modergeruch erfüllt. Die Malerei hat sich längst von dem Holze der Säulen abgebröckelt. Zur Rechten und Linken türmen sich an den Mauern neun grimmige Gestalten empor – fünf auf der einen, vier auf der anderen Seite. Sie tragen seltsame Kronen mit trompetenförmigen Ornamenten, altersgrau sind ihre Gestalten und so ähnlich dem Bilde des Emma, den ich in Kuboyama sah, dass ich Akira frage: „Sind das lauter Emmas?“ „O nein“, antwortet mein Führer, „dies ist nur sein Gefolge, die Jū-ō, die zehn Könige.“ „Aber es sind ja nur neun“, wende ich ein. „Neun, und Emma vollendet die Zahl, – Emma haben Sie ja noch nicht gesehen.“

„Wo ist er?“ Am anderen Ende des Gemachs erhebt sich auf einer Plattform, zu der Holzstufen emporführen, ein Thron, aber ich sehe keine Statue, nur den üblichen Altarschmuck: vergoldete Bronzen und Lackarbeiten. Hinter dem Altar wallt ein Vorhang von ungefähr sechs Fuß im Quadrat, ein Vorhang, einst purpurrot, nun fast zur Unkenntlichkeit verblichen. Offenbar verdeckt er irgendeine Nische. Ein Tempeldiener nähert sich uns und ladet uns ein, die Plattform zu besteigen. Ich streife meine Schuhe ab, ehe ich den mattenbedeckten Boden betrete und folge dem Hüter hinter den Altar gegenüber dem Vorhang. Er bedeutet mir, hinzuschauen und hebt den Vorhang mit einem langen Stab. Und aus dem Dunkel einer geheimnisvollen Tiefe, die dieser Vorhang verhüllt, gleißt mir plötzlich eine Erscheinung entgegen, bei deren Anblick ich unwillkürlich zurückpralle. Etwas Ungeheuerliches, Unsagbares – ein Gesicht.[57]

Ein Schreckensantlitz, dräuend, furchtbar, stumpfrot, von der Röte eines erhitzten, sich zu Grau abkühlenden Eisens. Zweifellos rührt der erste Schreckenseindruck der Erscheinung teilweise von der theatralischen Art her, mit der das Werk uns durch das Lüften des Vorhanges plötzlich aus dem Dunkel enthüllt wird. Aber nachdem ich mich ein wenig gesammelt habe, beginne ich die ungeheure Kraft der Konzeption zu erfassen und bemühe mich, das Geheimnis des dämonischen Künstlers zu enträtseln. Das Wunder der Schöpfung liegt nicht in dem finster dräuenden Blick, nicht in der Wut des Schreckensrachens, noch in der Wildheit und geisterhaften Farbe des ganzen Hauptes. Es liegt in den Augen – Augen, in denen das ganze Grauen des Nachtalbs lauert.

Dieser alte gespenstische Tempel nun hat seine Legende. Man erzählt sich, dass vor siebenhundert Jahren der berühmte Bildermacher, der große busshi, Unke Sosei, starb – und Unke Sosei bedeutet: Unke, der vom Totenreich Zurückgekehrte. Denn als er vor das Angesicht Emmas trat, sagte Emma, der Richter der Seelen; „Während deiner Lebenszeit hast du kein Bild von mir

[57] Es existiert ein köstliches japanisches Sprichwort, dessen Humor nur von dem voll gewürdigt werden kann, der mit den künstlerischen Darstellungen der erwähnten Gottheit vertraut ist, auf welche es sich bezieht. „Karu toki no Jizō-gao, Nasu toki no Emma-gao.“ (Wenn man etwas leiht, macht man ein Jizō-Gesicht, wenn man es wiedergeben soll, ein Emma-Gesicht.)

gemacht, kehre zurück zur Erde und mache mein Bild, nun du mich gesehen hast."

Und ehe er sich's versah, fand sich Unke wieder in die Welt der Lebenden zurückversetzt, und die, die ihn früher gekannt hatten, verwunderten sich, ihn wieder lebendig zu sehen und nannten ihn Unke Sosei. Und Unke Sosei, der das Antlitz Emmas stets vor Augen sah, schuf dieses sein Abbild, das noch immer jedem Schrecken einflößt, der seiner ansichtig wird. Er schuf auch die Bilder der grimmigen Jū-ō, der zehn Könige, die Emma Untertan sind, und in dem Tempel thronen.

Ich möchte gerne ein Bild Emmas kaufen und teile meinen Wunsch dem Tempelhüter mit. O gewiss, ich kann ein solches Bild haben, aber zuerst muss ich den Oni sehen. Ich verlasse mit dem Hüter den Tempel und wir begeben uns über die bemoosten Stufen durch die Dorfstraße in eine kleine japanische Hütte, wo ich mich auf den Boden niedersetze. Der Hüter verschwindet hinter einer Schiebewand und kommt gleich wieder zurück, und schleppt den Oni hinter sich her, das Abbild eines Dämons, nackt, blutrot, von unbeschreiblicher Hässlichkeit. Der Oni ist ungefähr drei Fuß hoch, er steht in drohender Stellung, eine Keule schwingend. Er hat einen bulldoggartigen Kopf mit ehernen Augen, und seine Füße sind Löwentatzen. Mit großem Ernst dreht der Hüter das groteske Bild rund herum, damit ich es von allen Seiten bewundern kann, während eine naive Menge sich vor der offenen Türe ansammelt, um den Fremden und den Dämon anzustarren.

Dann sucht mir der Hüter ein Bildnis Emmas heraus, einen rohen Holzdruck mit einer geweihten Inschrift; und als ich dafür bezahlt habe, drückt er das Tempelsiegel auf das Papier. Das Siegel bewahrt er in einem wundervollen, mit weichen Lederhüllen umgebenen Lackkästchen. Nachdem die Hüllen entfernt sind, betrachte ich das Siegel. Es ist ein länglicher, zinnoberroter, polierter Stein, in den das Tempelsiegel eingeschnitten ist. Er befeuchtet die Oberfläche mit roter Tinte, drückt das Siegel in eine Ecke des Papiers unter das grimmige Bild, und die Echtheit meines seltsamen Einkaufs ist dokumentiert.

Der Daibutsu ist nicht sichtbar, wenn man das Territorium seines längst verschwundenen Tempels betritt und einen langen gepflasterten Pfad zwischen Wiesen hindurchschreitet. Mächtige Bäume verbergen ihn. Aber unversehens bei einer Wegbiegung steht er plötzlich vor einem, und man prallt zurück. Wie viele Photographien man auch von dem Koloss gesehen haben mag, dieser erste Anblick der Wirklichkeit ist überwältigend. Dann scheint es einem, man sei ihm zu nahe, obwohl man wenigstens hundert Ellen davon entfernt ist. Was mich betrifft, so weiche ich sogleich dreißig bis vierzig Ellen zurück, um einen besseren Standpunkt zu finden, und der Jinrikishamann rennt mir lachend und gestikulierend nach, in der Meinung, dass ich das Bild für lebendig halte und mich davor fürchte.

Aber wenn diese Gestalt auch lebendig wäre, sie könnte doch niemanden erschrecken. Die Milde, die träumerische Leidenschaftslosigkeit dieser Züge, das Ruhevolle der ganzen Gestalt, all dies ist voll Schönheit und Anmut. Und gegen alle Erwartung, je mehr man sich dem Riesenbuddha nähert, desto mehr steigert sich der Zauber der Wirkung. Du blickst empor in das weihevoll schöne Antlitz, in diese halbgeschlossenen Augen, die sich aus den Bronzelidern so sanft wie ein Kinderblick auf dich zu heften scheinen, und du fühlst, dieses Bild ist der Inbegriff alles dessen, was in der Seele des Ostens zart und mild ist. Aber zugleich fühlst du auch, dass es nur aus dem japanischen Denken heraus geschaffen werden konnte. Seine Schönheit und Würde, seine vollkommene Gelassenheit spiegelt das höhere Leben der Rasse, aus dem heraus seine Idee konzipiert ward, und obgleich zweifellos von irgendeinem indischen Vorbild angeregt, worauf die Behandlung des Haares und viele symbolische Zeichen hinweisen, ist das Kunstwerk selbst echt japanisch.

So mächtig ist der Eindruck des schönen Werkes, dass man im ersten Augenblick die prächtigen, fünfzehn Fuß hohen Lotospflanzen aus Bronze übersieht, die vor der Gestalt zu beiden Seiten des großen Dreifußes aufgestellt sind, auf welchem Weihrauchwurzeln brennen. Durch eine Öffnung an der rechten Seite des ungeheuren Lotos, auf dem Buddha thront, kann man in das Innere der Statue gelangen. Diese enthält einen kleinen Kwan-onschrein, ein Standbild des Priesters Yuten und eine Steintafel, die in chinesischen Schriftzeichen die heilige Formel trägt: „Namu Amida Butsu".

Mit Hilfe einer Leiter kann der Besucher im Innern des Kolosses bis zu den Schultern Buddhas gelangen; dort befinden sich auch zwei kleine Fenster mit einem wunderbaren Fernblick über die Landschaft. Der als Führer dienende Priester erzählt uns, die Statue sei sechshundertdreißig Jahre alt, und bittet um einen kleinen Beitrag zur Errichtung eines neuen Tempels, der sie vor Wetterunbill schützen soll.

Denn einst hatte dieser Buddha seinen eigenen Tempel. Eine Wasserflut, die einem Erdbeben folgte, riss Mauern und Dach fort, ließ aber den mächtigen, auf seinem Lotos meditierenden Amida unversehrt.

Und wir gelangen zu dem weitberühmten Kamakuratempel der Kwan-on, der Kwan-on, die ihr Anrecht auf ewigen Frieden aufgab, um die Seelen der Menschen zu retten und auf das Nirvana verzichtete, um weitere Myriaden Jahre mit der Menschheit zu leben. Kwan-on, die Göttin der Gnade und des Erbarmens.

Ich klimme über drei Treppenabsätze zum Tempel hinan. Und ein junges Mädchen, das auf der Treppe sitzt, erhebt sich zu unserer Begrüßung. Dann verschwindet es im Innern des Tempels und holt den Tempelhüter, einen würdigen Mann in weißem Gewand, der mir durch ein Zeichen bedeutet, einzutreten.

Der Tempel ist so groß wie nur irgendeiner, den ich bis jetzt gesehen, und wie die übrigen altersgrau von der Jahrhunderte Last. Von der Decke hängen Votivgaben herab, Inschriften und zahllose bemalte Laternen. Dem Eingang beinahe genau gegenüber ist eine seltsame Statue in sitzender Stellung, in menschlichen Dimensionen gehalten, von täuschend menschlichem Aussehen, mit einem merkwürdig verrunzelten Gesicht, aus dem uns zwei kleine unergründliche Augen anblicken. Dieses Gesicht war ursprünglich fleischfarben bemalt und die Gewänder blassblau, aber nun ist alles einfarbig grau von Alter und Staub. Und diese Farblosigkeit harmoniert so seltsam mit der Hinfälligkeit der Gestalt, dass man beinahe vermeint, einen lebendigen Bettelmönch vor sich zu sehen. Es ist ein Abbild jenes Binzuru, dessen Züge in Asakusa durch die Berührung zahlloser Pilger bis zur Unkenntlichkeit verwischt worden sind. Rechts und links vom Eingang sind die Ni-Ō, Wesen von enormer Muskulatur und wutschäumendem Aussehen. Ihre Scharlachleiber sind mit Papierklümpchen bedeckt, die die Anbetenden auf sie gespien haben. Über dem Altar ist ein kleines, hübsches Bild der Kwan-on, die sich in ganzer Gestalt von einer ovalen Goldaureole, die lodernde Flammen vorstellt, abhebt.

Aber nicht diesem Bild dankt der Tempel seine Berühmtheit. Sondern einem anderen, das nur unter bestimmten Bedingungen gezeigt wird. Der alte Priester überreicht mir eine in ausgezeichnetem Englisch verfasste Bittschrift, in der die Besucher um einen Beitrag für die Erhaltung des Tempels und seines Priesters gebeten werden. Es wird darin auch an Andersgläubige appelliert, mit dem Hinweise, „dass jede Religion, deren Einfluss die Menschen gütig und hilfsbereit macht, der Achtung würdig sei". Ich entrichte mein Scherflein und spreche die Bitte aus, die große Kwan-on sehen zu dürfen.

Der alte Priester zündet eine Laterne an und schreitet uns voran durch einen engen Korridor zur Linken des Altars, zum Innern des Tempels, und wir gelangen in einen hohen Raum. Ich folge ihm vorsichtig auf dem Fuße, kann aber vorerst nichts unterscheiden als das Flackern der Laterne; dann machen wir vor etwas Glitzerndem Halt. Nachdem sich meine Augen ein wenig an das Dunkel gewöhnt haben, beginne ich Umrisslinien zu unterscheiden. Allmählich gestaltet sich der glitzernde Gegenstand zu einem Fuß, einem ungeheuren goldenen Fuß, und ich bemerke den Saum eines goldenen Gewandes, das über den Rist wallt. Nun taucht der andere Fuß auf. Zweifellos steht die Figur. Jetzt unterscheide ich, dass wir uns in einem engen, aber sehr hohen Gemach befinden und dass aus irgendeinem geheimnisvollen Dunkel oberhalb Stricke in den Lichtkreis der Laterne hinabbaumeln, die den goldenen Fuß beleuchtet. Der Priester entzündet noch zwei Laternen und hängt sie an Haken, die an zwei herabhängenden Stricken befestigt sind. Dann zieht er die etwa eine Elle voneinander entfernten Laternen empor. Beim Hinaufziehen der pendelnden Laternen wird noch mehr von den goldenen Gewändern sichtbar. Nun treten die Umrisse zweier mächtiger Knie hervor, dann die Kurvenlinien säulenförmiger Schenkel unter der gemeißelten Draperie; und während beim Aufsteigen der Laternen die goldene Vision sich immer höher in das Dunkel emportürmt, wird die Erwartung auf das Äußerste gespannt. Kein Laut ist hörbar, außer dem Knirschen bei dem für uns unsichtbaren Anziehen der Seile über unseren Häuptern. Nun schimmert über dem goldenen Gürtel die Andeutung eines Busens, dann das Leuchten einer goldenen, segnend emporgestreckten Hand, dann eine zweite Hand, einen Lotos haltend, und endlich ein Antlitz, golden leuchtend, in ewiger Jugend und unendlicher Zärtlichkeit – das Antlitz Kwan-ons.

So aus dem heiligen Dunkel offenbart, ist dieses Ideal göttlicher Weiblichkeit, die Schöpfung einer vergessenen Kunst und Zeit, geradezu überwältigend.

Ich kann die Empfindung, die sie hervorruft, kaum Bewunderung nennen, es ist eher ehrfürchtiger Schauer.

Aber die Laternen, die einen Augenblick bei dem schönen Anblick verweilten, steigen jetzt mit einem neuerlichen Knirschen des Strickes höher hinauf und siehe, die Tiara der Gottheit erscheint, mit ihrer seltsamen Symbolik. Es ist eine Pyramide von Köpfen, von Gesichtern – entzückenden Mädchengesichtern, Miniaturgesichtern der Kwan-on selbst.

Denn dies ist die Kwan-on der Elf Gesichter – Jū-ichi-men-Kwan-on.

Diese Statue wird als hochheilig angesehen, und dies ist ihre Legende:

Während der Regierung des Kaisers Gensei lebte in der Provinz Yamato ein buddhistischer Priester, Tokudō Shōnin, der in einer früheren Geburt Hōki Bosatsu (Dharmanandi) war, aber unter gewöhnlichen Menschen wiedergeboren ward, um ihre Seelen zu erlösen. Es begab sich nun einmal, dass Tokudō Shōnin, als er zur Nachtzeit in dem Tal von Yamato umherwanderte, einen wunderbaren Lichtglanz sah. Er ging dem Scheine nach und fand, dass der Glanz von dem Stamm eines gefällten Baumes, eines Kusunoki oder Kampferbaumes herrührte. Ein köstlicher Duft entströmte dem Baum, und sein Leuchten war wie Mondesglanz. Und an diesem Zeichen ward es Tokudō Shōnin offenbar, dass dies ein heiliger Baum sei. Und es kam ihm in den Sinn, eine Statue der Kwan-on daraus schnitzen zu lassen. Er rezitierte die Sutra, wiederholte das Nenbutsu, indem er um Erleuchtung flehte. Während er so betete, kam ein alter Mann und eine alte Frau, stellten sich ihm zur Seite und sprachen zu ihm: „Wir wissen, dass du den Wunsch hast, mit Hilfe Gottes ein Bildnis von der Kwan-on-Sama aus diesem Baume schnitzen zu lassen. Fahre also fort, zu beten und wir werden die Statue schnitzen."

Und Tokudō Shōnin tat nach ihrem Geheiß, und er sah, wie sie den großen Baum mit Leichtigkeit in zwei gleiche Teile zerspalteten, worauf jeder von ihnen anhob, seinen Teil zu einem Bild zu schnitzen. Und so sah er sie drei Tage lang arbeiten. Und am dritten Tage war das Werk getan, und er erblickte die zwei wunderbaren Kwan-on-Statuen vollendet vor sich. Da sprach er zu den Fremden: „Saget mir, ich bitte euch, wie man euch nennt." Da antwortete der alte Mann: „Ich bin Kasugō Myajin", und die Frau sagte: „Ich bin Ten-Shōkō Daijin geheißen, ich bin die Sonnengöttin." Und indem sie sprachen, verwandelten sich beide, stiegen zum Himmel auf und entschwanden den Blicken Tokudō Shōnins.[58] Und als der Kaiser solches hörte, entsendete er seinen Stellvertreter nach Yamato, dort Gaben darzubringen und einen neuen Tempel zu erbauen. Auch der Hohepriester Gyōgi Bosatsu kam und segnete die Bildnisse und den auf Befehl des Kaisers erbauten Tempel. Und eine der Statuen stellte er in den Tempel, schreinte sie ein und befahl ihr: „Bleibe du immer hier, um alle lebende Kreatur zu retten". Die andere Statue aber warf er ins Meer, indem er sagte: „Gehe du, wohin es dir am besten dünkt, alle Lebenden zu erlösen." Die Statue schwamm nach Kamakura, und als sie dort bei Nacht anlangte, ergoss sie ringsum einen großen Lichtglanz, so als ob die Sonne auf das Meer schiene. Und die Fischerleute von Kamakura wurden von dem großen Lichtglanz erweckt, und fuhren in Booten hinaus; sie fanden die Statue auf den Wellen schwimmend und brachten sie ans Ufer. Und der Kaiser befahl, dass ein Tempel für sie erbaut werde, der Tempel Shin-Hasedera auf dem Berge Kaiko-San in Kamakura.

Als wir den Tempel der Kwan-on verlassen, sehen wir am Wege keine Häuser mehr; die grünen Hügel rechts und links werden steiler, und der große Schatten über uns verdunkelt sich; aber noch immer kündet von Zeit zu Zeit eine altersgraue, bemooste Treppenflucht, ein geschnitzter, buddhistischer Torweg oder ein hoher Torii Heiligtümer, die zu besuchen wir keine Zeit haben. Rings um uns sehen wir zahllose modernde Schreine, stumme Zeugen der alten Pracht und Größe der toten Residenz, und überall mit Blumenduft vermischt schwebt der süß-würzige Geruch des japanischen Weihrauchs. Ab und zu kommen wir an einer Menge verstreut stehender gemeißelter Steine vorbei – wie Segmente vierkantiger Säulen –, alten Hakas, den vergessenen Gräbern eines längst außer Gebrauch gekommenen Friedhofes; oder an vereinsamten Bildern irgendeiner buddhistischen Gottheit – eines träumenden Amida oder einer sanft lächelnden Kwan-on. Alle sind sie uralt,

[58] Diese alte Legende hat schon Interesse als ein Beispiel für die Bemühung des Buddhismus, die Shintōgottheiten ebenso in sich zu absorbieren, wie er schon die Gottheiten Indiens und Chinas in sich aufgenommen hat. Diese Bemühungen waren schon vor dem Zeitpunkt der Verdrängung des Buddhismus und der Wiederbelebung des Shintōismus als Staatsreligion sehr erfolgreich. Aber in Izumo und anderen Teilen des westlichen Japans behielt der Shintōismus immer die Vorherrschaft, ja hat vieles aus dem Buddhismus entlehnt und amalgamiert.

verstümmelt, farblos, manche hat die Zeit ganz unkenntlich gemacht. Ich bleibe einen Augenblick stehen, um etwas Rührendes zu betrachten, eine Gruppe von sechs Bildern der entzückenden Gottheit, die sich der Geister der Kleinen annimmt – Roku-Jizō. O, wie sind sie rissig, abgeschürft und bemoost! Fünf stehen fast bis zu den Schultern begraben in einem Berg von kleinen Kieseln, stummen Zeichen der Gebete von Generationen. Und Votiv-Yodarekakes, verschiedenfarbige Kinderlätzchen, hat man ihnen um den Hals gebunden, um der Liebe zu den verstorbenen Kindern willen. Aber eines der Bilder dieser sanften Gottheit liegt zerschmettert und umgestürzt in seinem eigenen, zerstreuten Kieselturm, vielleicht von irgendeinem vorüberfahrenden Wagen achtlos zerbrochen.

Wir fahren weiter; vor uns senkt sich der Weg jäh zu einer Klippe, und setzt sich in Serpentinen fort. Plötzlich kommen wir aus den Klippen heraus und gelangen zum Meer. Es ist blau wie der wolkenlose Himmel – ein weiches, traumhaftes Blau. Unser Pfad windet sich in einer scharfen Biegung nach rechts und führt an Klippenspitzen entlang, mit dem Ausblick auf einen weiten schwarzbraunen Strand. Der Seewind bläst köstlich belebend, und gierig saugen die Lungen den salzigen Duft ein. In weiter Ferne vor mir sehe ich eine schöne, grüne, hochragende Masse aus dem Wasser emportauchen, ein etwa eine Viertelmeile vom Festland entferntes laubbedecktes Eiland, Enoshima, die heilige Insel, der Göttin des Meeres und der Schönheit geweiht. Schon kann ich auf den steilen Abhängen die grauen Umrisslinien einer winzigen Stadt erkennen. Offenbar kann man sie heute noch zu Fuß erreichen, denn die Flut ist vorüber, und hat einen langen, breiten Sandstreifen freigelegt, der sich von dem gegenüberliegenden Dörfchen, dem wir uns jetzt nähern, wie eine Chaussee bis Enoshima hinstreckt.

In Katase, der kleinen Ansiedelung, der Insel gegenüber, müssen wir unsere Jinrikishas verlassen und den Weg zu Fuß fortsetzen. Der Sand der Dünen zwischen Dorf und Strand ist zu tief, als dass man das Gefährt hinüberschieben könnte. Eine Menge Jinrikishas warten in der engen kleinen Gasse auf Pilger, die vor uns gekommen sind; aber man sagt mir, dass ich heute der einzige Europäer bin, der das Heiligtum der Benten besucht.

Unsere beiden Männer führen uns den Weg über die Düne, und wir kommen bald auf festen, feuchten Sand.

Als wir uns der Insel nähern, treten die architektonischen Einzelheiten der kleinen Stadt entzückend aus dem zarten Meeresduft hervor.

Geschwungene, bläuliche, phantastische Dachrinnen, seltsam gespitzte Giebel, Vorsprünge luftiger Balkone, alles über einem Geflatter wunderlich geformter, mit geheimnisvollen Lettern bedeckter Wimpel. Wir passieren die Sandflächen; und die immer geöffnete Pforte der Meeresstadt, der Stadt der Drachenkönigin, liegt vor uns – ein schöner Torii. Ganz aus Bronze ist er, mit einem Shimenawa aus Bronze darüber, und einem Erztäfelchen, das die Inschrift trägt: „Dies ist der Palast der Göttin von Enoshima"; und die Sockel der wuchtigen Säulen zeigen seltsame Reliefs, wogendes Wasser und Schildkröten, die mit der Flut kämpfen. Dies ist das eigentliche Stadttor, wenn man zu Lande ankommt, dem Schrein der Benten gegenüber. Aber kommt man auf dem Wege von Katase, ist es das dritte Tor in der imposanten Serie. Wir sind den Küstenweg gekommen und haben die anderen nicht gesehen.

Und nun sind wir in Enoshima! Vor uns steigt die einzige Straße hoch empor, eine Straße aus breiten Stufen, eine schattige Straße voll vielfarbiger Flaggen und dunkelblauer, mit weißen phantastischen Zeichen bedeckten Draperien, die sich im Winde blähen. Sie ist von Herbergen und Miniaturläden besäumt. Bei jedem muss ich stehen bleiben, um zu schauen, und schauen ist in Japan so viel wie kaufen wollen – und so kaufe ich, kaufe, kaufe.

Denn dies ist Enoshima, die Stadt des Perlmutters.

In jedem Laden hinter den mit Lettern bedeckten Draperien gibt es Wunder von Muschelarbeiten zu lächerlich billigen Preisen. Die auf den mattenbedeckten Plattformen ausgebreiteten Glasvitrinen, die Auslagekästen an den Außenwänden schillern und gleißen von opalisierenden Dingen, außerordentliche Überraschungen, unglaubliche Erfindungen! Schnüre von Perlmutterfischen, Schnüre von Perlmuttervögeln, in allen Regenbogenfarben schillernd. Da sind kleine Kätzchen aus Perlmutter und kleine Füchse aus Perlmutter und kleine Püppchen aus Perlmutter und Mädchenhaarkämme aus Perlmutter und Zigarrenhalter und Pfeifen, allzu schön zum Gebrauch; da gibt es auch kleine Perlmutterschildkröten, nicht größer als eine kleine Silbermünze, die, wenn man sie auch noch so leise antippt, Kopf, Beine und Schwanz zu bewegen beginnen, wobei sie abwechselnd ihre Glieder vorstrecken und einziehen, ganz so wie lebendige Schildkröten, so dass man fast starr vor Bewunderung ist. Da gibt es Störche und Vögel, Krebse und Langusten, mit solcher Meisterschaft aus Muscheln hergestellt, dass man sich erst durch das Berühren derselben davon überzeugt, dass sie nicht wirklich lebendig sind. Da sind Bienen aus Perlmutter, auf Blumen aus demselben

Material – oder auf Drähten, so kunstvoll hingesetzt, dass sie den Eindruck machen, als müssten sie fortschwirren, wenn man sie ganz leicht mit der Spitze eines Kiels berührt; da sind unbeschreibliche Geschmeide aus Perlmutter, Dinge, die die japanischen Mädchen lieben, Amulette aus Perlmutter, Haarnadeln in hundert verschiedenen Formen, Broschen, Colliers. Und auch Photographien von Enoshima.

Diese seltsame Straße schließt mit einem zweiten Torii ab, einem hölzernen Torii, zu dem eine steilere Treppenflucht emporführt. Am Fuße der Treppe sind steinerne Votivlaternen und ein kleiner Brunnen und eine steinerne Zisterne, an der sich die Pilger die Hände waschen und den Mund spülen, ehe sie dem Tempel der Götter nahen. Und neben der Zisterne hängen lichtblaue Tücher mit großen weißen, chinesischen Schriftzeichen. Ich frage Akira, was diese Schriftzeichen bedeuten.

„Im Chinesischen lauten diese Zeichen hien-fung; aber im Japanischen werden sie Kenji-tate-matsuru ausgesprochen, und bedeuten, dass diese Tücher in aller Demut der Benten dargebracht sind. Sie sind das, was Sie Votivgaben nennen würden. Den berühmten Schreinen werden die allerverschiedensten Gaben dargebracht. Manche Leute geben Tücher, manche Bilder; andere wieder Vasen; einige bringen Laternen aus Papier oder Bronze oder Stein. Es ist gebräuchlich, solche Opfergaben zu versprechen, wenn man Wünsche an die Götter richtet; und es ist üblich, ein Torii zu versprechen. Das Torii kann klein oder groß sein, je nach der Vermögenslage dessen, der ihn gibt; der sehr reiche Pilger kann den Göttern ein Torii aus Metall darbringen, so wie der dort unten, der das Tor von Enoshima genannt wird."

„Akira, halten die Japaner immer die Gelübde, die sie den Göttern getan haben?"

Akira lächelt sein sanftes Lächeln und erwidert: „Es war einmal ein Mann, der versprach, ein Torii aus edlem Metall zu bauen, wenn seine Gebete erhört würden. Und ihm wurde alles zuteil, was er wünschte. Und er baute dann ein winziges Torii aus drei kleinen Nadeln."

Die Stufen hinansteigend, erreichen wir eine Terrasse, von der wir alle Dächer der Stadt überblicken können. Zu beiden Seiten des Torii sind buddhistische Steinlöwen und morsche bemooste Steinlaternen; und den Hintergrund der Terrasse bildet der heilige Hügel, von dichtem Laub überschattet. Links ist eine alte grüne Steinbalustrade, die einen seichten Weiher umgibt, auf dem Wasserpflanzen schwimmen. Und auf dem gegenüberliegenden Ufer ragt aus dem Gebüsch ein seltsam geformter Steinblock, der auf eine Spitze gestellt und mit chinesischen Schriftzeichen bedeckt ist. Es ist ein heiliger Stein, und man glaubt, dass er die Form eines großen Frosches (Gama) hat, weshalb er Gama-ishi, der Froschstein genannt wird. Hier und dort am Rande der Terrasse stehen noch andere gravierte Monumente, von denen eines die Gabe einiger Pilger ist, die den Schrein der Meergöttin hundertmal besucht haben. Zur Rechten führen wieder Stufen zu höheren Terrassen; und ein alter Mann, der am Fuß der Treppe sitzt und Vogelkäfige aus Bambus verfertigt, bietet sich uns als Führer an.

Wir folgen ihm zur nächsten Terrasse, wo eine Schule für die Kinder Enoshimas erbaut ist, und dort steht ein zweiter heiliger Stein, ungeheuer groß und von unbestimmten Umrisslinien: Fuku-ishi, der Stein des guten Glücks. In alten Zeiten glaubten die Pilger, dass wenn sie ihre Hände daran rieben, ihnen unermessliche Reichtümer zuteilwürden; und der Stein ist glatt und glänzend geworden durch die Berührung unzähliger Handflächen.

Wieder Stufen und grünbemooste Löwen und Steinlaternen, und wieder eine Terrasse mit einem kleinen Tempelchen in der Mitte, der erste Schrein der Benten. Davor ein paar verkümmerte Palmen. Der Schrein bietet nichts von Interesse, nur einige Shintōembleme. Aber daneben ist ein anderer, auch mit Votivtüchern, und noch ein geheimnisvolles Monument ist da, ein steinerner Schrein, der vor sechshundert Jahren aus China hierher gebracht wurde. Vielleicht enthielt er irgendeine berühmte Statue, ehe dieser Wallfahrtsort den Priestern des Shintōglaubens überlassen wurde. Jetzt ist nichts darin; der riesige Block, der seine Rückwand bildet, ist durch fallende Felsstücke von der darüberliegenden Klippe beschädigt worden, und die eingegrabene Inschrift ist fast verwischt. Akira liest: „Dai-Nippon-goku Enoshima no reiseki-ken..." Der Rest ist nicht zu entziffern. Er sagt, dass sich in dem benachbarten Tempel eine Statue befindet, aber sie wird nur einmal im Jahre zur Besichtigung ausgestellt, am 15. Tage des 7. Monats. Wir verlassen den Hof über einen steilen Pfad zur Linken und steigen dem Rande der Klippe entlang, von wo man die See überblickt. An diesem Klippenrand kleben niedliche Teehäuser, die alle dem Seewind weit geöffnet sind, so dass man, wenn man durch sie hindurchsieht, über ihren mattenbedeckten Fußboden und den lackierten Balkonen den Ozean wie in einem Bilderrahmen erblickt, und den blassen, klaren Horizont von schneeigen Segeln gesprenkelt, und ein zartes, blaugezacktes Gebilde, wie ein geisterhaftes Eiland, die ferne, duftige Silhouette von Ōshima. Dann stehen wir abermals vor einem Torii, und wieder führen Stufen zu einer Terrasse, die unter dem Schatten ungeheurer immergrüner Bäume fast schwarz erscheint, und nach der Seeseite von einer mit sammetartigem Moos bedeckten Steinbalustrade umgeben ist. Zur Rechten wieder Stufen, noch ein Torii, noch eine Terrasse; und wieder bemooste grüne Löwen und Steinlaternen; und ein Monument, dessen Inschrift von dem Umschwung berichtet, durch den Enoshima den Buddhismus aufgab, um zum Shintōglauben überzugehen. Im Mittelpunkt eines anderen Plateaus der zweite Schrein der Benten.

Aber es ist keine Benten zu sehen! Benten ist von Shintōhänden versteckt worden. Der zweite Schrein ist ebenso leer wie der erste. Doch in einem Gebäude zur Linken des Tempels sind seltsame Reliquien ausgestellt: feudale Waffen; Rüstungen aus Metall und Kettenpanzer; Helme mit Visieren, die dämonische Eisenmasken sind; Helme von goldenen Drachen gekrönt; Zweihänder-Schwerter, der Riesen würdig, und ungeheure Pfeile, mehr als fünf Fuß lang, mit Schäften, die nahezu einen Zoll im Durchmesser haben. Einer hat eine sichelförmige, neun Zoll lange Spitze, deren innere Schneide so scharf wie ein Messer geschliffen ist. Solch ein Wurfgeschoss kann einem Mann mit Leichtigkeit den Kopf abschneiden. Und ich kann Akiras Versicherung kaum Glauben schenken, dass solche gewichtige Pfeile mit der bloßen Hand von einem Bogen abgeschossen wurden. Da ist auch eine Handschrift des Nichiren, des großen buddhistischen Priesters – goldene Schriftzeichen auf blauem Grunde; und in einem Lackschrein ein vergoldeter Drache, der das Werk des noch größeren Priesters und Schreibkünstlers und Hexenmeisters Kōbō-daishi ist.

Ein von Riesenbäumen umschatteter Weg führt von diesem Plateau zu dem dritten Schrein. Wir durchschreiten ein Torii und kommen zu einem Steinmonument, das mit Relieffiguren von Affen bedeckt ist. Die Bedeutung dieses Monuments kann uns nicht einmal unser Führer erklären. Dann abermals ein Torii. Es ist aus Holz, aber man sagt mir, dass es eines aus Metall ersetzt, das in der Nacht von Dieben gestohlen wurde. Wunderbare Diebe! Dieses Torii muss wenigstens zehn Zentner gewogen haben! Und wieder

Steinlaternen; dann auf dem Gipfel des Berges ein ungeheurer Hof, und in seiner Mitte der dritte, der Haupttempel der Benten. Und vor dem Tempel ist ein großer leerer Raum, so von einem Gitter umgeben, dass der Schrein ganz und gar unzugänglich ist. O Enttäuschung!

Doch da ist immerhin vor dem Gitter gegenüber den Tempelstufen eine kleine Haiden, eine Gebethalle, die aber nichts enthält, als eine Almosenbüchse und eine Glocke. Hier beten die Pilger und bringen ihre Opfergaben dar. Nur eine kleine erhöhte Plattform, von einem chinesischen Dach gekrönt, das auf vier einfachen Pfosten ruht, denn rückwärts wird das Gebäude von einer etwa brusthohen Wehr abgeschlossen. Von diesem Gebetplatz können wir in den Tempel der Benten blicken und sehen, dass Benten nicht dort ist.

Aber ich bemerke, dass die Decke kassettiert ist; und in dem mittleren Felde entdecke ich ein sehr seltsames Gemälde – eine verkürzte Schildkröte, die zu mir herabblickt. Und während ich sie betrachte, höre ich Akira und den Führer lachen; und der letztere ruft: „Benten-Sama!"

Eine schöne kleine damaszierte Schlange ringelt sich am Gitter empor und steckt von Zeit zu Zeit den Kopf durch, um uns anzusehen. Sie scheint sich nicht im Geringsten zu fürchten und hat auch keinen Grund dazu, sieht sie doch, dass ihr Geschlecht als die Diener und Vertrauten Bentens betrachtet wird. Manchmal soll die große Göttin selbst die Gestalt einer Schlange annehmen; vielleicht ist sie gekommen, um uns zu sehen.

Nahebei ist ein seltsamer Stein, der im Hof auf einem Sockel ruht. Er hat die Form des Körpers einer Schildkröte und eine Zeichnung wie die des Panzers dieses Tieres; und man hält ihn heilig und nennt ihn den Schildkrötenstein. Aber ich fürchte, dass wir hier nichts als Steine und Schlangen zu Gesicht bekommen werden!

Jetzt wollen wir die Drachengrotte besichtigen, wie mir Akira sagt, nicht so genannt, weil der Drache der Benten je hier verweilt hätte, sondern weil die Gestalt der Höhle der Gestalt eines Drachen ähnelt. Der Weg fällt zur entgegengesetzten Seite der Insel ab und verwandelt sich plötzlich in eine überaus steile und ausgetretene, schlüpfrige und gefährliche Treppenflucht, die in das blasse, harte Gestein gehauen ist und von der aus man den Blick auf das Meer hat. Eine Vision niedriger blasser Felsen, einer Brandung, die sich daran bricht und ein Torii oder eine Votivsteinlaterne mitten dazwischen – alles wie aus der Vogelperspektive gesehen, über dem Rande eines furchtbaren Abgrundes. Ich sehe auch tiefe runde Löcher in einem der Felsen. Dort unten war einmal ein Teehaus; und die hölzernen Säulen, die es trugen, waren in diese Löcher eingerammt.

Ich steige behutsam hinab; die Japaner in ihren Strohsandalen gleiten nur selten aus, aber ich kann bloß mit Hilfe des Führers vorwärtskommen. Fast bei jeder Stufe rutsche ich. Diese Stufen können wohl nicht allein durch die Strohsandalen der Pilger, die hierhergekommen, um nur Steine und Schlangen zu sehen, so ausgewetzt worden sein!

Endlich erreichen wir eine Plankengalerie, die der Klippe entlang über den Felsen hinführt, wir folgen ihr rings um einen Vorsprung der Klippe und betreten die heilige Grotte. Das Licht verblasst immer mehr, und die Meereswellen, die uns in den Dämmer nachrauschen, machen ein furchtbares Getöse, das durch das Echo noch verstärkt wird. Als ich zurückblicke, sehe ich den Rachen der Höhle als einen seltsamen scharfgezackten Einschnitt in die Dunkelheit und durch ihn ein Fragment des azurblauen Himmels.

Wir erreichen einen Schrein, in dem sich keine Gottheit befindet und entrichten einen Obolus. Und nachdem man Laternen angezündet und jedem von uns eine gegeben hat, machen wir uns daran, eine Reihe unterirdischer Gänge zu erforschen. Sie sind so schwarz, dass ich selbst bei dem Licht der drei Laternen zuerst nichts wahrnehmen kann. Nach einer Weile kann ich jedoch steinerne Relieffiguren unterscheiden – in Blöcke gemeißelt, gleich jenen, die ich auf dem buddhistischen Friedhof sah. Sie sind in regelmäßigen Abständen an den Felswänden aufgestellt. Der Führer nähert sein Licht dem Gesicht einer jeden und spricht dazu einen Namen: „Daikoku-Sama“, „Fudō-Sama“, „Kwan-on-Sama“. Manchmal steht an Stelle einer Statue nur ein leerer Schrein mit einer Almosenbüchse davor; und diese leeren Schreine haben die Namen von Shintōgöttern : „Dai- jingu“, „Hachiman“, „Inari-Sama“. Alle Statuen sind schwarz oder scheinen wenigstens so in dem gelben Lampenlicht und glitzern wie bereift. Ich habe das Gefühl, in den Katakomben zu sein, in den unterirdischen Grabstätten toter Götter. Endlos erscheint der Gang; doch hier ist schließlich ein Ende – ein letzter Schrein – da, wo die Felsendecke so tief herabhängt, dass man, um ihn zu erreichen, auf Händen und Füßen kriechen muss. Und es ist nichts in dem Schrein. Dies ist der Schwanz des Drachen.

Wir kehren nicht sogleich zum Licht zurück, sondern betreten andere, schwarze Seitengänge – die Flügel des Drachen. Wieder geschwärzte Abbildungen entthronter Götter; leere Schreine, Steingesichter mit Salpeter bedeckt und Almosenbüchsen, die man nur, wenn man sich bückt erreichen kann, und in die man wieder Opferspenden legen sollte. Und es ist keine Benten hier zu sehen, weder aus Holz noch aus Stein.

Ich bin froh, wieder zum Licht zurückzukehren. Hier entkleidet sich unser Führer und springt plötzlich kopfüber in einen schwarzen, tiefen Strudel zwischen den Felsen. Fünf Minuten später erscheint er wieder und heraufkletternd, legt er mir eine lebendige, sich windende Seeschnecke und eine ungeheure Garnele zu Füßen. Dann hüllt er sich wieder in sein Gewand, und wir steigen den Berg hinan.

Und dies, sagt der Leser vielleicht, und dies ist alles, was Sie zu sehen bekamen: ein Torii, ein paar Muscheln, eine kleine damaszierte Schlange, ein paar Steine?

Jawohl. Und doch weiß ich, dass ich wie berückt bin. Ein unbeschreiblicher Zauber umwebt diesen Ort – jener Zauber, der einen mit leisem, geisterhaften Schauer überrieselt und den man niemals vergisst.

Nicht nur aus seltsamen Bildern allein besteht dieser Zauber. Sondern aus zahllosen subtilen Sensationen und Ideen, die sich miteinander vermischen und verweben: die süßen, scharfen Düfte von Hain und Meer, der das Blut belebende, elektrisierende Hauch des Seewindes, die stumme Sprache der alten, mystischen, bemoosten Denkmäler, eine vage Ehrfurcht, durch das Bewusstsein ausgelöst, auf einer Erde zu wandeln, die vor tausend Jahren heilig genannt wurde; und ein Gefühl der Sympathie als einer Menschenpflicht, hervorgerufen durch den Anblick der Felsstufen, die durch die Pilgerfüße entschwundener Generationen zu Formlosigkeit ausgetreten sind.

Und andere unauslöschliche Erinnerungen: der erste Anblick der meerumgürteten Perlenstadt durch den Feenschleier von Höhenrauch; der gewundene Anstieg zu dem lieblichen Eiland über den samtenen, braunen, lautlosen Sand; die geisterhafte Majestät des riesenhaften Bronzetores; die seltsame, steil ansteigende, phantastisch gegiebelte Straße, deren luftige Balkone scharfe Schatten werfen; das Flattern der bunten Draperien im Seewind; und all der Flaggen mit ihren rätselhaften Inschriften; das Perlenschimmern der wunderbaren Läden.

Und Eindrücke des ewigen Tages – des Tages im Lande der Götter – ein unendlicher Tag, wie ihn unsere Sommer nicht kennen; und die Herrlichkeit des Ausblicks von diesen grünen, heiligen, schweigsamen Höhen zwischen Meer und Sonne; und die Erinnerung an den Himmel, einen Himmel, verklärt wie Heiligkeit, ein Himmel mit Wolken, geisterhaft rein und weiß wie das Licht selbst – nicht Wolken gleichend, sondern Träumen oder Seelen von Bodhisattvas, die für immer in ein blaues Nirvana hinschmelzen.

Und dann die Romantik der Benten – der Gottheit der Schönheit, der Gottheit der Liebe, der Gottheit der Beredsamkeit. Mit Recht wird sie auch die Göttin des Meeres genannt. Denn ist nicht das Meer der älteste und hinreißendste Redner – der ewige Poet, der Sänger jener mystischen Hymne, deren Rhythmus die Welt erschüttert, deren mächtige Sprache kein Mensch erlernen kann.

Wir kehren auf einem anderen Wege zurück.

Eine Weile windet sich der Pfad durch ein langes, enges Tal zwischen bewaldeten Hügeln. Die ganze Fläche der Talsohle ist von Reisanpflanzungen bedeckt. Die Luft ist feucht, kühl, und man hört nur das Quaken der Frösche gleich dem Klappern zahlloser Kastagnetten, während die Jinrikisha über die holprigen, hohen Pfade rumpelt, die die überschwemmten Reisfelder voneinander trennen.

Als wir den Fuß eines bewaldeten Hügels zur Rechten umfahren, bedeutet mein japanischer Reisegefährte unseren Läutern durch ein Zeichen Halt zu machen; und indem er selbst aussteigt, weist er auf das blaugiebelige Dach eines kleinen Tempels, der hoch oben in den grünen Abhang eingebettet liegt.

„Ist es wirklich der Mühe wert, in der Sonne dort hinaufzuklettern?“, frage ich. „O ja,“ antwortet er, „das ist der Tempel der Kishibojin – Kishibojin, der Mutter der Dämonen!“

Wir ersteigen eine Flucht breiter Steintreppen, sehen, oben angelangt, die buddhistischen Löwen als Hüter des Heiligtums und betreten den kleinen Hof, in dem der Tempel steht. Eine ältere Frau, an deren Rockfalten sich ein

Kind festhält, kommt aus dem anstoßenden Gebäude, um uns die Schiebewände zu öffnen; und unsere Fußbekleidung ablegend, betreten wir den Tempel. Von außen sah das Gebäude alt und schmutziggrau aus; aber im Innern ist alles sauber und hübsch. Die Junisonne, die durch die offenen Shōjis fällt, beleuchtet ein künstlerisches Gewirr von anmutig geformten Bronzen und vielfarbigen Dingen – Statuen, Laternen, Bildern, vergoldeten Inschriften, herabhängenden Spiralen. Wir sehen drei Altäre.

Über dem mittleren Altar thront Amida Buddha auf seinem mystischen Goldlotos in der Stellung des Lehrers. Auf dem Altar zur Rechten funkelt ein Schrein mit fünf winzigen Goldstufen, auf denen kleine Statuetten in Reihen übereinander aufgestellt sind – einige sitzend, einige aufrecht, männliche und weibliche, wie Göttinnen oder wie Daimyōs gekleidet: die Sanjū Banjin oder dreißig Wächter. Unten an der Fassade des Altars sieht man die Gestalt eines Helden, der ein Ungeheuer zu Boden streckt. An dem Altar zur Linken ist ein Schrein der „Mutter der Dämonen".

Ihre Geschichte ist eine Schreckensmär. Für irgendeine in einer früheren Inkarnation begangene Sünde wurde sie als ein Dämon geboren, der die eigenen Kinder verschlang. Aber durch die Lehre Buddhas erlöst, wurde sie ein göttliches Wesen, das ganz besonders die kleinen Kinder liebt und schützt; und die japanischen Mütter beten für ihre Kleinen zu ihr; und die Ehegattinnen erflehen von ihr schöne Knaben.

Das Gesicht der Kishibojin[59] ist das Gesicht einer hübschen Frau. Aber ihre Augen sind unheimlich. In der rechten Hand trägt sie eine Lotosblüte; mit der linken drückt sie in einer Falte ihres Gewandes ein nacktes Kind an ihre halbverhüllte Brust. Am Fuße ihres Schreins steht Jizō-Sama, auf seinen Shakujō gelehnt. Aber die Altäre und ihr Bilderschmuck sind nicht das hervorstechendste Merkmal des Tempelinnern. Was dem Besucher als etwas ganz Neues auffällt, das sind die Votivgaben. Hoch vor dem Schrein an Stricken befestigt, die zwischen hohen Bambuspfählen straff gespannt sind, hängen Dutzende, nein Hunderte hübsche, niedliche Kleidchen, – japanische Kinderkleidchen in den verschiedensten Farben. Die meisten sind aus bescheidenem Material hergestellt, denn dies sind die Dankspenden sehr armer, ein-

---

[59] Im Sanskrit „Hariti". Karitai-Bo ist der japanische Name für eine Form der Kishibojin.

facher Frauen, armer Bäuerinnen, deren Gebete an die Kishibojin für das Heil der Kinder erhört worden sind.

Und der Anblick all dieser kleinen Kleidchen, von denen jedes so treuherzig eine Geschichte von Freud und Leid erzählt – jener zierlichen Kimonos, die von den geduldigen, fleißigen Fingern armer Mütter zugeschnitten und genäht sind – ergreift uns unwiderstehlich, wie eine unerwartete Offenbarung der universalen Mutterliebe. Und die Zärtlichkeit all dieser schlichten Herzen, die so ihren Glauben und ihre Dankbarkeit bezeugt haben, scheint sanft um mich zu vibrieren, wie eine Liebkosung des Sommerwinds.

Die Welt draußen scheint plötzlich schön geworden zu sein; das Licht ist süßer; und es will mir scheinen, dass selbst in dem Azur des ewigen Tages ein neuer Zauber liegt.

Nachdem wir das Tal durchquert haben, erreichen wir eine Landstraße, so glatt und so herrlich beschattet von riesigen alten Bäumen, dass ich mich auf einer englischen Straße glauben könnte – einer Straße in Kent oder Surrey etwa – wenn nicht hier und da irgendein exotisches Detail die Illusion zerstörte: ein Torii, der sich vor Tempelstufen auftürmt, die zur Heerstraße hinabführen, oder ein Wegweiser mit chinesischen Schriftzeichen, oder der Schrein eines unbekannten Gottes.

Plötzlich bemerke ich am Straßenrand einige fremdartige Reliefskulpturen – eine Reihe gemeißelter Blöcke, die durch ein kleines Wetterdach aus Bambus geschützt werden; ich steige ab, um sie zu betrachten, da ich sie für Grabmonumente halte. Sie sind so alt, dass die Umrisslinien ihrer Skulpturen fast ausgelöscht sind; ihre Füße sind mit Moos bedeckt und ihre Gesichter halb verwischt. Aber ich kann sehen, dass dies keine Hakas sind, sondern sechs Bilder eines Gottes; und mein Führer nennt ihn – es ist Kōshin, der Gott der Wege. So zerbröckelt und flechtenbedeckt ist er, dass der obere Teil seiner Gestalt ganz verwischt ist, und seine Attribute sind der Zeit zum Opfer gefallen. Doch unter seinen Füßen kann ich die auf einige Blöcke gemeißelten Gestalten der drei Affen, seiner Boten, unterscheiden. Und irgendeine fromme Seele hat vor eines der Bilder eine bescheidene Gabe hingelegt – das Bild eines schwarzen Hahnes und einer weißen Henne auf eine Holzschindel gemalt. Es muss schon vor sehr langer Zeit hier zurückgelassen worden sein; das Holz ist fast schwarz geworden, und die Malerei ist von Wetter und

Wind und den Spuren der Vögel beschädigt. Vor den Füßen dieser Statuen sind keine Steine aufgehäuft, wie vor den Bildern des Jizō; sie scheinen vergessen, durch die Vernachlässigung von Generationen staub- und moosbedeckt – es sind alte Götter, die ihre Gläubigen verloren haben.

Doch mein Führer sagt mir, dass der Tempel des Kōshin ganz nahe ist, in dem Dorfe Fujisawa. Ich muss ihn unbedingt besuchen.

Der Tempel des Kōshin liegt in der Mitte des Dorfes in einem Hof, der sich gegen die Hauptstraße öffnet. Es ist ein sehr alter Holztempel, verfallen, unbemalt, und grau, von jenem Grau aller vergessenen und den Wetterunbilden preisgegebenen Dinge. Es dauert eine Weile, bis der Hüter gefunden wird, der die Türe öffnen soll. Denn dieser Tempel hat Türen an Stelle der Shōjis, alte Türen, die schläfrig stöhnen, als man sie in den Angeln bewegt. Man braucht beim Eintritt die Schuhe nicht abzulegen; der mattenlose Boden ist staubbedeckt und knarrt unter der ungewohnten Last der Schritte. Alles im Innern ist zerbröckelt, zerfallen, vermodert. Der Schrein hat keine Bilder, nur Shintōembleme, einige armselige Papierlaternen, deren einst leuchtende Farben von einer Staubschicht verdeckt sind, und einige zur Unkenntlichkeit verwischte Inschriften. Ich sehe den kreisförmigen Rahmen eines Metallspiegels, aber der Spiegel selbst ist verschwunden. Wohin? Der Hüter sagt: „In diesem Tempel lebt jetzt kein Priester, und es könnten in der Nacht Diebe eindringen, um den Spiegel zu stehlen, so habe ich ihn also versteckt.“ Ich erkundige mich nach dem Bild Kōshins. Er antwortet: „Es wird nur einmal jedes einundsechzigste Jahr gezeigt.“ Ich kann es also nicht sehen. Im Tempelhof gibt es noch andere Statuen des Kōshin, und so begebe ich mich dorthin.

Eine Reihe von Abbildungen, ähnlich den auf der Heerstraße gesehenen, aber besser erhalten. Doch, eine Statue Kōshins unterscheidet sich von denen, die ich gesehen habe. Nach der mitraförmigen, hohen Kopfbedeckung zu schließen, ist sie offenbar nach irgendeinem indischen Modell geformt. Der Gott hat drei Augen, eines gerade in der Mitte der Stirne, das sich anstatt horizontal vertikal öffnet; er hat sechs Arme. Mit der einen Hand hält er einen Affen, mit einer zweiten fasst er nach einer Schlange, und die übrigen strecken symbolische Dinge aus: ein Rad, ein Schwert, einen Rosenkranz, ein Zepter; Schlangen winden sich um seine Hand- und Fußgelenke, und unter seinen Füßen ist ein entsetzlicher Kopf, der Kopf eines Dämons, Amanjako, manchmal auch Utatesa („Traurigkeit") genannt. Auf dem Sockel unten sind die drei Affen eingemeißelt, und das Antlitz eines Affen ist auch auf der Tiara des Gottes angebracht.

Auch Steintafeln bemerke ich, auf denen nur die Namen des Gottes eingraviert sind. Es sind Votivgaben. Und nahebei, in einem winzigen Holzschrein, ist die Statue des Erdgottes Kenrō Jijin, grau, uralt, primitiv gemeißelt, in einer Hand einen Speer haltend, in der anderen ein Gefäß, dessen Inhalt nicht erkennbar ist.

Vielleicht, dass manchem uneingeweihten Auge diese vielköpfigen, vielhändigen Götter zuerst nur monströs erscheinen, wie sie es in den Augen christlicher Bigotterie immer sind. Aber wenn jemand, der das Göttliche in allen Religionen fühlt, ihren Sinn erfasst hat, dann wird er erkennen, dass sie an eine höhere Schönheitsempfindung appellieren, an die Empfindung moralischer Schönheit, und dies zwar mit einer Kraft, die diejenigen, welche nichts von dem Orient und seinem Denken wissen, nicht begreifen können. Für mich ist das Bild dieser Kwan-on mit den tausend Händen nicht weniger bewunderungswürdig als irgendeine andere Darstellung idealisierter, menschlicher Anmut, die ihren Namen trägt – die Unvergleichliche, die Majestätische, die Friedliebende oder selbst die Weiße Sui-getsu, die in ihrer rosigen Lotosbarke über die mondbeglänzten Fluten gleitet. Und in dem dreiköpfigen Shaka sehe und verehre ich die mächtige Kraft jener Wahrheit, durch die wie durch eine Vereinigung von Sonnen die Drei Welten erleuchtet wurden.

Aber vergebliche Mühe, die Namen und Attribute all der Götter dem Gedächtnis einzuprägen! Es ist, als ob sie sich selbst vervielfältigend, den Suchenden narrten! Kwan-on, die Gnadenreiche, offenbart sich als die Hundert Kwan-ons, die sechs Jizōs werden zu tausend. Und ebenso wie sie sich vor dem Suchenden vervielfältigen, ebenso verändern sie sich und wechseln sie: weit weniger mannigfaltig, weniger komplex, weniger flüchtig ist die bewegte Wasserflut, als die Visionen dieses orientalischen Glaubens. Wie in ein unergründliches Meer ist die Mythologie Indiens, Chinas und des ferneren Ostens darin versunken und aufgegangen, – und der Fremde, der in seine Tiefen späht, sieht sich gleichwie in der Undinensage vor einer Flut, aus der bei jeder steigenden und fallenden Welle ein Antlitz emportaucht und verschwindet – geisterhaft oder schön oder schrecklich –, ein uraltes, uferloses Meer von Formen, die sich rätselhaft vermischen und ineinander fließen, aber die Proteusmagie jenes unendlichen Unbekannten symbolisieren, das in alle Ewigkeit alles kosmische Sein formt und wieder formt.

Ich bin begierig, ob ich mir ein Bild des Kōshin verschaffen kann. In den meisten japanischen Tempeln werden solche kleinen Bilder des Schutzgottes an die Pilger verkauft, billige Farbendrucke auf dünnem Papier. Aber der Hüter dieses Tempels sagt mir mit einer bedauernden Geste, dass es hier keine verkäuflichen Kōshinbilder gibt. Es gibt nur ein altes Kakemono, auf dem der Gott abgebildet ist. Wenn ich ihn sehen wolle, so werde er nach Hause gehen, um ihn mir zu bringen. Ich bitte ihn, mir den Gefallen zu tun und er entfernt sich über die Straße. Während ich seine Rückkehr abwarte, vertiefe ich mich noch weiter mit einem Gemisch von Melancholie und Vergnügen in die Betrachtung der seltsamen alten Statuen.

Einen uralten Glauben nur aus den Arbeiten der Palaeographen und Archäologen gekannt und geliebt zu haben, als ein etwas von seiner eigenen Existenz astronomisch entferntes, um dann nach Jahr und Tag plötzlich denselben Glauben als einen Teil seiner menschlichen Umgebung zu finden; zu fühlen, dass seine Mythologie, obgleich alternd, rings um einen lebt, heißt gleichsam den Traum der Romantiker in sich verwirklichen, das Gefühl haben, über die Spanne von zwanzig Jahrhunderten in das Leben einer glücklicheren Welt zurückversetzt zu sein. Denn diese wunderlichen Götter der Heerstraße, und Götter der Erde, diese so moosumsponnenen und so wenig angebeteten Götter, sie leben noch. In diesem kurzen Augenblick wenigstens bin ich wirklich in einer früheren Welt, vielleicht in jener Epoche, wo der primitive Glaube ein wenig altmodisch geworden ist und vor dem zersetzenden Einfluss einer neuen Philosophie zerbröckelt. Und ich, ich fühle mich noch als Heide, liebe diese einfachen alten Götter, diese Götter der Kindheit eines Volkes.

Und sie bedürfen ein wenig der menschlichen Liebe, diese naiven, unschuldigen, hässlichen Götter. Die schönen Gottheiten werden ewig leben, in jener holden Weiblichkeit, in der die buddhistische Kunst sie verkörpert hat: Ewig sind Kwan-on und Benten, sie können der menschlichen Hilfe entraten, sie werden noch Ehrfurcht gebieten, wenn schon längst alle Tempel verödet und priesterlos geworden sind, wie dieser Schrein des Kōshin. Aber diese freundlichen, kunstlosen, wunderlichen, verfallenen Götter, die so viel Betrübten Trost gespendet, so viele schlichte Herzen froh gemacht, so viele unschuldige Gebete gehört, o wie gerne möchte ich ihr segensreiches Leben verlängern, ungeachtet all der sogenannten „Gesetze des Fortschritts“ und der unwiderleglichen Evolutionsphilosophie.

Der Tempeldiener kommt zurück. Das Kakemono, das er mitbringt, ist sehr klein, sehr staubig und so vergilbt, als wäre er tausend Jahre alt. Aber als ich ihn aufrolle, bin ich sehr enttäuscht, es ist nur ein ganz gewöhnlicher Farbendruck, eine bloße Umrisslinie des Gottes. Und während ich auf ihn blicke, merke ich erst, dass ein Haufen Menschen sich um mich angesammelt hat. Gebräunte Feldarbeiter mit gutmütigen Gesichtern, Mütter mit ihren Kinderchen auf dem Rücken, Schulkinder, Kurumayas – alle verwundert, dass ein Fremder solches Interesse an ihren Göttern nimmt. Und obgleich der Druck der mich umgebenden Menge sehr sanft ist, so weich wie der Druck lauen Wassers, fühle ich mich doch ein wenig befangen. Ich gebe dem Tempelwächter das alte Kakemono zurück, bringe dem Gott meine Gabe dar und verabschiede mich von Kōshin und seinem guten Diener.

All die geschlitzten Augen verfolgen mich auf meinem Wege. Ein leises Gefühl der Reue überkommt mich, als ich so plötzlich diesen verödeten Tempel verlasse, mit seinem spiegellosen Altar, seinen zerbröckelnden Skulpturen in dem verwahrlosten Hof und seinem gutmütigen Hüter, der das gelbe Kakemono in Händen noch immer meinen sich entfernenden Schritten mit seinen Blicken folgt. Der Pfiff einer Lokomotive mahnt mich daran, dass mir nur wenig Zeit bleibt, den Zug zu erreichen. Denn die westliche Zivilisation ist auch in diesen Frieden eingebrochen, mit ihren Stahlnetzen und Eisenschienen. Kōshin, das sind nicht deine Wege! Ach, ihren aschebestreuten Geleisen entlang sterben die alten Götter!

Geister und Kobolde

Das Hokkeyō erzählt von einem Buddha, der selbst die Gestalt eines Kobolds annahm, um solchen zu predigen, die nur durch einen Kobold belehrt werden konnten. Und in eben diesem Sutra findet sich die Verheißung des Meisters: „Wenn er einsam in der Wildnis weilt, werde ich Kobolde in großer Zahl dahin entsenden, ihm Gesellschaft zu leisten.“ Das Verblüffende dieser Verheißung wird allerdings einigermaßen durch die

Versicherung modifiziert, dass auch Götter dorthin entsendet werden würden. Aber wenn ich je ein Heiliger werden sollte, würde ich mich wohl hüten, mich in der Wildnis niederzulassen, denn ich habe japanische Kobolde gesehen, und sie haben mir durchaus nicht gefallen.

Kinjurō, der Gärtner, zeigte sie mir gestern Abend. Sie waren zum Matsuri unseres Ujigami (dem Tempel unseres Sprengels) zur Stadt gekommen, und da es am Abend des Festes mancherlei seltsame Dinge zu sehen gab, machten wir uns bei Anbruch der Dunkelheit auf den Weg zum Tempel, Kinjurō mit einer angezündeten Papierlaterne, auf der mein Abzeichen gemalt war.

Es hatte am Morgen stark geschneit, aber jetzt war der Himmel und die scharfe, stille Luft diamantklar. Während wir so auf dem festen Schnee dahinschritten, der unter unseren Füßen angenehm knirschte, kam es mir in den Sinn, zu fragen: „Sage, Kinjurō, gibt es einen Schneegott?"

„Ich weiß es nicht", erwiderte Kinjurō. „Es gibt viele Götter, die ich nicht kenne, und niemand kann die Namen aller Götter kennen. Aber es gibt die Yuki-Onna, die Schneefrau."

„Und was ist die Yuki-Onna?"

„Sie ist die weiße Frau, die die Gesichte im Schnee macht. Sie tut niemandem etwas zuleide, aber sie macht die Menschen Bange. Bei Tage hebt sie nur sachte den Kopf und erschreckt die einsamen Wanderer, aber bei Nacht streckt sie sich oft höher empor als die Bäume, blickt darauf eine kleine Weile um sich und fällt dann in einem Schneeschauer zu Boden."

„Wie sieht ihr Gesicht denn aus?"

„Über und über weiß – es ist ein ungeheures Gesicht –, und es ist ein einsames Gesicht."

(Das von Kinjurō angewendete Wort war samushii, dessen gewöhnliche Bedeutung „einsam" ist. Aber eigentlich wollte er wohl sagen „unheimlich".)

„Hast du sie je gesehen, Kinjurō?"

„Nein, Herr, ich selbst sah sie nie, aber mein Vater erzählte mir, dass, als er einmal in seinen Kinderjahren über den Schnee in des Nachbars Haus laufen wollte. Um dort mit einem anderen kleinen Jungen zu spielen, er unterwegs ein großes, weißes Gesicht aus dem Schnee auftauchen sah, das unheimlich um sich blickte. Laut schreiend floh er heim. Alle Hausgenossen liefen hinaus, um nach dem Gesicht zu schauen, aber es war nichts da als Schnee, und nun wussten sie, dass er die Yuki-Onna gesehen hatte."

„Und sehen die Leute sie auch jetzt noch manchmal, Kinjurō?"

„Ja, die Leute, die in der Jahreszeit Daikan, die die Zeit der größten Kälte ist, die Pilgerfahrt nach Yabumura machen, bekommen sie manchmal zu sehen."

„Was gibt es in Yabumura, Kinjurō?"

„Dort ist der Yabu-jinja, der ein uralter und berühmter Tempel des Yabu no Tennō-San ist, des Gottes der Erkältungen, Kaze no Kami. Er liegt hoch oben auf einem Hügel fast neun Ri von Matsue. Und das größte Matsuri dieses Tempels wird am zehnten und elften Tage des zweiten Monats abgehalten. Und an diesem Tage kann man gar seltsame Dinge sehen, denn jeder, der sich eine böse Erkältung zugezogen hat, betet zu der Gottheit des Yabu-jinja, sie zu kurieren und tut ein Gelübde, zur Zeit des Matsuri nackt und bloß eine Wallfahrt nach dem Tempel zu machen."

„Nackt?"

„Ja; die Pilger tragen nur Waraji, (Strohsandalen) und ein kleines Tuch um die Lenden. Und eine Menge Männer und Frauen gehen nackt durch den Schnee zum Tempel, obgleich der Schnee um diese Zeit sehr tief ist. Und jeder Mann trägt als Gabe für den Tempel ein Bündel Gohei (Papierschnitzel) und ein blankes Schwert, und jede Frau einen Metallspiegel. Und im Tempel empfangen die Priester sie und vollziehen seltsame Riten. Denn nach einer alten Sitte ziehen sich die Priester wie Kranke an, legen sich nieder und stöhnen und ächzen und schlucken Tränklein, die nach chinesischen Vorschriften aus Pflanzen bereitet wurden."

„Aber sterben nicht manche Pilger an den Folgen der Kälte, Kinjurō?"

„Nein, unsere Landleute in Izumo sind abgehärtet. Überdies laufen sie so schnell, dass sie ganz warm bei dem Tempel anlangen, und vor ihrer Rückkehr ziehen sie dicke warme Kleider an. Aber manchmal sehen sie unterwegs die Yuki-Onna."

Die zum Miya führende Straße erstrahlte zu beiden Seiten im Lichtglanz einer Zeile von Papierlaternen, die mit heiligen Symbolen bedeckt waren. Der ungeheure Tempelhof war in eine Stadt fliegender Zelte, Verkaufsbuden und

Schaubühnen umgewandelt worden. Trotz der Kälte war das Gedränge sehr groß. Es schien, als ob zu all den üblichen Attraktionen eines solchen Matsuri noch eine Anzahl ganz besonderer Überraschungen in Aussicht wäre. Unter den gewöhnlichen Lockmitteln vermisste ich bei diesem Feste nur das Mädchen mit dem Obi (Gürtel) aus lebendigen Schlangen – offenbar war es für die Schlangen zu kalt geworden. Aber da wimmelte es von Wahrsagern und Hanswursten, Akrobaten und Tänzern, da gab es einen Mann, der Figuren aus Sand machte und eine Menagerie mit einem Emu aus Australien (neuholländischer Strauß), und ein paar ungeheure Fledermäuse von den Liukiu-Inseln – dressierte Fledermäuse, die allerlei Kunststücke machen konnten. Ich bezeigte den Göttern meine Ehrfurcht, kaufte einige merkwürdige Spielsachen, und dann begaben wir uns zu den Kobolden. Man hatte sie in einem großen Gebäude untergebracht, das bei bestimmten Anlässen solchen Unternehmern überlassen wird.

Das in kolossalen Schriftzeichen gemalte Schild „Iki-Ningyō" deutete den Charakter der Ausstellung an, denn Iki-Ningyō („Lebende Figuren") entspricht ungefähr unserem Wachsfigurenkabinett. Aber die nicht weniger realistischen japanischen Schöpfungen sind aus weit billigerem Material hergestellt. Nachdem wir zwei hölzerne Billette für je einen Sen gekauft hatten, traten wir durch den Vorhang und befanden uns in einem langen, mit Buden besäumten Korridor, oder eigentlich in mattenbedeckten Gelassen, etwa von der Ausdehnung kleiner Zimmer. In jedem solchen, dem Zweck entsprechend szenisch dekorierten Raum, befand sich eine Gruppe lebensgroßer Figuren. Die Gruppe zunächst dem Eingang, zwei samisenspielende Männer und zwei tanzende Geishas, schien mir keine rechte Existenzberechtigung zu haben, bis ich durch Kinjurō aus dem Anschlagzettel erfuhr, eine der Figuren sei lebendig. Vergeblich spähten wir nach einem verräterischen Atemhauch oder einer sonstigen Regung. Plötzlich aber lachte einer der Männer laut auf, schüttelte den Kopf und begann zu spielen und zu singen. Die Täuschung war so vollkommen, dass man an seinen Augen hätte irre werden können.

Die übrigen Gruppen, vierundzwanzig an der Zahl, waren jede in ihrer Art von außerordentlicher Wirkung; die meisten veranschaulichten berühmte Volkssagen oder heilige Mythen: Überlieferungen von feudalem Heroismus, die jedes japanische Herz im tiefsten bewegen, Legenden kindlicher Pietät, buddhistische Mirakel und Geschichten der Kaiser waren zumeist Gegenstand der bildlichen Darstellung. Manchmal jedoch war der Realismus brutal, wie z. B. in einer Szene, wo eine Frauenleiche, deren Hirnschale von einem Schwerthieb zerschmettert war, in einer Blutlache lag. Für diesen grausigen Anblick wurde man nicht einmal durch die wundersame Auferstehung der Toten im anstoßenden Gelasse entschädigt, wo man sie sehen konnte, wie sie in einem Nichiren-Tempel Dankgebete an die Götter richtete und an ihrem Mörder, der sich durch eine glückliche Fügung zu gleicher Zeit an demselben Ort eingefunden hatte, das Bekehrungswerk vollbrachte.

Am Ende des Korridors hing ein schwarzer Vorhang, hinter dem Wehgeschrei ertönte. Und über dem schwarzen Vorhang war ein Plakat angebracht, mit einer Inschrift, die jedem eine Belohnung verhieß, der auf dem Wege durch die Schreckensgeheimnisse keine Furchtanwandlung verraten würde.

„Herr", sagte Kinjurō, „da drinnen sind die Kobolde."

Wir schoben den Vorhang zurück und befanden uns auf einer Art Wiese zwischen Hecken. Und hinter den Hecken sahen wir Grabstätten – wir waren auf einem Friedhof. Da waren wirkliche Pflanzen und Bäume und Sotōbas und Hakas (Grabsteine) und die Wirkung war ganz natürlich. Da überdies der sehr hohe Plafond durch eine sinnreiche Gruppierung der Lichter unsichtbar blieb, war oben alles Dunkelheit. Und dies gab einem die Empfindung, nachts im Freien zu sein, ein Gefühl, das durch die frostige Luft noch gesteigert wurde. Hie und da konnten wir unheimliche Formen unterscheiden, zumeist von übermenschlichen Dimensionen; einige schienen an nebelhaften Orten zu warten, andere über den Gräbern zu wallen. Ganz nahe von uns, über die Hecke zur Rechten hinausragend, stand ein buddhistischer Priester, der uns den Rücken zukehrte.

„Wohl ein Yamabushi, ein Teufelaustreiber?", fragte ich Kinjurō.

„Nein", antwortete er. „Sehen Sie doch, wie groß er ist. Nein, ich glaube, es muss ein Tanuki-Bōzu sein."

Der Tanuki-Bōzu ist die Priestergestalt, die der Kobold-Dachs (Tanuki) annimmt, um zur Nachtzeit verspätete Reisende ins Verderben zu stürzen. Wir traten näher heran und blickten ihm ins Gesicht. Es war ein Nachtalb, dieses sein Gesicht.

„Es ist wirklich ein Tanuki-Bōzu", sagte Kinjurō. „Was geruht der Herr darüber zu denken?"

Statt zu antworten, sprang ich entsetzt zurück, denn das grausige Ding hatte plötzlich über die Hecke hinausgegriffen und mich mit einem Stöhnen gepackt. Dann fiel es kreischend und schwankend zurück. Es wurde durch unsichtbare Schnüre bewegt.

„Ich glaube, Kinjurō, dies ist ein widriges, abscheuliches Ding... Aber nun kann ich wohl nicht mehr Anspruch auf den Preis machen."

Wir lachten und gingen weiter, um einen dreiäugigen Mönch (Mitsu-me Nyūdō) anzusehen. Auch der dreiäugige Mönch lauert zur Nachtzeit dem Unbesonnenen auf. Sein Gesicht ist sanft und lächelnd wie das Antlitz Buddhas, aber er hat ein tückisches Auge an der Spitze seiner Tonsur, das man erst sehen kann, wenn es schon zu spät ist, sich gegen ihn zu wehren. Der Mitsu-me Nyūdō holte nach Kinjurō aus und erschreckte ihn fast ebenso wie mich der Tanuki-Bōzu.

Dann schauten wir die Yama-Uba an, die Bergamme. Sie fängt kleine Kinder und füttert sie eine Zeitlang, um sie dann zu verschlingen. Ihrem Antlitz fehlt der Mund, aber sie hat dafür einen an ihrer Schädelspitze unter den Haaren. Diese Yama-Uba streckte ihre Hand nicht nach uns aus, weil sie gerade im Begriffe war einen niedlichen kleinen Knaben zu verzehren. Man hatte das Kind, um die Wirkung noch zu erhöhen, besonders hübsch nachgemacht.

Dann sah ich das Gespenst einer Frau in der Luft über einem Grabe schweben. Da dies in einiger Entfernung war, konnte ich es mit mehr Gemütsruhe beobachten. Es hatte keine Augen. Das lange Haar hing lose herab, das Gewand wallte so leicht wie Rauch. Mir kam ein Aufsatz einer meiner Schüler in den Sinn, in dem dieser schrieb: „Das Eigentümlichste an ihnen ist, dass sie keine Füße haben." Dann prallte ich entsetzt zurück, denn ich sah, wie das Ding ganz lautlos, aber sehr schnell durch die Luft auf mich zusteuerte.

Unsere weitere Wanderung zwischen den Gräbern war eine fortgesetzte Folge ähnlicher Erlebnisse, nur etwas heiterer gestaltet durch das Gekreisch von Frauen und das Gelächter von Leuten, die, früher selbst erschreckt, sich nun an dem Schreck der anderen ergötzten.

Von den Kobolden begaben wir uns in eine kleine Theaterarena, um zwei Mädchen tanzen zu sehen. Nachdem sie eine kleine Weile getanzt hatten, zog eines der Mädchen ein Schwert heraus, hieb damit der anderen den Kopf ab, stellte ihn auf den Tisch, wo er seinen Mund öffnete und zu singen begann. All dies war sehr hübsch ausgeführt, aber ich war noch ganz im Banne der Kobolde und fragte Kinjurō:

„Kinjurō, glauben jetzt noch die Leute, dass jene Kobolde, von denen wir die Ningyōs sahen, wirklich existieren?“

„Nein, jetzt nicht mehr“, antwortete Kinjurō, „wenigstens nicht die Stadtleute – vielleicht ist es auf dem Lande anders. Wir glauben nur an Buddha, den Herrn, wir glauben an die alten Götter und wir glauben auch, dass die Toten manchmal zurückkehren, um eine Grausamkeit zu rächen oder einen Akt der Gerechtigkeit herbeizuführen, aber wir glauben nicht all das, was früher geglaubt wurde. „Herr“, fügte er hinzu, als wir eben zu einer anderen seltsamen Ausstellung kamen, „es kostet nur einen Sen, zur Hölle zu fahren, wenn es dem Herrn beliebt?“

„Sehr wohl, Kinjurō“, sagte ich, „zahle zwei Sen, damit wir beide in die Hölle kommen.“

Und wir traten hinter den Vorhang in ein weitläufiges Gemach, das von seltsamem lautem Sausen, Klirren und Klappern widerhallte. Diese Geräusche rührten von unsichtbaren Rädern und Scheiben her, die eine Schar von Ningyōs auf breiten, etwa brusthohen Wandbrettern in Bewegung setzten. Diese Ningyōs waren nicht Iki-Ningyōs, sondern sehr kleine Püppchen, sie veranschaulichten alle Dinge der Unterwelt.

Die erste, die ich erblickte, war Sōzu-Baba, die alte Frau des Geisterflusses, die den Seelen die Kleider fortnimmt. Die Kleider hingen auf einem Baum hinter ihr. Sie war unheimlich groß, rollte ihre grünen Augen und knirschte mit ihren langen Zähnen, während das Schauern der kleinen weißen Seelen vor ihr wie das Zittern von Schmetterlingsflügeln war. Mehr gegen den Hintergrund zu sah man Emma Dai-Ō, den großen Fürsten der Hölle, grimmig nickend. Zu seiner Rechten auf ihrem Dreifuß sah man die Köpfe der Zeugen, Kaguhana und Mirume, wirbelnd wie auf einem Rade kreisen. Zu seiner Linken war ein Teufel damit beschäftigt, eine Seele in Stücke zu sägen. Daneben sah man Darstellungen aller Torturen der Verdammten. Ein Teufel war eben im Begriffe, einem an einen Pfosten festgebundenen Lügner die Zunge auszureißen. Er tat es langsam, kunstgerecht, ruckweise – die Zunge war schon länger als der Körper des Gequälten. Ein andrer Teufel zermalmte eine Seele in einem Mörser und übertönte durch das Geräusch des Stoßens das Klirren aller Maschinen. Etwas weiter weg sah man einen Mann, der von zwei Schlangen mit Frauengesichtern lebendig verschlungen wurde. Eine Schlange war weiß, die andere blau. Die weiße war seine Frau gewesen, die blaue seine Konkubine. Alle im Mittelalter in Japan bekannten Torturen wurden von Schwärmen von Teufeln kunstgerecht vollzogen. Nachdem wir all das Grausige gesehen, besuchten wir die Sai no Kawara und sahen Jizō mit einem Kind in seinen Armen, umringt von einer Kinderschar, die vor Teufeln mit verzerrten Gesichtern und geschwungenen Keulen zu ihm flüchteten.

Die Hölle erwies sich jedoch als furchtbar kalt, und während ich mich noch über die Unangemessenheit der Temperatur wunderte, fiel es mir ein, dass ich in den verbreiteten buddhistischen Bilderbüchern über das Jigoku auch nie eine Darstellung von Höllenqualen durch Kälte gesehen hatte. Der indische Buddhismus erzählt allerdings von kalten Höllen. Es gibt beispielsweise eine, wo die Lippen der Sünder so gefroren sind, dass sie nur „Ah-ta-ta!" sagen können, weshalb die Hölle Atata genannt wird. Und man erzählt von einer andern, in der die Zunge anfriert und wo die Sünder nur „Ah-ba-ba!" aussprechen können, weshalb sie Ababa genannt wird. Und da ist auch die Pundarika, oder große weiße Lotoshölle, wo der Anblick der von der Kälte bloßgelegten Knochen „wie das Blühen weißer Lotosblumen" ist. Kinjurō glaubt, dass es dem japanischen Buddhismus zufolge kalte Höllen gibt, aber er weiß nichts Gewisses. Und ich zweifle, ob die Idee dieser kalten Hölle für die Japaner etwas Furchtbares haben könnte. Sie äußern allgemein eine Vorliebe für Kälte und schreiben chinesische Gedichte über die Lieblichkeit von Eis und Schnee.

Von der Hölle führt uns unser Weg zu einer Laternamagica-Vorstellung, die in einem noch größeren und noch kälteren Raum stattfindet. Eine japanische Laternamagica-Vorstellung ist fast immer in mehr als einer Hinsicht interessant, aber hauptsächlich als Illustration der außerordentlichen nationalen Fähigkeit, westliche Erfindungen dem östlichen Geschmack anzupassen. Eine japanische Laternamagica-Vorstellung ist wesentlich dramatisch. Es ist eine Handlung, in der der Dialog von unsichtbaren Personen gesprochen wird, wobei der Schauspieler und die Szenerie nur leuchtende Schatten sind. Deshalb eignen sie sich ganz besonders für alles Spukhafte und Gespenstische, und Stücke, in denen Geister figurieren, sind die allerbeliebtesten.

Da es in der Halle bitterkalt war, hielt ich nur so lange aus, bis eine Vorstellung vorüber war. Ihr Inhalt war folgender:

Erste Szene: Ein schönes Bauernmädchen mit ihrer bejahrten Mutter daheim hockend. Mutter weint krampfhaft, gestikuliert verzweiflungsvoll. Aus ihren abgerissenen, von Schluchzen unterbrochenen Worten erfahren wir, dass das Mädchen dem Kami-Sama irgendeines verödeten Tempels im Gebirge als Opfer geschickt werden muss. Dieser Gott ist ein böser Gott. Einmal jährlich schießt er einen Pfeil in das Strohdach eines Bauernhauses, zum Zeichen, dass ihn die Lust anwandelt, ein Mädchen zu – essen! Schickt man das Mädchen nicht sofort hin, vernichtet er die Saaten und das Vieh. Mutter geht weinend und wehklagend ab, ihr graues Haar raufend. Auch Jungfrau geht ab mit gesenktem Kopf und dem Ausdruck lieblicher Resignation.

Zweite Szene: Vor einer Herberge an der Straße Kirschbäume in Blüte. Herein kommen Kulis, eine große Kiste, in der man das Mädchen vermutet, wie eine Sänfte tragend. Kiste wird niedergestellt. Mitteilung der Geschichte an geschwätzigen Wirt. Edler Samurai mit zwei Schwertern tritt ein. Fragt nach dem Inhalt der Kiste. Vernimmt Geschichte von Kulis, wiederholt von redseligem Wirt. Ausbruch unwilliger Entrüstung. Beteuert, Kami-Sama seien gut – fressen keine Mädchen. Bezeichnet den sogenannten Kami-Sama als einen Teufel – sagt, Teufel müssen getötet werden. Befiehlt, Kiste zu öffnen. Schickt Jungfrau heim. Steigt selbst in die Kiste und befiehlt Kulis bei Todesstrafe, ihn sofort zum Tempel zu tragen.

Dritte Szene: Kulis mit Kiste nahen dem Tempel durch Nacht und Wald. Kulis voller Furcht lassen die Kiste fallen und entfliehen. Kiste bleibt im Dunkel. Verschleierte Gestalt, ganz weiß, tritt ein. Ächzt jämmerlich – stößt entsetzliches Geheul aus. In der Kiste rührt sich nichts. Gestalt schlägt den Schleier zurück und zeigt ihr Gesicht. Ein Totenschädel mit phosphoreszierenden Augen. (Publikum stößt einstimmig den Ruf aus: „Aaaaaa!") Gestalt zeigt ihre Hände – grausig, äffisch, mit Klauen. (Abermalige Rufe der Zuhörer „Aaaaaa!") Gestalt nähert sich der Kiste – berührt die Kiste – öffnet die Kiste! Heraus springt edler Samurai. Kampf – Trommelwirbel wie bei einer Schlacht. Edler Samurai appliziert kunstgerecht ritterliches Jiujitsu – wirft Dämon zu Boden – trampelt triumphierend auf ihm herum – trennt ihm den Kopf vom Rumpf ab. Kopf vergrößert sich stracks – wächst zum Umfang eines Hauses – versucht den Kopf des Samurai abzubeißen. Samurai zerspaltet ihn mit seinem Schwert. Kopf rollt feuerspeiend auf den Boden und verschwindet. Finis. Exeunt omnes.

„Kinjurō", sagte ich auf unserem Heimweg, „ich habe viele japanische Geschichten von der Wiederkehr der Toten gehört und gelesen. Und auch du hast mir ja gesagt, man glaube noch immer, dass die Toten zurückkehren und weshalb; aber nach dem, was ich von dir gehört und was ich gelesen habe, ist die Rückkehr der Toten nichts Wünschenswertes. Sie kehren entweder aus Hass zurück oder aus Neid, oder weil sie aus Kummer keine Ruhe finden – aber wo steht etwas verzeichnet von denen, deren Kommen nicht von Übel ist? Die Geschichte der Geister gleicht sicherlich der, die wir heute Abend gesehen: Vieles, was schrecklich ist und vieles, was abscheulich ist und nichts, was schön und wahr wäre."

Nun, dies sagte ich nur, um ihn zu reizen, und er antwortete mir, wie ich es wünschte, indem er folgende Geschichte erzählte:

Vor langer Zeit in den Tagen eines Daimyō, dessen Name vergessen ist, lebte in dieser alten Stadt ein junger Mann und ein Mädchen, die sich sehr liebten. Ihre Namen sind nicht bekannt, aber ihre Geschichte lebt fort. Von Geburt an waren sie verlobt gewesen, und als Kinder spielten sie miteinander, denn die Eltern waren Nachbarn. Und als sie heranwuchsen, gewannen sie sich nur noch lieber.

Noch ehe der Jüngling zum Manne geworden war, starben seine Eltern. Er trat in den Dienst eines reichen Samurai, eines Offizieres von hohem Rang, der ein Freund seiner Angehörigen gewesen war. Sein Gönner fasste große Vorliebe für den Jüngling, da er ihn so höflich, klug und in der Übung der Waffen so anstellig fand. So hatte also der junge Mann allen Grund zu hoffen, sehr bald in eine Lebenslage zu kommen, die es ihm ermöglichen würde, seine Verlobte heimzuführen. Aber im Norden und Osten brach Krieg aus, und ganz unversehens befahl ihm sein Herr, ihm auf das Schlachtfeld zu folgen. Ehe er fortreiste, konnte er noch das geliebte Mädchen sehen, und sie tauschten in Anwesenheit der Eltern den Treuschwur, und er versprach, so er am Leben bleibe, in einem Jahr, von diesem Tag an gerechnet, zurückzukehren, um sich mit der Geliebten zu verbinden. Nach seiner Abreise verging lange Zeit, ohne Nachricht von ihm zu bringen. Denn dazumal gab es keine Post wie heutzutage. Und dem Mädchen war so bang ums Herz, wenn sie an alles dachte, was im Krieg geschehen konnte, dass sie ganz bleich und abgezehrt wurde. Endlich hörte sie von ihm durch einen Boten, der von der Armee geschickt war, um dem Daimyō Nachricht zu bringen, dann aber kam keine Nachricht mehr. Gar lang ist ein Jahr, für den, der wartet, und das Jahr verging, und er kehrte nicht zurück. Andere Jahreszeiten kamen und gingen, und noch immer kehrte er nicht wieder. So dachte sie, er sei tot. Und sie verzehrte sich vor Gram, ward immer kränker und starb und ward begraben. Ihre armen alten Eltern, deren einziges Kind sie gewesen, trauerten unsäglich über ihren Verlust, und es litt sie nicht länger in ihrem freudlosen Hause. So beschlossen sie, all ihre Habe zu verkaufen und sich auf das Sengaji zu begeben – die große Wallfahrt zu den Tausend Tempeln der Nichirensekte, deren Vollendung viele Jahre erfordert. Sie verkauften also ihr kleines Häuschen mit allem, was es enthielt, mit Ausnahme der Ahnentäfelchen und der heiligen Dinge, (die nie verkauft werden dürfen), und des Ihai ihrer verstorbenen Tochter. Alle diese Familienreliquien wurden, wie es üblich ist, wenn man im Begriffe steht, seinen Geburtsort zu verlassen, in dem Familientempel verwahrt. Die Familie gehörte zu der Nichirensekte, und ihr Tempel war der Myōkōji.

Doch sie waren kaum vier Tage fort, als der Jüngling, mit dem ihre Tochter verlobt gewesen war, in die Stadt zurückkehrte. Er hatte alles aufgeboten, sein Versprechen rechtzeitig einzulösen, aber die Provinzen, die er auf seiner Reise passieren musste, befanden sich im Kriegszustand, alle Wege und Pässe waren von feindlichen Truppen besetzt, und auch mancherlei andere Zwischenfälle hatten sein Kommen verzögert. Als er die Kunde von seinem Unglück vernahm, warf der Gram ihn nieder, und er blieb tagelang starr und empfindungslos und wusste nichts von sich und der Welt. Als er sich wieder ein wenig erholte, kam der Schmerz der Erinnerung über ihn, er wehklagte, dass er nicht gestorben war; und er beschloss, sich auf dem Grabe seiner Braut zu töten. Sobald er sich unbemerkt fortstehlen konnte, nahm er sein Schwert und schlich sich auf den Friedhof, wo das Mädchen begraben worden war. Der Friedhof von Myōkōji ist ein gar einsamer Ort. Dort fand er endlich ihr Grab, kniete davor nieder, betete und erzählte ihr flüsternd, was er nun tun wollte. Da vernahm er plötzlich ihre Stimme, die ihm sagte: „Anata!“ (Du) und er fühlte ihre Hand auf seiner Hand, und als er sich umwandte, sah er sie neben sich knien, lächelnd und schön, wie er ihr Bild im Herzen trug, nur ein wenig bleicher. Da bebte sein Herz in dem sprachlosen Staunen der Freude und des Zweifels dieses Augenblicks. Aber sie sagte:

„Zweifle nicht – ich bin es wirklich – ich bin nicht tot. Es war alles ein Irrtum. Man begrub mich zu früh, und meine Eltern hielten mich für tot, und nun haben sie sich auf die lange Pilgerfahrt begeben. Aber du siehst, ich bin nicht tot – bin kein Gespenst. Ich bin es – zweifle nicht daran! Und ich habe in dein Herz geschaut und dies hat mich für alles Warten und allen Kummer entschädigt. Aber nun laß uns gleich in eine andere Stadt wandern, damit die Leute nichts davon erfahren und uns nicht mit ihrem Gerede belästigen, denn sie halten mich alle für tot."

Und sie machten sich unbemerkt auf den Weg und kamen in das Dorf Minobu in der Provinz Kai. Denn dort ist ein berühmter Tempel der Nichirensekte, und das Mädchen hatte gesagt: „Ich weiß, dass meine Eltern im Verlauf ihrer Pilgerfahrt sicherlich dieses Minobu besuchen werden, so dass, wenn wir uns dort niederlassen, sie uns finden und wir alle wieder vereint sein werden."

Und als sie nach Minobu kamen, sagte sie: „Lass uns einen kleinen Laden einrichten", und sie eröffneten einen kleinen Lebensmittelladen auf dem weiten Wege, der zur heiligen Stätte führt. Und dort boten sie Kuchen und Spielzeug für Kinder feil und Nahrungsmittel für die Pilger. So verbrachten sie zwei Jahre, ihr kleines Geschäft gedieh und sie wurden durch die Geburt eines Söhnchens erfreut.

Als das Kind ein Jahr und zwei Monate geworden war, kamen die Eltern im Verlauf ihrer Pilgerfahrt nach Minobu und machten vor dem kleinen Laden Halt, um sich zu laben. Beim Anblick des Verlobten ihrer Tochter brachen sie in Tränen aus und bestürmten ihn mit Fragen. Er bat sie, ins Haus zu treten, neigte sich vor ihnen, und sie trauten ihren Ohren nicht, als er sagte:

„Glaubet, es ist die lauterste Wahrheit, die ich euch sage, eure Tochter ist nicht tot – sie ist meine Frau – und wir haben ein Söhnchen – und eben jetzt hat sie sich mit ihrem Kindchen zur Ruhe gelegt. Suchet sie doch auf, ich bitte euch, und erfreuet sie mit eurem Anblick, denn sie verzehrt sich in Sehnsucht, euch wiederzusehen."

Während er sich damit beschäftigte, alles für ihr Behagen herzurichten, betraten die Eltern behutsam und leise das Wohnzimmer, die Mutter zuerst. Sie fanden das Kind schlafend, aber die junge Frau war nicht da. Es schien aber, als hätte sie sich eben erst entfernt, denn ihr Kissen war noch warm. Lange warteten sie vergebens auf ihre Rückkehr, dann suchten sie sie und forschten überall nach ihr, aber sie war nirgends zu finden. Endlich fanden sie unter dem Futon, der die junge Mutter und das Kind bedeckt hatte, etwas, was sie sich erinnerten, vor Jahren im Tempel Myōkōji zurückgelassen zu haben – ein kleines Sterbtäfelchen – das Ihai ihrer verstorbenen Tochter. Nun begriffen sie den Zusammenhang und es wurde ihnen alles klar.

Ich musste wohl sehr versonnen ausgesehen haben, als Kinjurō geendet hatte, denn der alte Mann sagte: „Dem gnädigsten Herrn kommt diese Geschichte wohl recht töricht vor?“

„Nein, Kinjurō – nein – die Geschichte wird immer in meinem Herzen bleiben.“

An der japanischen See

Es ist der fünfzehnte Tag des siebenten Monats, und ich bin in Hōki. Grau windet sich der Weg eine niedrige Felsenküste entlang, der Küste der Japanischen See. Über einem schmalen Strich steinigen Landes oder einer Anhäufung von Dünen dehnt sich zur Linken unabsehbar ihre ungeheure Fläche blauwogend zum bleichen Horizont, hinter dem unter derselben weißen Sonne Korea liegt. Ab und zu blitzt durch jähe Klippenspalten die gleißende Brandung zu uns herüber. Zur Rechten dehnt sich unabsehbar ein anderes Meer – ein stilles Meer von Grün, zu fernen nebelhaften waldigen Anhöhen mit hochragenden, verschwommenen Gipfeln dahinter – eine ungeheure Ebene von Reisfeldern, über deren Fläche sich lautlose Wogen haschen, von demselben großen Odem bewegt, der heute das Blau von Chōsen (Korea) nach Japan treibt.

Obgleich der Himmel jetzt eine Woche lang wolkenlos war, ist das Meer seit einigen Tagen immer unruhiger geworden, und nun dröhnt das Tosen der Brandung weit über das Land. Man sagt, dass es während der Zeit des Festes der Toten immer so unruhig wird – der drei Tage des Bon, die auf den 13., 14. und 15. des siebenten Monats der alten Zeitrechnung fallen. Und am 16. Tage, nachdem man die Shōryōbune, die Schiffe der Seelen, hat hinausschwimmen lassen, wagt sich niemand mehr auf die See: Da ist kein Boot zu bekommen, alle Fischer bleiben daheim, denn an diesem Tage ist das Meer die Heerstraße der Toten, die über seine Wasser zu ihrem geheimnisvollen Heim zurückkehren müssen – und an diesem Tage wird es deshalb Hotoke-umi, die Buddha-Flut, genannt – die Flut der zurückkehrenden Geister. Und immer in dieser Nacht des sechzehnten Tages, gleichviel ob die See ruhig oder bewegt ist, schimmert ihr ganzer Spiegel von zarten Lichtern, die ins offene Meer hinausgleiten – den matten Lichtern der Toten – und Stimmengeflüster ertönt wie das gedämpfte Murmeln einer fernen Stadt – die unverständliche Sprache der See.

Aber es mag geschehen, dass ein verspätetes Schiff trotz verzweifelter Bemühung, rechtzeitig den Hafen zu erreichen, sich in der verhängnisvollen Nacht weit draußen im Meer befindet. Dann steigen rings um das Schiff die Toten riesengroß empor und recken ihre langen Hände danach mit dem Rufe: „Tago, tago o-kure! – tago o-kure!" (Einen Eimer, einen Eimer! – Gebt uns einen Eimer!) Nie weigere man ihnen die Gabe. Aber ehe der Eimer in das Meer geworfen wird, muss sein Boden herausgeschlagen werden. Wehe allen an Bord, fiele ein ganzer Tago, und sei es auch nur durch einen unglücklichen Zufall, ins Meer – denn die Toten würden ihn alsogleich dazu benutzen, das Schiff zu überschwemmen und zum Sinken zu bringen.

Aber die Toten sind nicht die einzigen unsichtbaren Mächte, die zur Zeit des Hotoke-umi gefürchtet werden. Da sind auch die Ma und Kappa[60] gar mächtig.

---

[60] Ein Kappa ist eigentlich kein Meergeist, sondern ein Flussgeist und sucht das Meer nur in der Nähe von Flussmündungen heim. Ungefähr anderthalb Meilen von Matsue entfernt, in dem Dörfchen Kawachi-mura, an dem Flusse Kawachi, steht ein kleiner Tempel, Kawako no miya oder der Miya des Kappa genannt. In Izumo gebraucht das Volk nicht das Wort „Kappa", sondern die Bezeichnung „Kawako", oder das „Kind des Flusses". In diesem Heiligtum wird ein Dokument verwahrt, das ein Kappa unterzeichnet haben soll. Man erzählt sich, dass von alters her der in dem Kawachi lebende Kappa von Zeit zu Zeit Menschen und Haustiere aus dem Dörfchen anfiel und tötete. Eines Tages aber, als er eben versuchte, ein Pferd an sich zu reißen, das im Flusse trank, verfing sich sein Kopf auf irgend eine Weise in den Bauchgurt des Pferdes. Das entsetzte Tier stürzte aus dem Wasser und schleifte den Kappa auf ein Feld. Dort wurde der Kappa von dem Besitzer des Pferdes und einigen Bauern ergriffen und gefesselt. Das ganze Dorf eilte herbei, das Untier anzusehen, das seinen Kopf zur Erde neigte und vernehmlich um Gnade flehte. Die Bauern

Aber die Schwimmer fürchten zu allen Zeiten den Kappa, den Affen des Meeres, der scheußlich und schamlos aus den Tiefen emportaucht, die Menschen hinabzuzerren und ihre Eingeweide zu verschlingen.

Nur ihre Eingeweide.

Die Leiche desjenigen, der von einem Kappa erfasst worden, kann erst nach vielen Tagen ans Ufer geschwemmt werden, aber ist sie nicht von der Flut lange an die Felsen geschleudert oder von den Fischen angenagt worden, so wird sie äußerlich keine Wunde zeigen, aber sie wird leicht und hohl sein wie ein ausgetrockneter Kürbis.

Während wir so weiterfahren, wird die Monotonie des wogenden Blaus zur Linken und des wogenden Grüns zur Rechten ab und zu durch die graue Vision eines Friedhofs unterbrochen – eines Friedhofs, der sich so lange hinstreckt, dass unsere Jinrikishamänner eine ganze Viertelstunde in vollem Lauf brauchen, bis sie an der ungeheuren Schar seiner vertikalen Steine vorübergekommen sind. Solche Erscheinungen künden immer die Nähe von Dörfern an. Aber die Dörfer erweisen sich als ebenso überraschend klein wie die Friedhöfe als überraschend groß. Um Hunderttausende übertrifft die Zahl der stillen Hakaba-Bevölkerung die Zahl der Bevölkerung des Dorfes, zu dem sie gehört – winzige Ansiedlungen mit strohgedeckten Hütten, der Küste entlang versprengt, nur durch Reihen dunkler Föhren vor Wind geschützt – Legionen und Legionen von Steinen – eine Schar düsterer Wahrzeichen des Tributs der Gegenwart an die Vergangenheit – und uralt; Hunderte so lange an Ort und Stelle, dass das Wehen des Dünensandes sie zur Formlosigkeit verwischt und ihre Inschriften ausgelöscht hat. Es ist, als über-

wollten den Kobold auf der Stelle töten, aber der Eigentümer des Pferdes, der zufällig der Gemeindevorsteher der Mura war, sagte; „Es ist besser, ihn schwören zu lassen, dass er sich nie mehr an Menschen oder Tieren vergreifen werde." Eine geschriebene Eidesformel wurde entworfen und dem Kappa vorgelegt. Er sagte, er sei des Schreibens unkundig, er wolle aber das Papier unterzeichnen, indem er seine Hand in die Tinte tauchen und sodann unten auf das Dokument abdrücken würde. Nachdem sich die Bauern damit einverstanden erklärt hatten und es auch geschehen war, gaben sie den Kappa frei. Und fortan blieben Mensch und Tier von dem Kobold verschont.

schritte man die Begräbnisstätte aller, die seit dem Bestehen des Landes an diesem winddurchwehten Ufer jemals gelebt haben.

Und in allen diesen Hakabas sind neue Laternen vor den frischeren Gräbern – die weißen Totenlaternen –, denn es ist der Bon. Heute Nacht werden alle Friedhöfe im Lichterschein erglühen wie große erleuchtete Städte. Aber es gibt auch zahllose Gräber, vor denen keine Laterne brennt, Myriaden alter Gräber, jedes ein Zeugnis einer ausgestorbenen Familie, oder solcher, deren ferne Mitglieder sogar ihre Namen vergessen haben. Vergangene Generationen, deren Geister niemand zurückrufen kann, die hier keine lieben Erinnerungen haben, so lange ist alles versunken, was Bezug auf ihr Leben hatte.

Jetzt sind viele dieser Dörfer nur Fischerniederlassungen mit alten, reisstrohgedeckten Heimstätten von Männern, die am Vorabende eines Sturmes fortsegelten und nicht wieder zurückkehrten. Aber jeder ertrunkene Seemann hat sein Grab im benachbarten Friedhof, und darin ist etwas, das ihm angehörte, mitbegraben worden.

Was?

Bei diesen Bewohnern der Westküste pflegt man immer etwas zu bewahren, was man in anderen Ländern unbedenklich fortwirft, den Hozo-no-o, den „Blumenstängel" eines Lebens, die Nabelschnur des Neugeborenen. Sorgsam wird sie in viele Hüllen eingewickelt, und auf die oberste schreibt man den Namen von Vater, Mutter und Kind und Datum und Tag der Geburt. Dann verwahrt man sie im Familien-O-mamori-bukuro. Vermählt sich die Haustochter, nimmt sie sie mit in ihr neues Heim. Für den Sohn wird sie von den Eltern aufbewahrt. Sie wird mit dem Toten beerdigt, und stirbt man in fremdem Land oder ereilt einen der Tod auf dem Meer, so wird sie an Stelle des Körpers begraben.

Über die Schiffbrüchigen, die im Meere ertrunken sind, haben sich an diesen fernen Küsten seltsame Vorstellungen erhalten, Vorstellungen, die sicher älter sind als der sanfte Glaube, der weiße Laternen vor die Gräber hängt. Manche glauben, dass die Ertrunkenen nie zum Meido gelangen: Sie treiben ewig in den Strömungen, wogen in den Fluten, sie arbeiten in dem Kielwasser der Djunken, sie tosen in der Brandung, es ist ihre weiße Hand, die sich in dem

Schaume emporhebt, es ist ihre Faust, die mit den Steinen am Meeresufer klirrt und den Fuß des Schwimmers im Wasserwirbel packt. Und die Schiffer sprechen euphemistisch von den O-bake, den ehrenwerten Gespenstern, und fürchten sie über alles.

Deshalb werden Katzen an Bord gehalten!

Eine Katze, heißt es, hat die Macht, die O-bake fernzuhalten. Wie und warum, konnte mir noch niemand sagen, ich weiß nur, dass Katzen im Rufe stehen, Macht über die Toten zu haben. Lässt man eine Katze mit einem Toten allein, wird sich da die Leiche nicht erheben und tanzen? Und unter allen Katzen wird die Mike-neko, die dreifarbige Katze, von den Seeleuten am meisten geschätzt. Aber können sie sich eine solche nicht verschaffen – und dreifarbige Katzen sind sehr selten –, so geben sie sich mit einer gewöhnlichen zufrieden. Fast jede Handelsdjunke führt eine Katze mit sich, und laufen die Djunken in den Hafen ein, kann man gewöhnlich ihre Katzen durch irgendeine kleine Seitenluke des Schiffes hinausgucken oder auf dem Verdeck neben dem großen Rad zusammengekauert liegen sehen – das heißt, wenn das Wetter schön ist und die See glatt.

Aber die schönen buddhistischen Gebräuche zur Zeit des Bon bleiben von diesem primitiven und gespenstischen Aberglauben unberührt, und in allen diesen kleinen Dörfchen lässt man am 16. Tage die Shōryōbune hinausschwimmen. Sie sind an dieser Küste weit sorgfältiger gearbeitet und viel kostbarer als in manchen anderen Teilen Japans. Denn obgleich nur aus einem strohübersponnenen Holzgestell verfertigt, sind sie bis in jede Einzelheit entzückende Modelle von Djunken. Einige sind zwischen drei und vier Fuß lang; auf dem weißen Papiersegel steht das Kaimyō oder der Seelenname des Toten. An Bord befindet sich ein kleines, mit frischem Wasser gefülltes Gefäß und eine Weihrauchschale, und um das Dollbord flattern kleine Papierwimpel mit dem Zeichen des mystischen Manji, dem Sanskrit Svastika.[61]

Die Form der Shōryōbune und die Art und Weise, wie man sie ins Meer hinaustreiben lässt, ist in den einzelnen Provinzen sehr verschieden. An den meisten Orten lässt man sie für verstorbene Familienmitglieder im Allgemeinen, gleichviel wo diese begraben sind, schwimmen, an manchen Orten

---

[61] Das buddhistische Symbol 卍.

geschieht dies nur zur Nachtzeit und mit kleinen Laternen an Bord. Man sagt mir auch, dass es in manchen Fischerdörfern Sitte ist, statt der eigentlichen Shōryōbune bloß Laternen im Wasser treiben zu lassen, Laternen von besonderer Form, die nur zu diesem Zweck angefertigt werden.

Aber an der Küste von Izumo und auch sonst an diesem Westufer lässt man die Seelenboote nur für diejenigen schwimmen, die im Meere ertrunken sind, und zwar geschieht dies des Morgens statt des Abends. Zehn Jahre lang nach dem Tode lässt man jährlich einmal ein Shōryōbune in das Wasser hinausschwimmen, im elften Jahre hört die Zeremonie auf. Mehrere solche, die ich in Inasa gesehen habe, waren wirklich schön und müssen Summen gekostet haben, die zu zahlen so armen Fischerleuten sicherlich schwerfiel. Aber die Schiffbauer, die sie verfertigten, sagten, dass alle Angehörigen der Ertrunkenen Jahr um Jahr zum Ankauf der kleinen Schiffchen beitragen.

In der Nähe eines verträumten kleinen Dörfchens namens Kami-ichi mache ich ein Weilchen Rast, um mir einen berühmten heiligen Baum anzusehen. Er steht in einem Hain dicht an der Heerstraße, aber auf einer kleinen Anhöhe. Beim Betreten des Haines befinde ich mich in einer Art Bergschlucht, auf drei Seiten von niedrigen Klippen umgeben, über die ungeheure, uralte Föhren hinausragen. Ihre weit ausladenden, gekrümmten und gewundenen Wurzeln haben sich ihren Weg durch das Gestein gebahnt, indem sie Felsen zerschmetterten. Unter ihren verschlungenen Wipfeln herrscht ein grünes Zwielicht. Eine der Föhren hat drei enorme, sehr seltsam geformte Wurzeln, deren Enden mit langen weißen Papierstreifen, auf denen Gebete geschrieben stehen, und mit Gaben von Seepflanzen umwunden sind. Es scheint, dass die Form dieser Wurzeln mehr noch als irgendeine Überlieferung dazu beigetragen hat, diesen Baum dem Volke heilig erscheinen zu lassen: Er ist der Gegenstand eines eigenen Kults, und ein kleines Torii ist davor errichtet, der eine Votivinschrift der kunstlosesten und seltsamsten Art trägt. Ich wage nicht, eine Übersetzung davon zu geben, obgleich sie zweifellos sowohl für den Anthropologen wie für den Folkloristen von ganz besonderem Interesse wäre. Die Anbetung des Baumes oder eigentlich des Kami, der sich in demselben befinden soll, ist ein seltener Überrest des Phallus-Kults, der wahrscheinlich den meisten primitiven Rassen gemeinsam, im alten Japan sehr verbreitet gewesen sein muss. Tatsächlich wurde er erst vor kaum einer Generation von der Regierung unterdrückt. Der kleinen Höhlung gegenüber sehe ich, sorgsam auf einen großen losen Block gestellt, etwas ebenso Kunstloses und beinahe ebenso Seltsames – ein Kitōja-no-mono oder eine Votivgabe. Zwei zusammengefügte Strohfiguren, Seite an Seite ruhend, eine männliche und eine weibliche Strohpuppe. Die Arbeit ist von kindlicher Unbeholfenheit, aber das Geschlecht dennoch erkenntlich durch den ingeniösen Versuch, die weibliche Frisur mittels eines Strohbündels nachzuahmen. Und da der Mann mit einem Zopf dargestellt ist, der jetzt nur von überlebenden Greisen aus der Feudalzeit getragen wird, vermute ich, dass dieser Kitōja-nomono nach dem Vorbild irgendeines alten und streng konventionellen Modells gemacht wurde.

Diese wunderliche Votivgabe hat ihre eigene Geschichte. Zwei, die sich liebten, wurden durch die Schuld des Mannes voneinander getrennt – der Zauber irgendeiner Joro mag wohl die Versuchung zum Treubruch des Mannes gewesen sein. Da kam die Verlassene hierher und bat den Kami, den Leidenschaftswahn zu zerstören und das Herz des Abtrünnigen zu rühren. Das Gebet wurde erhört und das Paar wieder vereinigt. Nun fertigte die Frau mit eigenen Händen diese zwei wunderlichen Gebilde und brachte sie dem Kami des Baumes als Beweis ihres schlichten Glaubens und ihres dankbaren Herzens.

Die Nacht bricht schon an, als wir den hübschen Weiler Hamamura erreichen, unsere letzte Station am Meere, denn morgen führt unser Weg landeinwärts. Das Gasthaus, in dem wir einkehren, ist sehr klein, aber schmuck und behaglich, es hat ein köstliches, natürliches, heißes Bad, denn die Yadoya liegt unmittelbar an einer natürlichen heißen Quelle. Dieser dem Meeresstrand so merkwürdig nahe Quelle liefert, wie man mir sagt, alle Bäder für die Häuser des Dorfes.

Das beste Zimmer wird uns zur Verfügung gestellt, aber ich bleibe noch eine Weile draußen, um ein wundervolles Shōryōbune zu betrachten, das auf einer Bank neben dem Eingang für seine morgige Fahrt bereit liegt. Es scheint eben erst fertig geworden zu sein, denn frische Strohschnitzel liegen rings umher verstreut, und auf dem Segel ist das Kaimyō noch nicht geschrieben. Ich bin erstaunt, zu hören, dass es einer armen Witwe und ihrem Sohne gehört, die beide im Hotel bedienstet sind.

Ich hatte gehofft, in Hamamura das Bon-odori zu sehen, aber ich bin enttäuscht. Die Polizei hat in allen Dörfern den Tanz untersagt. Die Furcht vor der Cholera hat ernste sanitäre Maßregeln veranlasst. Den Bewohnern von Hamamura ist es streng verboten, anderes Wasser zum Trinken, Kochen oder Waschen zu nehmen als das heiße Wasser ihrer eigenen vulkanischen Quelle.

Eine Frau von mittleren Jahren mit besonders süßer Stimme kommt, um uns beim Abendessen aufzuwarten. Ihre Zähne sind geschwärzt und ihre Augenbrauen rasiert, wie es vor zwanzig Jahren bei verheirateten Frauen üblich war. Trotzdem macht ihr Gesicht einen angenehmen Eindruck, und in ihrer Jugend muss sie ungewöhnlich schön gewesen sein. Obgleich sie sich ganz als Dienerin gibt, scheint sie eine Verwandte der Wirtsleute zu sein und wird von ihnen mit liebenswürdiger Rücksicht behandelt. Sie sagt uns, dass das Shōryōbune für ihren Gatten und ihren Bruder bestimmt ist, beide Fischer aus dem Dörfchen, die vor acht Jahren angesichts ihres eigenen Heims ertrunken sind. Der Priester des benachbarten Zentempels wird morgen erwartet, um das Kaimyō auf das Segel zu schreiben, da keiner der Hausgenossen im Schreiben chinesischer Schriftzeichen bewandert ist.

Ich gebe ihr das übliche kleine Geschenk und stelle ihr durch meinen Begleiter verschiedene Fragen über ihre Lebensgeschichte. Sie war mit einem viel älteren Manne verheiratet, mit dem sie sehr glücklich lebte, und ihr Bruder, ein achtzehnjähriger Jüngling, wohnte bei ihnen. Sie hatten ein gutes Boot und einen kleinen Grundbesitz, und sie war geschickt am Webstuhl, so dass sie ihr gutes Auskommen fanden. Im Sommer fischen die Fischer bei Nacht. Wenn die ganze Flotte draußen ist, nimmt sich die Zeile der Fackellichter im offenen Meer, zwei bis drei Meilen entfernt, wie eine aufgereihte Sternenschnur aus. Wenn das Wetter drohend ist, fahren sie nicht aus, aber in gewissen Monaten kommen die großen Stürme, Taifu, mit solcher Plötzlichkeit, dass die Boote, davon überrascht, kaum Zeit haben, die Segel zu reffen. Glatt wie ein Tempelweiher war das Meer an dem Abend, als ihr Mann und ihr Bruder zum letzten Male fortsegelten, aber vor Tagesanbruch erhob sich der Taifu. Was folgte, erzählt sie mit einem schlichten Pathos, das ich in unserer nicht so einfachen Sprache kaum wiedergeben kann.

„Alle Boote waren zurückgekehrt, nur das meines Mannes nicht. Denn mein Mann und mein Bruder waren weiter hinausgefahren als die anderen, so konnten sie also nicht so schnell wieder zurück sein. Alle Leute warteten und starrten hinaus. Und mit jedem Augenblick schienen die Wellen höher und der Wind schrecklicher zu werden. Und die anderen Boote mussten weit vom Ufer weggezogen werden, um sie vor dem Anprall der Fluten zu schützen. Da plötzlich sahen wir das Boot meines Mannes herankommen – schnell, sehr schnell. Wir waren so froh! Es kam ganz nahe heran, so dass ich das Gesicht meines Mannes und das Gesicht meines Bruders sehen konnte. Aber plötzlich schlug eine große Welle das Boot auf eine Seite, es sank in die Tiefe und kam nie wieder herauf. Und dann sahen wir meinen Mann und meinen Bruder schwimmen, aber wir konnten sie nur sehen, wenn die Wogen sie emporhoben. Groß wie Hügel waren die Wogen, und der Kopf meines Mannes und der Kopf meines Bruders stiegen hoch, hoch hinauf und sanken dann wieder tief, tief hinab; und jedes Mal, wenn sie zu einem Wellenkamm emporgehoben wurden, so dass wir sie sehen konnten, schrien sie: ‚Tasukete, tasukete!' (Hilfe, Hilfe!) Aber alle die starken Männer hatten Furcht – das Meer war zu schrecklich, ich selbst bin ja nur ein Weib. Dann konnten wir meinen Bruder nicht mehr sehen. Mein Mann war alt, aber sehr kräftig, und er schwamm lange, so nahe, dass ich sehen konnte, dass sein Gesicht das eines Menschen in großer Angst war. Und er schrie: ‚Tasukete!' Aber niemand konnte ihm helfen. Und schließlich sank auch er unter. Aber ehe er hinabsank, konnte ich sein Gesicht noch sehen. Und viele Jahre nachher, jede Nacht, tauchte sein Gesicht vor mir auf, wie ich es damals gesehen hatte, so dass ich nicht schlafen konnte, sondern immer nur weinte. Und ich betete und betete und flehte zu den Buddhas und zu den Kami-Sama, diesen Traum von mir zu nehmen. Nun kommt er nie mehr, aber sein Gesicht kann ich noch immer sehen, selbst jetzt, während ich spreche... Damals war mein Sohn noch ein kleines Kind."

Am Schluss dieser schlichten Erzählung wird sie von einem Tränenstrom und Schluchzen überwältigt, plötzlich aber neigt sie sich zur Matte, trocknet die Tränen mit ihrem Ärmel und entschuldigt sich wegen dieses Gefühlsausbruchs mit dem sanften, obligaten Lächeln der japanischen Höflichkeit. Ich muss gestehen, dieses Lächeln ergreift mich noch mehr als die Erzählung selbst. Bei einem passenden Anlass gibt mein Begleiter dem Gespräch eine andere Wendung. Er plaudert über unsere Reise und erwähnt des Danna-Samas Interesse an den alten Bräuchen und Legenden dieser Küste, und es gelingt ihm, sie durch einige Mitteilungen über unsere Wanderungen in Izumo zu erheitern.

Sie fragt, wohin wir jetzt gehen wollen. Mein Begleiter antwortet: „Wahrscheinlich bis nach Tottori."

„Ah, nach Tottori! Sō degozarimasu ka... Da gibt es eine alte Geschichte, die Geschichte von dem Futon von Tottori. Aber der Danna-Sama kennt wohl die Geschichte?"

„Nein, der Danna-Sama kennt die Geschichte nicht und ist sehr begierig, sie zu erfahren." Und so wie ich sie von den Lippen meines Dolmetschs höre, schreibe ich die Geschichte nieder.

Vor vielen Jahren empfing eine kleine Yadoya in Tottori ihren ersten Gast, einen herumziehenden Krämer. Er wurde mit ganz besonderer Zuvorkommenheit aufgenommen, denn der Wirt war sehr darauf bedacht, seiner kleinen Herberge einen guten Ruf zu machen. Es war ein ganz neues Gasthaus, aber da sein Eigentümer unbemittelt war, hatte er den größten Teil der Dōgu (Einrichtungs- und Gebrauchsgegenstände) von dem Furuteya (Laden mit Trödlerwaren – Furute) erstanden. Trotzdem aber war alles rein, behaglich und hübsch. Der Gast aß mit rechtem Appetit, sprach dem guten, warmen Sakewein reichlich zu, dann wurde sein Bett auf der weichen Bodenmatte bereitet, und er legte sich zur Ruhe.

Aber hier muss ich die Erzählung für einige Augenblicke unterbrechen, um ein Wort über japanische Betten einzuflechten. In einem japanischen Hause wirst du dich bei Tage überall vergebens nach einem Bett umsehen, es sei denn, dass sich in der Familie gerade ein Kranker befindet. Tatsächlich existieren dort keine Betten im abendländischen Sinne des Wortes. Das, was die Japaner Bett nennen, hat kein Bettgestell, keine Sprungfedern, keine Matratzen, keine Laken. Es besteht einfach nur aus dicken, baumwollenen oder seidenen wattierten Decken, die man Futon nennt. Man legt eine bestimmte Anzahl solcher Futon auf den Tatami (Bodenmatte), und eine bestimmte Anzahl anderer wird zum Zudecken benutzt. Der Reiche kann auf fünf oder sechs Futon liegen und sich mit so vielen, als ihm beliebt, zudecken, während arme Leute sich mit zwei oder drei begnügen müssen. Und es gibt natürlich viele Arten: von dem baumwollenen Dienstbotenfuton, der nicht größer ist als ein abendländischer Kaminteppich und auch nicht viel dicker, bis zu dem schweren, prächtigen, acht Fuß langen und sieben Fuß breiten Futon aus Seide, den nur der Kanemochi (reicher Mann) erschwingen kann. Außer diesen gibt es noch den Yogi, eine massive, schlafrockartige Decke, mit langen weiten Ärmeln wie ein Kimono, in der man sich bei großer Kälte sehr behaglich fühlen kann. Alle diese Dinge bleiben dem Auge tagsüber entzogen. Nett zusammengefaltet, werden sie in Wandnischen aufbewahrt. Diese schließt man mit Fusumas – hübschen Papierschiebetüren, die gewöhnlich mit zierlichen Zeichnungen bedeckt sind. Dort werden auch jene seltsamen Holzkissen verwahrt, die erfunden wurden, damit die Frisur der japanischen Frau beim Schlafen nicht in Unordnung gerate. Das Kissen besitzt eine gewisse Heiligkeit, aber den Ursprung und die Beschaffenheit des darauf bezüglichen Aberglaubens konnte ich nicht erfahren. Ich weiß nur so viel, dass es als sehr unrecht angesehen wird, es mit dem Fuße zu berühren und dass, wenn es in dieser Weise, sei es auch nur durch Zufall, gestoßen oder weggerückt wird, man für die Ungeschicklichkeit Buße tun muss, indem man das Kissen mit den Händen ehrfurchtsvoll an die Stirn führt und dabei die Worte spricht: „Go-men" = Ich bitte um Vergebung.

Im Allgemeinen pflegt man, nachdem man viel heißen Sake getrunken hat, sehr fest zu schlafen, insbesondere, wenn die Nacht kühl ist und das Bett sehr behaglich. Aber der eingekehrte Gast hatte erst eine kurze Weile geschlafen, als ihn Stimmen in seinem Zimmer aufweckten, Kinderstimmen, die sich immer wieder dieselbe Frage stellten:

„Ani-San samukarō?" „Omae samukarō?"

Die Anwesenheit von Kindern in seinem Zimmer mochte den Gast verdrießen, aber konnte ihn nicht überraschen, denn in diesen japanischen Hotels gibt es keine Türen, sondern nur mit Papier beklebte Schiebewände zwischen einem Zimmer und dem andern. Er glaubte also, dass die Kinder im Dunkeln irrtümlicherweise in sein Zimmer geraten seien. Er verwies es ihnen sanft. Aber nur einen Moment herrschte Schweigen. Dann fragte eine süße Stimme dicht an seinem Ohr: „Ani-San samukarō?" (Dem älteren Bruder ist wohl kalt?), und eine andere süße Stimme antwortete zärtlich: „Omae samukarō?" (Nein, dir ist wohl kalt?)

Er stand auf, zündete das Licht im Andon[62] (Papierlaterne) wieder an und sah sich um. Es war niemand da, alle Shōjis waren geschlossen; er untersuchte die Schränke – sie waren leer. Betroffen legte er sich wieder nieder,

[62] Andon, — eine Papierlaterne von eigentümlicher Konstruktion, die als Nachtlampe dient. Einige Andonformen sind von besonderer Schönheit.

ließ aber das Licht brennen. Allsogleich begannen die Stimmen dicht an seinem Kissen wieder zu sprechen:

„Ani-San samukarō?" „Omae samukarō?"

Da fühlte er sich von einem kalten Schauer überrieselt. Und wieder und wieder vernahm er die Stimmen, und seine Angst steigerte sich immer mehr. Denn nun wusste er, dass die Stimmen aus dem Futon kommen mussten. Die Bettdecke war es, die so klagte und jammerte.

Hastig raffte er seine wenigen Habseligkeiten zusammen, eilte über die Stiege in das Zimmer des Wirtes, weckte ihn auf und berichtete, was geschehen war. Der erzürnte Wirt antwortete: „Den ehrenwerten Gast zufriedenzustellen, wurde alles aufgeboten. Aber der viele Sakewein hat dem ehrenwerten Gast böse Träume gebracht." Doch der Gast bestand darauf, seine Rechnung gleich zu bezahlen und anderswo Unterkunft zu suchen.

Am darauffolgenden Abend kam ein anderer Gast, der ein Zimmer für die Nacht verlangte. In vorgerückter Stunde wurde der Wirt von seinem Mieter mit derselben Erzählung aus dem Schlaf aufgestört, und seltsam – dieser Gast hatte überhaupt keinen Sake getrunken. In der Meinung, es handle sich hier um irgendeine übelwollende Intrige, die auf den Ruin seines Geschäftes abgesehen war, sagte der Wirt in großer Erregung: „Dich zufriedenzustellen geschah alles gebührend, dennoch sagst du unheilvolle und ärgerniserregende Worte. Dass ich vom Ertrag meines Wirtshauses leben muss, ist dir bekannt – keinerlei Grund zu solch böser Nachrede ist vorhanden." Da ließ sich der Gast von seiner Heftigkeit zu noch schlimmeren Äußerungen hinreißen, und sie schieden in höchster Erregung.

Aber nachdem der Gast fortgegangen war, kam es dem Wirte doch zum Bewusstsein, wie seltsam dies alles sei, und er begab sich in das Zimmer, um den Futon zu untersuchen. Nun vernahm er selbst die Stimmen und merkte, dass die Gäste nichts als die Wahrheit gesprochen hatten. Es war nur eine der Decken, die so wehklagte. Die übrigen waren still. Er trug die Decke in sein Zimmer hinab und legte sich für den Rest der Nacht darunter. Und die Stimmen fuhren fort zu klagen bis der Morgen anbrach: „Ani-San samukarō?" „Omae samukarō?", so dass er nicht schlafen konnte.

Aber bei Tagesanbruch stand er auf und machte sich auf den Weg, um den Besitzer der Furuteya, wo dieser Futon gekauft worden war, aufzusuchen. Der Händler wusste nichts. Er hatte den Futon in einem kleineren Laden erstanden, und der Besitzer dieses Ladens von einem noch ärmeren Händler, der in dem entlegensten Vorort der Stadt lebte. Und der Wirt ging von einem zum andern, um der Sache nachzuforschen.

Schließlich erwies es sich, dass der Futon einer alten Familie gehört hatte und dieser von dem Eigentümer eines kleinen Häuschens, in dem sie gewohnt hatte, abgekauft worden war. Und die Geschichte des Futon ist folgende:

Die Miete des kleinen Hauses betrug nur sechzig Sen monatlich, aber selbst diesen geringen Betrag zu zahlen, fiel den armen Leuten schwer. Der Vater konnte nur zwei oder drei Yen monatlich verdienen, die Mutter war krank und arbeitsunfähig. Sie hatten zwei Kinder, einen Knaben von sechs Jahren und einen von acht Jahren, und dazu waren sie in Tottori ganz fremd.

An einem Wintertage erkrankte der Vater, und nach einer Woche schweren Leidens starb er und wurde begraben. Dann folgte ihm die sieche Mutter, und die Kinder blieben allein. Sie kannten niemand, den sie um Hilfe hätten ansprechen können, und um ihr Leben zu fristen, verkauften sie nach und nach alles, was sie besaßen. Das war nicht viel – die Kleider der verstorbenen Eltern und alles, was sie nur von ihren eigenen entbehren konnten: ein paar baumwollene Decken und ein paar armselige Hausgeräte, Hibachis, Schüsseln, Schalen und andere Kleinigkeiten. Jeden Tag verkauften sie etwas, bis nichts mehr übrigblieb als ein einziger Futon. Aber eines Tages hatten sie wieder nichts zu essen, und die Miete war nicht gezahlt.

Die furchtbare Dai-kan war gekommen, die Zeit der größten Kälte, und an diesem Tage lag der Schnee so hoch, dass sie sich aus dem Häuschen gar nicht herauswagen konnten. Es blieb ihnen nichts übrig, als sich bebend unter ihren einzigen Futon zu legen und in ihrer kindischen Weise einander liebevoll zu bemitleiden.

„Ani-San samukarō?" „Omae samukarō?" Sie hatten weder Feuer noch Licht, und die Dunkelheit kam, und der eisige Wind heulte durch das kalte kleine Häuschen. Sie waren vor dem Winde bang, aber noch mehr ängstigten sie sich vor dem Hausherrn, der sie rau anfuhr und den Mietzins verlangte. Er war ein harter Mann mit einem bösen Gesicht. Als er sah, dass niemand da war, der ihn bezahlen konnte, jagte er die Kinder in den Schnee hinaus, nahm ihnen ihren einzigen Futon und sperrte das Häuschen ab.

Sie waren jeder nur mit einem dünnen blauen Kimono bekleidet – die anderen Kleider hatten sie ja alle verkaufen müssen, um nicht Hungers zu sterben, und sie hatten niemanden, zu dem sie hätten gehen können. In einer kleinen Entfernung befand sich ein Tempel der Kwan-on, aber der Schnee lag so hoch, dass die Kinder ihn nicht erreichen konnten. Sie schlichen also, als der Hausbesitzer fortgegangen war, hinter das Häuschen zurück. Dort befiel sie die Betäubung des Frostes, und dicht aneinandergeschmiegt, um sich zu wärmen, schliefen sie ein. Während sie so schliefen, breiteten die Götter einen neuen Futon über sie, geisterhaft weiß und schön. Und sie fühlten keine Kälte mehr. Viele Tage schliefen sie dort. Dann fand sie jemand, und nun machte man ihnen ein Bett in der Hakaba des Tempels der Kwan-on mit den tausend Armen.

Als der Wirt diese Geschichte vernommen, gab er den Futon den Priestern des Tempels und ließ das Kyō für die kleinen Seelen lesen, und fortan hörte der Futon auf zu klagen.

Nun löst eine Legende die andere ab, und ich höre heute sehr viele seltsame. Die allermerkwürdigste ist eine Geschichte, deren sich mein Begleiter plötzlich erinnert, eine Legende aus Izumo.

Einstmals lebte in dem Dorfe Mochida-no-ura in Izumo ein Bauer, der so arm war, dass er davor zurückschreckte, Kinder aufzuziehen. Und jedes Mal, wenn ihm seine Frau ein Kind gebar, warf er es in den Fluss und gab vor, es sei tot zur Welt gekommen. Manchmal war es ein Sohn, manchmal eine Tochter, aber immer wurde das Kind zur Nachtzeit in den Fluss geworfen. So waren schon sechs gemordet worden.

Aber im Lauf der Jahre besserte sich die Lage des Bauern. Er konnte Land kaufen und Geld zurücklegen. Und nun gebar ihm seine Frau das siebente Kind, einen Knaben. Da sagte der Mann: „Nun können wir schon ein Kind erhalten, auch werden wir einen Sohn gebrauchen, der uns helfen kann, wenn wir alt sind. Und dieser Knabe ist schön, so wollen wir ihn also aufziehen."

Und der Knabe gedieh; und jeden Tag verwunderte sich der harte Bauer mehr über sein eigenes Herz, denn mit jedem Tage glaubte er seinen Sohn mehr zu lieben.

An einem Sommerabend ging er mit seinem Söhnchen auf dem Arm in den Garten hinaus; der Kleine war fünf Monate alt. Und der Abend war so schön im Glänze des großen Mondes, dass der Bauer ausrief: „Aa! kon ya medzurashii e yo da!" („Ah, welch wundervolle Nacht ist doch heute!")

Da blickte das Kind ihm ins Gesicht und sagte in der Sprache der Erwachsenen:

„Nun, Vater, als du mich zum letzten Mal ins Wasser warfst, war die Nacht gerade so schön, und der Mond schien ebenso hell, nicht wahr, Vater?"[63]

Und nachher war das Kind wieder wie andere Kinder seines Alters und sprach kein Wort mehr.

Aber der Bauer wurde ein Mönch.

Nachdem ich zu Abend gegessen und gebadet habe, gehe ich, da es mir zum Schlafen zu warm ist, allein aus, um die Hakaba des Dorfes anzusehen – einen langen Friedhof auf einem Sandhügel, oder eigentlich einer sehr großen, merkwürdigen, mit einer dünnen Erdschicht bedeckten Düne, deren abbröckelnde Seiten jedoch die Geschichte ihrer einstigen Entstehung durch mächtigere Fluten als die heutigen, verraten.

Ich wate bis an die Knie im Sande, um zum Friedhof zu gelangen. Es ist eine helle, von einer starken Brise bewegte Mondnacht. Man sieht viele Bon-Laternen (Bondōrō), aber der Wind hat die meisten ausgelöscht. Nur hie und da verbreiten einige von ihnen einen matten Schein – hübsche schreinförmige, mit weißem Papier beklebte Holzkästchen, deren Zeichnungen symbolische Seitenwände tragen. Außer mir sind keine Besucher da, denn es ist spät. Aber liebevolles Walten hat sich heute schon hier betätigt. Denn alle Blumenvasen sind mit frischen Blumen oder Zweigen geschmückt, die Wasserbehälter mit klarem Wasser gefüllt und die Monumente sauber geputzt. Und im abgeschiedensten Winkel des Friedhofs finde ich vor einem schlichten Grabe ein hübsches Zen oder lackiertes Servierbrett mit Schüsseln und Tellern, auf denen ein vollständiges zierliches kleines Mahl aufgetragen ist. Auch ein Paar neue Essstäbchen sind da und eine kleine Tasse Tee, und manche der Schüsseln sind noch warm. Die liebevolle Gabe einer zärtlichen Frau – die Fußspuren ihrer kleinen Sandalen sind auf dem Pfade noch frisch eingedrückt.

----

[63] „Ototsan! washi wo shimai ni shitesashita toki mo, chōdo kon ya no yōna tsuki yo data-ne?" (Izumo-Dialekt.)

In Irland sagt man im Volke, man könne sich an jeden Traum erinnern, wenn man es nur beim Erwachen vermeidet, sich – in dem Bestreben, den Traum zurückzurufen – den Kopf zu kratzen. Aber lässt man diese Vorsicht außer Acht, entschwindet der Traum auf immer. Ebensowohl könnte man versuchen, die flüchtigen Rauchringe wieder neu zu gestalten.

Und allerdings, neunhundertneunundneunzig von tausend Träumen verflüchtigen sich unwiederbringlich. Aber gewisse seltene Träume, die kommen, wenn die Phantasie von seltsamen, fremdartigen Eindrücken angeregt wird, Träume, die ganz besonders auf Reisen zu kommen pflegen, haften in der Erinnerung mit der greifbaren Lebendigkeit wirklicher Erlebnisse.

So war der Traum, den ich in Hamamura träumte, nachdem ich die eben erwähnten Dinge gehört und gesehen hatte.

Ein weiter, bleicher, mit Steinfliesen bedeckter Platz – vielleicht die Vision eines Tempelhofes von einer matten Sonne beschienen – und vor mir ein Weib, nicht jung, nicht alt, am Fuße eines großen grauen Sockels sitzend, der, ich weiß nicht was, trug, denn ich konnte nur immer in das Gesicht des Weibes sehen. Einen Augenblick glaubte ich sie zu erkennen – war es nicht eine Frau aus Izumo? Dann schien sie ein Schemen, ihre Lippen bewegten sich, aber ihre Augen blieben geschlossen, und ich konnte nicht anders, ich musste immer nur sie ansehen.

Und mit einer Stimme, die wie aus weiter Ferne dünn zu mir herüberzuklingen schien, stimmte sie einen süßen, klagenden Sang an; und wie ich so lauschte, tauchten vage Erinnerungen an ein keltisches Wiegenlied in mir auf. Und im Singen löste sie mit einer Hand ihr langes schwarzes Haar, dass es sich auf die Steine herabringelte. Aber als es herabgefallen, war es nicht mehr schwarz, sondern blau, matt himmelblau, und wogte in hurtigen blauen Wellen hin und her. Und dann plötzlich sah ich, dass die Wellen weit, weit weg waren, die Frau verschwunden, nichts war zu sehen als das Meer, blauwogend bis zum Himmelsrand, mit langen, langsamen Gischtblitzen der stummen Flut.

Und erwachend vernahm ich das nächtliche Brausen des wirklichen Meeres, die mächtige, dumpfe, geisterhafte Sprache der Hotoke-umi, der Flut der zurückkehrenden Geister.

Etwas über Spielsachen

Fast bei jedem japanischen Tempelfest findet ein großer Spielwarenverkauf statt, gewöhnlich im Tempelhof selbst. Eine Miniaturstraße kleiner Verkaufsstände wird dort zeitweilig für diesen entzückenden Markt errichtet. Jedes Matsuri ist ein Kinderfest. Keine Mutter könnte es übers Herz bringen, einem Tempelfest beizuwohnen, ohne für ihr Kind irgendein Spielzeug zu kaufen; und selbst die ärmste Mutter kann es erschwingen, denn die Preise der in einem Tempelhofe zum Verkaufe ausgestellten Spielsachen bewegen sich zwischen einem Fünftel eines Sen (japanischer Cent) und drei oder vier Sen.[64] Spielsachen zum Preise von fünf Sen kommen in diesen Läden nur höchst selten vor. Aber bei aller Billigkeit sind diese winzigen Sächelchen doch voll Schönheit und Bedeutung, und für den, der Japan kennt und liebt, sind sie weit interessanter, als die kostbarsten Erzeugnisse der Pariser Spielzeugfabrikation. Einem europäischen Kinde würden allerdings viele derselben ganz unverständlich sein. Wir wollen uns einige davon ansehen.

Hier ist zunächst ein kleiner Holzhammer, an dessen Griffende eine Hülse mit einem kleinen losen Bällchen hängt. Das ist ein Schnuller für Säuglinge. Auf beiden Seiten der Hammerfläche ist das mystische Futatsu-domoye gemalt, jenes chinesische Symbol, zwei großen Kommas ähnlich, die so miteinander verbunden sind, dass sie einen vollkommenen Kreis bilden, wie man es auf dem Titelbilde in Lowells schönem Buche „Die Seele des Fernen Ostens" sehen kann. In deinen Augen würde aller Wahrscheinlichkeit nach der kleine Hammer eben nichts als kleiner hölzerner Hammer sein. Aber zu dem japanischen Kinde spricht er eine gar beredte Sprache. Es ist der Hammer der großen Gottheit von Kitsuki, Oho-kuni-nushi no Kami, gewöhnlich Daikoku genannt, der Gott des Reichtums, der mit einem einzigen Schlage seines Hammers seinen Anbetern Wohlstand verleiht.

Auch würde dir vielleicht jene winzige Trommel (Tsudzumi), deren Form im Abendlande ganz unbekannt ist, oder diese größere Trommel mit einem

[64] 1 yen (Halbdollar) = 100 sen, 1 sen (Halbcent) = 10 rin, 1 rin =10 mō (oder mon), 1 mō = 10 shu, 1 shu = 10 kotsu. Die meisten der bei dem Matsuri zum Verkaufe gelangenden billigen Spielwaren kosten zwischen 2 und 9 Rin. Der Rin ist eine kreisförmige Kupfermünze mit einem viereckigen Loch in der Mitte zum Aufreihen.

Mitsu-domoye, oder dem gemalten, dreifachen Komma-Symbol auf jeder Seite, ohne jegliche religiöse Bedeutung scheinen, aber beide sind Modelle von Trommeln, wie sie in Shintō- oder Buddha-Tempeln Verwendung finden. Dieses niedliche, winzige Tischchen ist ein Miniatur-Sambo; auf einem solchen Tisch werden den Göttern Gaben dargebracht. Diese wunderliche Mütze ist eine genaue Nachahmung der Mütze, die die Shintōpriester tragen. Hier wieder ist eine vier Zoll hohe Spielzeug-Miya, oder Shintō-Schrein. Dieses Bündel niedlicher, an einem hölzernen Griff befestigter Zinnglöckchen erscheint dir wohl als etwas, das unseren Knarren gleicht, aber es ist ein Modell des heiligen Suzu, das die jungfräuliche Priesterin bei ihrem Tanze vor den Göttern in den Händen hält. Dieses lächelnde pausbäckige Mädchengesicht mit den zwei Flecken auf der Stirn – eine Maske aus gebranntem Ton – ist das traditionelle Abbild von Ame no Uzume no Mikoto, gewöhnlich Otafuku genannt, deren heiteres Lachen die Sonnengöttin aus der Grotte der Dunkelheit herauslockte. Und hier ist ein kleiner Shintōpriester in hieratischem Ornat: Zieht man an dem Schnürchen, das zwischen seinen Beinen befestigt ist, so faltet er seine Hände zum Gebet.

Noch zahllose andere Spielsachen gibt es, die dem uneingeweihten Europäer mysteriös, dem japanischen Kinde voll köstlicher, religiöser Bedeutung sind. In diesen Religionen des Fernen Ostens liegt gar wenig finstere Strenge. Die Kamis sind nur die Geister der Väter des Volkes, die Buddhas und Bosatsus waren Menschen. Glücklicherweise ist es den Missionären in Japan noch nicht gelungen, die Religion zu etwas Düsterem und Trübseligen umzugestalten: Diese Götter lächeln immer. Findet man aber einen, der finster dreinblickt, wie Fudo, so scheint der Zorn nur halb im Ernst gemeint. Einzig Emma, der Herr des Todes, flößt Schrecken ein. Warum die Religion als etwas so Furchterweckendes zu betrachten sein soll, dass man sie aus den Spielen der Kinder verbannt, das kann der Japaner durchaus nicht begreifen. Darum sehen wir hier auch Bilder von Göttern und Heiligen, die zum Kinderspielzeug bestimmt sind – Ten-jin, der Gott der schönen Schrift, und Uzume, die das Lachen-Liebende, und Fukusuke, der wie ein glücklicher Schuljunge aussieht, und die sieben Glücksgötter in einer Gruppe: Fukuroku-Jin, der Gott der Langlebigkeit, dessen Kopf dermaßen in die Länge gezogen ist, dass sein Barbier nur mit Hilfe einer Leiter seinen Schädel rasieren kann, und Hotei, mit einem Bauch, so rund und groß, wie ein Ballon, und Ebizu, der Gott der Märkte und der Fischer, mit einem Taifisch unter dem Arm, und Daruma, der bejahrte Jünger Buddhas, dessen Beine während seiner ununterbrochenen Meditation unter ihm abgestorben sind. Hier finden sich auch viele andere Spielsachen, deren Sinn der Fremde kaum erraten könnte, obgleich sie keinerlei religiöse Bedeutung haben. So z. B. dieser kleine Dachs, der mit den Vorderpfoten auf seinem eigenen Bauche trommelt; denn dem Dachs schreibt man die Fähigkeit zu, seinen Bauch als Trommel zu benutzen, und der Volksglaube stattet ihn auch sonst noch mit allerlei übernatürlichen Gaben aus. Hier ist ein Hase, der auf dem Griffende einer hölzernen Keule sitzt, die horizontal in einem Zapfen hängt. Zieht man an einem kleinen Strick, so steigt und fällt die Keule, was den Eindruck hervorruft, als ob sie von dem Hasen selbst in Bewegung gesetzt würde. Bist du auch nur eine Woche in Japan gewesen, so wirst du darin die Keule des Kometsuki, des Reisreinigers, erkennen, der bei seiner Arbeit auf die Keule tritt. Aber wie verhält es sich mit dem Hasen? Dieser Hase ist der Hase im Mond, genannt Usagi no Kometsuki. Blickst du in einer klaren Nacht zum Himmel empor, so kannst du ihn dort oben den Reis reinigen sehen.

Nun lass uns Umschau halten, was es unter den ganz wohlfeilen Spielsachen zu kaufen gibt. Tombo, „die Libelle“: nur zwei in der Form eines T zusammengefügte Holzstückchen. Der untere Teil ist ein kleines, rundes Holzstäbchen, nicht dicker als ein Zündholz, aber zweimal so lang – der obere Teil ist flach und mit einigen Strichelchen bemalt. Bist du nicht daran gewöhnt, Geheimnissen nachzuforschen, so wirst du kaum bemerken, dass das flache Stück an zwei Rändern eingekerbt ist. Quirlst du nun das kürzere Stückchen schnell zwischen deinen Handflächen und lässt es dann plötzlich los, so steigt alsogleich das seltsame Spielzeug kreisend in die Höhe und segelt dann langsam auf eine ganz ansehnliche Entfernung durch die Luft, wobei es merkwürdige Rotationen vollführt, und täuschend – für das Auge wenigstens – die schwirrenden Bewegungen der Libelle nachahmt. Nun erst wird auch der Zweck der kleinen gemalten Streifchen auf dem oberen Holzteil offenbar, denn bei dem Hin- und Herschweben des Tombo scheint auch die Färbung die einer wirklichen Libelle zu sein. Auch der Ton, den das flirrende Spielzeug hervorruft, klingt ganz so wie das Surren der Libelle. Das dieser hübschen Erfindung zugrunde liegende Prinzip hat große Ähnlichkeit mit dem des Kreisels, und wenn man geschickt ist, kann man seinen Tombo, nachdem er einen großen Raum durchflogen hat, wieder in seine eigne Hand zurückkehren lassen. Aber nicht alle zum Verkaufe gelangenden Tombos funktionieren so gut wie dieser, wir haben eben Glück beim Einkauf gehabt. Preis: ein Zehntel eines Cents.

Hier ist ein Spielzeug, das aussieht wie ein mit Draht bespannter Bogen. Der Draht ist jedoch in eine korkzieherförmige Spirale eingeklemmt. Auf dieser Spirale schwebt ein winziges Vogelpaar in einer Metallschlinge. Hält man den Bogen lotrecht, so dass das Vogelpaar auf den oberen Rand des Drahtes zu sitzen kommt, so purzeln die beiden Sänger vermöge ihrer eigenen Schwere wirbelnd herab, wobei sie einander umkreisen; zugleich wird das Vogelgezwitscher durch das scharfe Kreisen der Metallschlinge auf dem Draht täuschend nachgeahmt. Der eine Vogel fliegt mit dem Kopf, der andere mit dem Schwanz nach aufwärts. Sind sie unten angelangt, dann dreht man den Bogen um und sie nehmen ihren kreisenden Flug wieder auf. Preis: zwei Cent – weil der Draht so teuer ist!! Dann weiter: O-Saru, der „Ehrenwerte Affe"[65], ein kleiner, auf einem Bambusrohr hockender Baumwollaffe mit einem kleinen Kopf und scharlachrotem Körper. Unter ihm ist eine Sprungfeder angebracht, und wenn man darauf drückt, dann läuft er lustig am Rohr entlang, bis zu dessen Spitze hinauf. Preis: ein achtel Cent.

O-Saru, ein zweiter „ehrenwerter Affe". Dieser ist etwas komplizierter in seinen Bewegungen und kostet darum einen ganzen Cent. Zieht man an seinem Schwanze, so läuft er auf allen Vieren an der Schnur hinauf. Tori-Kago, ein niedlicher, vergoldeter Käfig mit einem Vogel und Pflaumenblüten darin. Drückt man auf den Boden des Käfigs, so ahmt ein unsichtbarer winziger Blasebalg das Vogelzirpen nach. Preis: ein Cent.

Karu-wazashi, der Akrobat, ein sehr lose gegliederter Knabe aus Holz; er klammert sich mit beiden Händen an eine Schnur, die über zwei wie eine offene Schere miteinander kreuzweise verbundene Bambusstäbe gespannt ist. Drückst du die oberen Stabenden herunter, so wirft der Akrobat seine Beine über den Strick und beendet seine Produktion mit einem Purzelbaum. Preis: ein sechstel Cent. Kobiki, der Holzschneider. Eine japanische Arbeiterfigur mit nur einem Fundoshi um die Hüften, steht auf einem Brettchen, mit einer langen Säge in den Händen. Zieht man an einer Schnur, die unter seinen Füßen befestigt ist, so macht er sich allen Ernstes daran, das Brettchen zu zersägen. Man beachte dabei, dass er die Säge an sich zieht, wie ein echter Japaner, statt sie von sich abzustoßen, wie es unsere Arbeiter tun. Chie no ita,

[65] Warum in der höflichen Sprache der Affe so respektvoll genannt wird, weiß ich nicht genau; aber ich glaube, dass die symbolische Beziehung des Affen sowohl zum Buddhismus wie zum Shintōismus vielleicht den Gebrauch der Vorsilbe „O" (ehrenwert) vor dem Namen erklärt.

die klugen Bretter, oder besser vielleicht, die Regale der Klugheit. Eine Art Kette, bestehend aus etwa einem Dutzend flacher, viereckiger, weißer, durch Bänder untereinander verbundener Holzplättchen. Man halte das Ding lotrecht an einem der Holzenden, drehe es dann im rechten Winkel zu der Kette, und alsogleich purzeln die übrigen Stücke übereinander, ohne dass die Glieder sich voneinander lösen... Diese so einfache aber doch sinnreiche Konstruktion bewirkt eine vollkommene optische Täuschung, und selbst ein Erwachsener könnte sich mit diesem Spielzeug gut eine halbe Stunde lang ergötzen. Sein Preis: ein Cent. Kitsune-tanuki: eine komische, flache Papiermaske mit geschlossenen Augen. Zieht man an einem hinten befestigten Pappdeckelstreifen, so öffnet die Maske ihre Augen und streckt eine Zunge von verblüffender Länge heraus. Preis ein sechzehntel Cent. Chin, ein kleiner weißer Hund mit einem Halsband, in der Stellung des Bellens. Vom buddhistischen Standpunkte aus kommt mir dieses Spielzeug etwas unmoralisch vor, denn, wenn man ihn auf den Kopf schlägt, stößt er ein klägliches Geheul aus. Preis: ein Sen und fünf Rin, eigentlich etwas teuer!

Fuki-agari-koboshi, der unüberwindliche Ringer. Dieser ist noch teurer, denn er ist aus Porzellan gemacht und sehr hübsch bemalt. Er sitzt in hockender Stellung da, und in welche Richtung du ihn auch stoßen magst, er kehrt immer wieder aus freien Stücken in seine ursprüngliche Stellung zurück. Er kostet zwei Sen.

Oroga-haika-kodomo: das Sr. Majestät dem Kaiser huldigende Kind. Ein japanischer Schulknabe spielt auf einer Ziehharmonika und singt dazu die Nationalhymne oder Kimiga. Auf dem Boden dieses Spielzeugs befindet sich ein kleiner Blasebalg, und wenn man ihn zusammendrückt, bewegen sich die Arme des Knaben, als spiele er das Instrument, und man vernimmt eine schrille dünne Stimme. Preis: eineinhalb Cent.

Jishaku. Dieses, wie das vorhergehende, ist ein ganz modernes Spielzeug, ein kleines Holzschächtelchen, das einen Magneten und einen aus einem roten Knopf angefertigten Kreisel enthält, durch den ein Stahlstift gebohrt ist. Setzt du den Kreisel mit den Fingern in Bewegung und hältst dann den Magneten über den Stift, so wird der Kreisel bis hinauf zum Magneten geschnellt, und dort oben in der Luft fährt er lange Zeit fort, sich zu drehen. Preis: ein Cent. Es würde wenigstens eine Woche in Anspruch nehmen, alle die Spielsachen zu betrachten. Hier ist ein Spinnradmodell, durchaus vollkommen, um ein fünftel Cent; hier sind kleine, irdene Schildkröten, die, in Wasser gesetzt, umherschwimmen. Zwei Stück: ein Rin. Hier ist eine Schachtel Zinnsoldaten – Samurai in voller Rüstung, für nur neun Rin. Hier ist ein Kaze-kuruma oder Windrad, eine hölzerne Pfeife mit einem Papierrad, das gerade vor dem Loche befestigt ist, durch welches der Atem ausgestoßen wird, so dass das Rad heftig kreist, wenn man auf der Pfeife bläst – drei Rin. Hier ist ein Ogi, eine Art winziger vierfacher Fächer in einer beweglichen Scheide. Breitet man ihn aus, entfaltet er sich zu einer schönen Blume – ein Rin.

Aber das Entzückendste von allen diesen Dingen ist für mich eine zierliche Miniaturpuppe – O-Hina-San („das ehrenwerte Fräulein Hina") oder Beppin („Schöne Frau"). Die Gestalt ist nur ein Phantom, ein mit einem Papierkimono drapierter Stab, aber der Kopf ist wirklich ein Kunstwerk; ein hübsches ovales Gesicht mit weich beschatteten, geschlitzten Augen, die schüchtern zu Boden blicken – und eine wunderbare Haarfrisur – in Wellenbandeaux, Schlupfenwindungen und Lockengeringel geordnet, kunstvoll, entzückend.

Nun möchte ich dir zum Schluss noch etwas von japanischen Puppen erzählen, was du wohl nie früher gehört haben magst. Von den lebensgroßen Puppen, die Kinder von zwei und drei Jahren vorstellen, will ich sprechen; wirkliche Spielzeugkindchen, die, obgleich weit billiger und einfacher konstruiert als unsere feineren abendländischen Puppen, in der Hand eines japanischen Mädchens bedeutend interessanter werden. Solche Puppen sind gut gekleidet und sehen so täuschend lebendig aus mit ihren kleinen geschlitzten Augen, der ausrasierten winzigen Tonsur, dem lächelnden Gesicht, dass, aus einer kleinen Entfernung gesehen, die schärfsten Augen getäuscht werden können. Deshalb wird bei den Photographien aus dem japanischen Leben, von denen viele tausend in den offenen Häfen verkauft werden, für das obligate Kind auf dem Rücken der Mutter eine Puppe erfolgreich verwendet. Selbst die Kamera verrät diesen Trug nicht. Und siehst du, wie eine japanische Mutter eine solche Puppe ihre Händchen ausstrecken, ihre kleinen nackten Füßchen bewegen oder ihren Kopf hin und her drehen lässt, würdest du dich kaum trauen, eine Wette einzugehen, dass es nur eine Puppe ist, so nahe du sie auch gesehen haben magst; ja, es würde dich sogar nach einer genauen Prüfung etwas nervös machen, mit ihr allein gelassen zu werden, so vollkommen ist die durch dieses geschickte Hantieren hervorgerufene Täuschung.

Es ist nun auch der Glaube verbreitet, dass manche Puppen tatsächlich lebendig werden.

Früher war dieser Glaube allgemeiner als jetzt; von gewissen Puppen sprach man mit einer Verehrung, wie von den Kamis selbst, und ihre Besitzer waren beneidete Leute. So eine Puppe wurde wie das eigene Kind des Hauses gehalten. Man gab ihr regelmäßig Nahrung, sie hatte ein Bett, eine Menge hübscher Kleider und auch ihren eigenen Namen. War es eine weibliche Puppe, so hieß sie O-toku-San, war's eine männliche, so hieß sie Tokutarō-San. Man meinte, dass die Puppe sich erzürnen und weinen würde, wenn man sie vernachlässigte, und dass eine üble Behandlung einer solchen Puppe, dem Hause Ungemach bringen könnte. Und zudem schrieb man ihr überirdische Kräfte in hohem Maße zu.

In der Familie eines gewissen Sengoku, eines Samurai in Matsue, befand sich eine Tokutarō-San, die eine lokale Berühmtheit besaß, die der der Kishibojin selbst gleichkam. Kishibojin, zu der die japanischen Frauen um Nachkommenschaft beten. Und kinderlose Ehepaare pflegten diese Puppe auszuleihen, um sie eine Zeitlang bei sich zu behalten, und sie beteten zu ihr und statteten sie mit neuen Kleidern aus, ehe sie sie dankbar wieder ihrem Besitzer zustellten. Und man sagte mir, dass alle, die so taten, Eltern wurden nach ihres Herzens Wunsch. „Sengokus Puppe hatte eben eine Seele." Es geht sogar die Sage, dass, als das Haus einmal von einer Feuersbrunst ergriffen wurde, die Tokutarō-San sich aus eigenem Antriebe in den Garten rettete.

Die Vorstellung, die man sich von einer solchen Puppe macht, scheint dahinzugehen, eine neue Puppe sei eben bloß eine Puppe – aber eine Puppe, die lange Jahre in ein und derselben Familie gewesen,[66] geliebt und gehegt worden und mit der Generationen von Kindern gespielt haben, eine solche Puppe beseele sich allgemach. Ich fragte einmal ein reizendes japanisches Mädchen; „Wie kann denn eine Puppe leben?"

---

[66] Wie es bei schönen Puppen wirklich der Fall ist. Die kostbare Klasse der O-Hina-San, wie sie in den Ausstellungen des O-hina no matsuri oder in reichen Häusern figurieren, sind Familienerbstücke. Man gibt den Kindern die Puppen nicht zum Beschädigen preis. Und japanische Kinder zerbrechen sie nur sehr selten. Ich sah bei einem Puppenfest in dem Hause des Gouverneurs von Izumo Puppen, die hundert Jahre alt waren, entzückende Figuren in altjapanischem Hofkostüm.

„Warum?", sagt sie, „wenn man sie so recht von Herzen lieb hat, so wird sie leben."

Was ist dies anderes, als Renans Gedanke von dem Werden einer Gottheit, wie er sich in dem Herzen eines Kindes malt?

Das japanische Lächeln

Wer seine Vorstellungen über die Welt und ihre Wunder hauptsächlich aus Romanen und Novellen geschöpft hat, neigt noch immer zu dem Glauben, der Osten sei ernster als der Westen. Wer jedoch die Dinge aus einem höheren Gesichtspunkte beurteilt, folgert im Gegenteil, dass unter den obwaltenden Umständen der Westen ernster sein müsse als der Osten, und überdies, dass Ernsthaftigkeit geradeso wie ihr Gegenteil auch bloß eine angenommene Sitte sein könne. Tatsache ist, dass man in dieser wie in anderen Fragen keine allgemeingültige Regel aufstellen kann, die auf diese oder jene Hälfte der Menschheit genau anwendbar wäre. Wissenschaftlich müssen wir uns damit begnügen, die Kontraste im Allgemeinen zu studieren, wenn wir auch nicht hoffen dürfen, die so überaus komplizierten Ursachen befriedigend erklären zu können. Einen solchen Kontrast von ganz besonderem Interesse bieten die Engländer und die Japaner.

Es ist zum Gemeinplatz geworden, zu sagen, die Engländer seien ein ernstes Volk – nicht etwa oberflächlich ernst, nein, ernst bis zu der Grundwurzel des Rassecharakters. Ebensowohl könnte man vielleicht behaupten, die Japaner seien nicht sehr ernst – weder unter, noch auf der Oberfläche –, selbst im Vergleich mit weniger ernsten Nationen als die britische. Und in eben dem Maße, als sie weniger ernst sind, sind sie auch glücklicher. Ja, sie sind vielleicht noch immer das glücklichste Volk der zivilisierten Welt. Wir ernsten Abendländer können uns nicht sehr glücklich nennen – ja, wir wissen nicht einmal, wie ernst wir sind, und wahrscheinlich würde es uns erschrecken, zu erfahren, wie viel ernster wir unter dem immer wachsenden Drucke des industriellen Lebens voraussichtlich noch werden müssen. Vielleicht, dass wir erst durch einen langen Aufenthalt unter einem weniger ernst veranlagten Volk zur wahren Erkenntnis unseres eigenen Temperamentes gelangen können.

Diese Überzeugung drängte sich mir unwiderstehlich auf, als mir nach einem dreijährigen Verweilen im Innern Japans in dem offenen Hafen von Kobe für einige Tage das englische Leben wieder entgegentrat. Englisch wieder von Engländern sprechen zu hören, ergriff mich tiefer, als ich jemals für möglich gehalten hätte; aber diese Regung war nur von kurzer Dauer. Der Zweck meines Aufenthalts war, einige notwendige Einkäufe zu machen. In meiner Begleitung befand sich ein japanischer Freund, für den all dies fremde Leben ganz neu und wunderbar war, und der folgende merkwürdige Frage an mich richtete: „Wie kommt es nur, dass die Fremden niemals lächeln? Sie selbst lächeln und verneigen sich, wenn Sie zu ihnen sprechen, aber die andern lächeln nie, warum dies?"

Tatsächlich verhielt es sich so, dass ich mir die japanische Art und Weise zu eigen gemacht hatte und mit dem westlichen Leben außer Kontakt gekommen war. Erst die Bemerkung meines Freundes brachte mir mein einigermaßen seltsames Benehmen zum Bewusstsein, auch schien sie mir trefflich die Schwierigkeit des Verstehens zwischen zwei Rassen zu illustrieren, die jede ebenso natürlich wie irrig die Manieren und Motive der andern nach ihren eigenen beurteilt. Wundern sich die Japaner über den englischen Ernst, so wundern sich sicherlich die Engländer nicht minder über den japanischen Leichtsinn. Der Japaner spricht von den „bösen Gesichtern" der Fremden, die Fremden sprechen mit großer Verachtung von dem „japanischen Lächeln". Sie halten es für Unaufrichtigkeit, ja, manche behaupten sogar, es könne unmöglich etwas anderes sein. Nur einige wenige schärfer Blickende haben es als ein Rätsel erkannt, das des Studiums würdig ist. Einer meiner Freunde in Yokohama, ein überaus liebenswerter Mann, der mehr als sein halbes Leben in den offenen Häfen des Ostens zugebracht hat, sagte mir unmittelbar vor meinem Aufbruch in das Innere des Landes: „Da Sie jetzt darangehen, das japanische Leben zu studieren, werden Sie vielleicht imstande sein, etwas für mich herauszufinden. Ich kann nämlich das japanische Lächeln nicht verstehen – es ist mir völlig unbegreiflich. Lassen Sie mich von meinen zahlreichen Erlebnissen nur eines erzählen: Eines Tages, da ich von einer steilen Anhöhe hinunterfuhr, kam mir eine leere Kuruma auf der unrechten Straßenseite an der Wegbiegung entgegen. Ich hätte meinen Wagen nicht rechtzeitig aufhalten können, wenn ich es auch versucht hätte; aber ich versuchte es nicht einmal, weil ich an keine eigentliche Gefahr dachte, ich schrie dem Mann nur japanisch zu, nach der anderen Seite auszuweichen, dieser aber begnügte sich damit, die Kuruma an der Wegbiegung mit den

Deichselstangen nach außen an eine Mauer anzulehnen. Das Tempo, in dem ich fuhr, gestattete mir nicht, die Pferde zurückzureißen, und ehe ich mich's versah, drangen die Deichselschäfte in die Schultern meines Pferdes – der Mann blieb unverletzt. Beim Anblick meines blutenden Pferdes verließ mich alle Selbstbeherrschung, und ich versetzte dem Manne mit meiner Peitsche einen Schlag auf den Kopf. Er blickte mir voll ins Gesicht, lächelte und verneigte sich. Das Lächeln brachte mich ganz aus der Fassung – mein Zorn war auf einmal verraucht... Merken Sie wohl, das war ein höfliches Lächeln. Aber was bedeutete es? Warum zum Teufel lächelte der Mann? Ich kann es absolut nicht begreifen..."

Auch mir war es damals unbegreiflich. Aber seither ist mir der Sinn manches geheimnisvolleren Lächelns offenbar geworden. Ein Japaner vermag angesichts des Todes zu lächeln – und tut es auch gewöhnlich... Es ist dies aber weder Trotz noch Heuchelei, noch darf es mit jenem Lächeln krankhafter Resignation verwechselt werden, das wir geneigt sind, mit Charakterschwäche in Zusammenhang zu bringen... Vielmehr ist dies eine verfeinerte und lang ausgebildete Etiquette. Es ist auch eine stumme Sprache. Aber jeder Versuch, es nach abendländischen Begriffen des physiognomischen Ausdrucks zu deuten, wäre sicherlich ebenso erfolglos, wie der Versuch, chinesische Ideogramme nach ihrer wirklichen oder vermeintlichen Ähnlichkeit mit den Formen uns vertrauter Dinge zu interpretieren.

Da erste Eindrücke vorwiegend instinktiv sind, wird ihnen wissenschaftlich eine gewisse Glaubwürdigkeit zuerkannt, und der allererste Eindruck, den das japanische Lächeln hervorruft, ist tatsächlich nicht weit von der Wahrheit entfernt. Dem Fremden kann der glückliche und lächelnde Gesichtsausdruck der Eingeborenen nicht entgehen, und dieser erste Eindruck ist in den meisten Fällen ein überaus angenehmer. Das japanische Lächeln entzückt anfänglich – erst später, wenn man dasselbe Lächeln unter außerordentlichen Umständen, in Momenten des Kummers, des Schmerzes, der Enttäuschung gesehen hat, überkommt uns ein gewisser Argwohn dagegen, ja bei manchen Gelegenheiten mag seine offensichtliche Unangebrachtheit sogar unseren Zorn hervorrufen.

Und wirklich hat dieses Lächeln gar viele der Schwierigkeiten zwischen den fremden Dienstgebern und ihren eingeborenen Bediensteten verschuldet. Jeder, der an der britischen Tradition festhält, ein guter Diener müsse gemessen feierlich sein, wird das Lächeln seines „Boy" nicht mit Geduld ertragen können. Aber die Japaner fangen jetzt auch an, dieser abendländischen Marotte Rechnung zu tragen, seit sie gemerkt haben, dass der englisch sprechende Fremde das Lächeln meistens hasst und geneigt ist, es als beleidigend aufzufassen, haben die japanischen Bediensteten in den offenen Häfen aufgehört zu lächeln und eine verdrossene Miene angenommen.

Bei dieser Gelegenheit fällt mir eine seltsame Geschichte ein, die mir eine Dame in Yokohama von ihrer japanischen Dienerin erzählt hat: „Vor einigen Tagen kommt meine Dienerin lächelnd, als sei ihr etwas sehr Angenehmes passiert, und sagt, ihr Mann sei gestorben, und sie bitte, seiner Bestattung beiwohnen zu dürfen. Natürlich willige ich ein. Es scheint, dass der Leichnam des Mannes verbrannt worden ist. Nun, am Abend, kehrt sie zurück, zeigt mir eine Urne, die etwas Knochenasche enthält – (ich bemerke einen Zahn darunter) – mit den Worten: ‚Dies ist mein Mann!' Und – so unglaublich es klingen mag – sie lachte, indem sie es sagte. Ist Ihnen jemals solch ein widerwärtiges Geschöpf vorgekommen?"

Es wäre ganz vergeblich gewesen, die Erzählerin überzeugen zu wollen, dass das Benehmen der Dienerin weit davon entfernt war, herzlos zu sein, dass man es vielmehr heroisch auffassen und ihm eine rührende Deutung geben könnte. Nun muss man aber nicht gerade ein beschränkter Philister sein, um in einem solchen Falle durch den äußeren Anschein irregeführt zu werden. Leider aber verhält es sich so, dass eine ganze Anzahl fremder Ansiedler in den offenen Häfen Japans ausgesprochene Philister sind, denen es gar nicht einfällt, einen Blick unter die Oberfläche des sie umgebenden Lebens zu tun. Mein Freund in Yokohama, der mir die Geschichte von der Kuruma erzählte, war ganz anders geartet – er hütete sich wohl, nach dem äußeren Anschein zu urteilen. Das Missverstehen des japanischen Lächelns hat mehr als einmal zu verhängnisvollen Folgen geführt; so in dem Falle eines gewissen T., eines Yokohamaer Kaufmanns aus der guten alten Zeit. T. hatte einen sympathischen, alten Samurai in irgendeiner Eigenschaft (ich glaube, als Lehrer) engagiert, der nach der Sitte der Zeit einen Zopf und zwei Schwerter trug. Die Engländer und die Japaner von heute verstehen sich nicht sonderlich, aber die Engländer und die Japaner von dazumal verstanden sich noch weit weniger. Anfänglich betrugen sich die Eingeborenen in einem fremden Dienstverhältnis genau so, als wären sie in einem vornehmen japanischen Hause,[67] und dieser unschuldige Irrtum veranlasste die Fremden zu allerlei Übergriffen und Grausamkeiten, bis man endlich die Entdeckung machte, dass es gefährlich sei, Japaner wie westindische Neger zu behandeln. Zahlreiche Fremde wurden getötet – was von guten moralischen Folgen war. Aber ich schweife ab... T. war also sehr zufrieden mit seinem alten Samurai, obgleich völlig außerstande, des alten Mannes orientalische Höflichkeit zu verstehen. Sein sich zu Boden werfen beim Gruße, und die Bedeutung seiner kleinen Gaben, die er gelegentlich mit auserlesener – an T. ganz verschwendeter – Höflichkeit darbrachte.

Eines Tages nun kam der alte Mann, um eine Gefälligkeit zu erbitten. Ich glaube, es war der Vorabend des japanischen neuen Jahres, wo jedermann Geld braucht, aus Gründen, die hier auseinanderzusetzen zu weit führen würde. Die Gefälligkeit bestand darin, dass T. ihm auf eines seiner Schwerter – ich glaube, es war das lange – eine kleine Summe borgen sollte. Es war eine wunderschöne Waffe, und da der Kaufmann sie auch als ein überaus wertvolles Stück erkannte, lieh er dem alten Manne ohne jedes Bedenken den gewünschten Betrag. Einige Wochen später war dieser in der Lage, sein Schwert wieder auszulösen. Was nun der Anlass zu dem folgenden unglückseligen Vorfall gewesen sein mag, weiß niemand zu sagen. Vielleicht, dass T.'s Nerven sehr überreizt waren... Wie dem auch sei, eines Tages erzürnte sich T. sehr über den alten Mann, der sich dem Ausbruch seines Unwillens mit Lächeln und Kopfneigungen unterwarf. Dies steigerte T.'s Wut noch mehr, und er erging sich in beleidigenden Ausdrücken gegen den alten Mann. Doch dieser lächelte bloß und verneigte sich noch immer, worauf T. ihm die Türe wies. Als aber der alte Mann noch immer fortfuhr, zu lächeln und sich zu verneigen, verlor T. alle Selbstbeherrschung, und er ließ sich so weit hinreißen, dem alten Manne einen Schlag zu versetzen... Aber plötzlich befiel T. große Furcht – denn im Nu schoss das große Schwert aus der Scheide und blitzte vor seinen Augen, und der alte Mann schien nicht mehr alt... Nun ist aber eine solche haarscharfe Klinge eines japanischen Schwertes eine gar verhängnisvolle Sache, und in der Hand eines Kundigen genügt ein einziger Ruck, um einem damit den Kopf vom Rumpf zu trennen. Aber zu seinem

[67] Das Verhältnis zwischen Eltern und Kindern dauert bloß für eine Lebenszeit fort, das zwischen Mann und Frau für zwei Lebenszeiten, aber das zwischen Herr und Diener für die Zeit von drei Existenzen.

unsagbaren Erstaunen schob der alte Mann mit der Gewandtheit eines geübten Fechters die Klinge blitzschnell wieder in die Scheide, machte Kehrt und verschwand.

Der verdutzte T. verfiel in Sinnen... Allerlei Nettes und Liebes von dem alten Mann tauchte in seiner Erinnerung auf... Seine anspruchslose, schlichte Herzensgüte, die mancherlei unverlangten und unvergoltenen Freundlichkeiten, die er ihm erwiesen, seine makellose Ehrlichkeit... T. überkam es wie ein Gefühl der Beschämung – er versuchte sich zu trösten, indem er sich sagte: Es war seine eigene Schuld; er hatte kein Recht, mir ins Gesicht zu lachen, als er sah, dass ich zornig war... Ja, er nahm sich sogar vor, sich gelegentlich zu entschuldigen... Aber diese Gelegenheit bot sich nie mehr, denn noch am selben Abend vollzog nach Samurai-Sitte der alte Mann das „Harakiri" an sich. Er hinterließ einen wunderschön geschriebenen Brief, in dem er seine Beweggründe auseinandersetzte: Einen ungerechten Schlag zu empfangen, ohne für die Schmach Rache zu nehmen, ist eine Ehrenkränkung, die ein Samurai nicht überleben darf. Er hatte einen solchen Schlag empfangen – unter allen anderen Verhältnissen hätte er für die Schmach Rache genommen, aber in diesem Falle waren die Verhältnisse von ganz besonderer Art. Sein Ehrenkodex verbot ihm, gegen einen Mann das Schwert zu ziehen, das er diesem in einer Stunde der Not für Geld verpfändet hatte. Da er nun so außerstande war, sein Schwert zu gebrauchen, blieb ihm nur der einzige Ausweg des ehrenvollen Selbstmordes...

Um die Peinlichkeit dieser Geschichte zu mildern, mag der Leser annehmen, T. sei wirklich sehr betrübt gewesen und habe für die Hinterbliebenen des alten Mannes großmütig gesorgt. Was er aber in keinem Falle annehmen darf, ist, dass T. jemals imstande gewesen wäre, das Lächeln des alten Mannes zu verstehen – das Lächeln, das die Beleidigung veranlasst und den tragischen Ausgang bewirkt hatte.

Um das japanische Lächeln zu verstehen, muss man imstande sein, ein wenig in das alte, natürliche, volkstümliche Leben Japans einzudringen. Von den modernisierten, oberen Klassen kann man nichts lernen. Die tiefe Bedeutung der Rasseverschiedenheit kommt in den Wirkungen der höheren Erziehung täglich mehr und mehr zum Ausdruck. Statt irgendeine Gemeinsamkeit des Empfindens herbeizuführen, scheint dieselbe vielmehr die Kluft zwischen Abendland und Orient nur zu erweitern. Einige fremde Beobachter sind der

Ansicht, dies sei der enormen Entwicklung gewisser latenter Eigentümlichkeiten zuzuschreiben, unter anderem eines angeborenen Materialismus, der bei den unteren Klassen kaum wahrnehmbar ist. Mit dieser Erklärung kann ich mich nicht recht befreunden, aber es ist zum mindesten unleugbar, dass, je gebildeter der Japaner (nach westlichen Begriffen) ist, desto ferner scheint er uns seelisch zu stehen. Unter dem Einfluss der neuen Erziehung scheint sich sein Charakter in etwas seltsam Hartes, nach unseren abendländischen Begriffen eigentümlich Undurchdringliches kristallisiert zu haben. Was das Gefühlsleben betrifft, scheint das japanische Kind uns unvergleichlich näher zu stehen als der japanische Mathematiker, der Bauer näher als der Staatsmann. Zwischen der höchstgebildeten Klasse der ganz modernisierten Japaner und dem abendländischen Denker besteht absolut nichts, was intellektueller Sympathie ähnlich wäre. Auf Seite der Eingeborenen wird dies durch eine kalte, korrekte Höflichkeit ersetzt. Jene Einflüsse, die in anderen Ländern für die Entwicklung höherer Empfindungen von größter Bedeutung sind, scheinen hier die merkwürdige Wirkung zu haben, sie zu unterdrücken. Wir sind daheim gewohnt, verfeinerte Sensibilität mit gesteigertem Intellekt verknüpft zu glauben; es wäre ein grober Irrtum, diese Regel auf Japan anzuwenden. Sogar an einer gewöhnlichen Schule fühlt der fremde Lehrer, wie ihm die Schüler Jahr um Jahr mehr entgleiten, während sie von Klasse zu Klasse aufsteigen; in den verschiedenen höheren Lehranstalten erweitert sich die Kluft noch schneller, so dass noch vor der Graduierung die Studenten für ihren Professor nichts mehr als oberflächliche Bekannte geworden sind. Das Rätsel ist vielleicht in gewissem Maße ein physiologisches und erfordert eine wissenschaftliche Erklärung. Aber seine Lösung muss in erster Linie in den ererbten Lebensgewohnheiten und der von Urvorstellungen erfüllten Phantasie gesucht werden. Diese Erscheinung lässt sich nur dann erschöpfend behandeln, wenn man ihre natürlichen Ursachen völlig erkannt hat – und diese sind wahrlich nicht so einfach. Manche Beobachter folgern daraus, dass die moderne Erziehung in Japan noch nicht imstande war, das feinere Empfindungsleben zu der abendländischen Höhe zu steigern, dass ihre entwickelnde Kraft nicht einheitlich und weise angewendet wurde, sondern dass dies nur einseitig und auf Kosten des Charakters geschehen sei. Diese Theorie geht aber von der erst zu beweisenden Behauptung aus, der Charakter könne durch die Erziehung geschaffen werden, und übersieht die Tatsache, dass die besten Resultate nur durch Schaffung von Spielraum zur

Betätigung präexistierender Neigungen erzielt werden können, nicht aber durch ein – wie immer geartetes – Unterrichtssystem.

Die Ursachen des Phänomens müssen in dem Rassecharakter gesucht werden. Welche Errungenschaften immer der höheren Erziehung in ferner Zukunft vorbehalten sein mögen, so darf man doch nicht erwarten, dass sie imstande sein wird, die Natur umzuwandeln. Aber lässt sie jetzt nicht gewisse feine Tendenzen verkümmern? Ich bin der Meinung, dass dies unvermeidlich ist, aus dem einfachen Grunde, weil unter den obwaltenden Bedingungen die Anforderungen der Erziehung die geistigen und moralischen Kräfte überanstrengen. Dieser ganze wunderbare alte nationale Geist der Geduld, der Pflicht, der Selbstverleugnung, der in früheren Zeiten auf einen sozialen, moralischen oder religiösen Idealismus gerichtet war, müsste unter der Disziplin der neuen modernen Erziehung auf ein Ziel konzentriert werden, das seine volle Betätigung nicht bloß erfordert, sondern ganz und gar absorbiert. Denn soll dieses Ziel überhaupt erreicht werden, kann dies nur unter Schwierigkeiten geschehen, denen der abendländische Student kaum je begegnet ist, ja, die ihm kaum verständlich gemacht werden könnten. Alle jene moralischen Qualitäten, die den altjapanischen Nationalcharakter so bewunderungswürdig machten, sind sicherlich dieselben, die den modernen japanischen Studenten zu dem unermüdlichsten, gelehrigsten und ehrgeizigsten in der Welt machen. Aber es sind auch Eigenschaften, die ihn zu einem Übermaß der Anspannung seiner natürlichen Fähigkeiten anspornen, häufig mit dem Resultat geistiger und moralischer Erschöpfung. Die Nation befindet sich in einer Periode intellektueller Überanstrengung. Bewusst oder unbewusst hat Japan, einer plötzlichen Notwendigkeit gehorchend, nichts Geringeres unternommen als die ungeheure Aufgabe, die geistige Expansion zu dem höchsten Punkte zu forcieren. Der Verlauf einer solchen intellektuellen Entwicklung in wenigen Generationen bringt eine physiologische Veränderung mit sich, die niemals ohne furchtbare Opfer vor sich gehen kann. Mit anderen Worten, Japan hat zu viel angestrebt, aber unter den obwaltenden Verhältnissen hätte es allerdings kaum weniger anstreben können. Glücklicherweise wird das Erziehungssystem der Regierung selbst von den Ärmsten der Armen mit erstaunlichem Eifer unterstützt. Die ganze Nation hat sich mit einer Begeisterung in die Studien gestürzt, von der auch nur einen annähernden Begriff zu geben, in den engen Grenzen dieses Aufsatzes nicht möglich ist. Aber ich möchte wenigstens ein rührendes Beispiel anführen. Unmittelbar nach dem schrecklichen Erdbeben im Jahre 1891 sah man die

Kinder der zerstörten Städte Gifu und Aichi frierend, hungrig und obdachlos, von namenlosem Schrecken und Elend umgeben, in der Asche ihres zerstörten Heims kauernd, unbekümmert ihren gewohnten Schulbeschäftigungen nachgehen. Ein Stückchen Ziegel aus ihren eigenen zertrümmerten Heimstätten diente ihnen als Schiefertafel, und ein Häufchen Lehm ersetzte die Kreide – und all dies, während die Erde noch unter ihnen schwankte.[68] Welche zukünftigen Wunder dürfen wir von solch überwältigender Energie des Bildungsstrebens erwarten!

Aber, man muss es eingestehen, die Resultate der modernen höheren Erziehung waren bisher nicht immer günstig. Unter den Japanern des alten Regimes begegnet man einer Höflichkeit, Selbstlosigkeit, reinen Herzensgüte, die man gar nicht genügend zu preisen vermöchte. Bei der modernisierten neuen Generation ist dies alles beinahe spurlos verschwunden. Man sieht eine Klasse von jungen Leuten, die die alten Zeiten und Sitten bespötteln, ohne dass sie imstande gewesen wären, sich über vulgäre Nachäfferei und schale skeptische Gemeinplätze zu erheben. Was ist aus den bezaubernden und vornehmen Anlagen geworden, die ihnen ihre Väter vererbt haben müssen? Ist es nicht möglich, dass das Beste dieser Eigenschaften sich in bloßen Ehrgeiz verwandelt haben kann, in einen so übermächtigen Ehrgeiz, dass er den Charakter erschöpft, ihm alle Kraft und alles Gleichgewicht geraubt hat.

Will man die Bedeutung der hervorstechendsten Unterschiede zwischen dem Rasseempfinden und dem Gefühlsausdruck des Westens und des fernen Ostens verstehen, so muss man die noch mobile, natürliche Existenz der unteren Volksschichten untersuchen. Mit diesen sanften, herzensguten Leutchen, die gleicherweise dem Leben und dem Tod zulächeln, ist es möglich, einer Gemeinsamkeit des Fühlens in schlichten natürlichen Dingen froh zu werden – und durch Vertraulichkeit und Sympathie können wir dazu gelangen, ihr Lächeln nach und nach zu verstehen.

Das japanische Kind wird mit dieser glücklichen Anlage geboren, die durch die ganze Dauer der häuslichen Erziehung sorgsam ausgebildet wird. Sie wird mit eben derselben Sorgfalt gepflegt, die man der Entwicklung der natürlichen Anlagen einer Gartenpflanze zuwendet. Das Lächeln wird ebenso

[68] Nach dem Ausbruch dauerten die Stöße, obgleich ihre Stärke und Heftigkeit abnahm, noch sechs Monate fort.

gelehrt wie die Verbeugung, das Sich-zu-Boden-werfen, wie das sachte, schlürfende Einziehen des Atems, welches als Zeichen der Freude das Grüßen eines Höherstehenden begleitet, und überhaupt alle erlesene und schöne Etikette der alten Höflichkeit. Das Lächeln soll bei allen angenehmen Anlässen zur Schau getragen werden, wenn man zu einem Höherstehenden spricht, oder auch zu einem Gleichgestellten – ja sogar bei Anlässen, die nicht angenehm sind. Es gehört dies zum guten Benehmen. Das lächelnde Gesicht ist das angenehmste Gesicht, und Eltern, Verwandten, Lehrern, Freunden und Gönnern das angenehmste Gesicht zeigen, ist eine Lebensregel. Ferner ist es eine Lebensregel, der Außenwelt gegenüber immer eine glückliche Miene zu zeigen, anderen so weit als möglich einen angenehmen Eindruck zu machen. Bricht auch das Herz, es ist eine gesellschaftliche Pflicht, tapfer zu lächeln. Anderseits gilt es als unhöflich, ernst auszusehen oder gar unglücklich, weil dies denen, die uns lieben, Besorgnis oder Kummer verursachen muss. Es ist auch zugleich töricht, da es bei denen, die uns nicht lieben, müßige Neugierde hervorrufen kann. So von Kindheit an als Pflicht eingeprägt, wird das Lächeln instinktiv. In dem Bewusstsein des ärmsten Bauern lebt die Überzeugung, dass es selten nützlich und immer rücksichtslos ist, seinen persönlichen Schmerz oder Ärger durch seinen Gesichtsausdruck zu verraten. Daher kommt es, dass, obgleich der Kummer in Japan ebenso wie anderswo seinen natürlichen Ausdruck finden muss, ein unbeherrschter Tränenausbruch in Gegenwart von Höherstehenden oder von Gästen als Unhöflichkeit gilt – und die ersten Worte der ungebildetsten Bäuerin, deren Nerven sich etwa in solcher Weise gehen ließen, sind unwandelbar diese: „Verzeihen Sie meine Selbstsucht – ich war sehr rücksichtslos... Die Gründe des Lächelns – dies sei hervorgehoben – sind nicht bloß moralisch, sie sind in gewissem Maße ästhetisch, ihnen liegt zum Teil dieselbe Idee zugrunde, die in der griechischen Kunst den Ausdruck des Leidens regelte. Aber sie sind weit mehr moralischer als ästhetischer Natur, wie wir gleich sehen werden. Aus der primären Etikette des Lächelns hat sich eine sekundäre Etikette entwickelt, deren Beobachtung die Fremden oft zu den ärgsten Missdeutungen des japanischen Empfindens veranlasst hat. Es ist eine nationale Sitte, dass, wann immer ein trauriger oder erschütternder Vorfall berichtet werden muss, dies von dem Beteiligten mit einem Lächeln geschieht.[69] Je ernster die Sache, desto akzentuierter das Lächeln, und ist die Sache dem, der sie vorbringt,

[69] Natürlich ist das gegenteilige Verhalten für den Kondolierenden üblich.

besonders furchtbar, so geht das Lächeln oft in ein leises sanftes Lachen über. So bitterlich die Mutter, die ihr Erstgeborenes verlor, bei der Leichenfeier geweint haben mag – es ist höchst wahrscheinlich, dass sie, wenn sie in deinen Diensten steht, mit einem Lächeln von ihrem Verlust berichten wird. Gleich dem Priester ist sie der Meinung, dass es eine Zeit zum Lachen und eine Zeit zum Weinen gibt. Es hat lange gebraucht, bis ich selbst begriff, wie Personen, von denen ich wusste, dass sie eben verstorbene Angehörige sehr geliebt hatten, deren Tod mit einem Lachen verkünden konnten. Aber dieses Lachen war die bis zur äußersten Grenze der Selbstverleugnung getriebene Höflichkeit und wollte sagen: „Dies mag Ihre Güte als ein trauriges Ereignis ansehen, aber lassen Sie sich eine so nebensächliche Sache nicht zu Herzen gehen und verzeihen Sie, dass die Notwendigkeit mich zwingt, die Höflichkeit dadurch zu verletzen, dass ich überhaupt davon rede."

Der Schlüssel zu dem Geheimnis des unbegreiflichsten Lächelns ist die japanische Höflichkeit. Der wegen eines Vergehens mit Entlassung bedrohte Diener wirft sich zu Boden und bittet mit einem Lächeln um Verzeihung. Dieses Lächeln ist das gerade Gegenteil von Frechheit oder Gefühllosigkeit. Vielmehr bedeutet es: „Sie mögen versichert sein, dass ich von der Gerechtigkeit Ihres erhabenen Spruches durchdrungen bin, und dass ich jetzt die Schwere meines Vergehens einsehe, aber mein Kummer und meine Notlage lassen mich hoffen, meine törichte Bitte um Verzeihung werde Gehör finden."

Der Knabe oder das Mädchen, die über das Alter der kindischen Tränen hinaus sind, nehmen ihre Strafe lächelnd entgegen. Das bedeutet: „Kein böser Gedanke erfüllt mein Herz, ich habe weit Schlimmeres verdient." Und der von meinem Freunde gezüchtigte Kurumaya lächelte aus einem ähnlichen Grunde, wie mein Freund intuitiv gefühlt haben mochte, da ihn sein Lächeln sofort entwaffnete: „Ich hatte sehr unrecht, Sie haben recht, böse zu sein, ich verdiene den Schlag und trage Ihnen deshalb gar nichts nach."

Aber man muss verstehen, dass selbst der ärmste und demütigste Japaner eine Ungerechtigkeit kaum ruhig hinnehmen würde; seine scheinbare Fügsamkeit ist hauptsächlich in seinem moralischen Gefühl begründet. Der Fremde, der sich's beifallen ließe, einen Japaner aus Übermut zu schlagen, würde sich sicherlich bald überzeugen, dass er einen verhängnisvollen Irrtum begangen habe. Die Japaner lassen nicht mit sich spaßen, und solches brutale Vorgehen hat schon so manchem das Leben gekostet.

Doch selbst nach den vorhergegangenen Erklärungen muss der erwähnte Vorfall mit der japanischen Dienerin noch immer unverständlich erscheinen. Aber dies meiner Überzeugung nach nur aus dem Grunde, weil die Erzählerin bestimmte Fakten übersah oder wegließ. In der ersten Hälfte der Geschichte scheint alles vollkommen klar. Bei der Mitteilung von ihres Gatten Tod lächelte die junge Dienerin in Übereinstimmung mit der bereits erwähnten nationalen Formalität. Was vollkommen unglaublich scheint, ist, dass sie aus eigenem Antrieb die Aufmerksamkeit ihrer Herrin auf den Inhalt der Vase oder Aschenurne gelenkt haben sollte. War sie in der japanischen Höflichkeit genügend bewandert, um bei der Todesbotschaft ihres Gatten zu lächeln, so hätte sie auch unbedingt diesen Kodex soweit kennen müssen, um eine solche Ungehörigkeit zu unterlassen. Sie konnte die Vase und ihren Inhalt bloß auf einen ausdrücklichen oder vermeintlichen Befehl hin gezeigt haben. Und in diesem Falle ließ sie das sanfte Lachen hören, das entweder die unvermeidliche Erfüllung einer traurigen Pflicht oder eine erzwungene peinliche Erklärung begleitet. Meiner Meinung nach war sie genötigt, eine müßige Neugier zu befriedigen. Ihr Lächeln oder Lachen mochte bedeuten: „Lassen Sie Ihre werten Gefühle durch meinen unwürdigen Bericht nicht aufregen, es ist wirklich sehr unbescheiden von mir, selbst auf Ihren gnädigen Befehl eine so verächtliche Sache wie meinen Kummer zu erwähnen."

Aber das japanische Lächeln darf nicht als eine Art „sourire figé" aufgefasst werden, das dauernd als eine Art Seelenmaske getragen wird. Gleich anderen Etikettefragen ist es durch einen Kodex geregelt, der in den verschiedenen Gesellschaftsklassen variiert. Die alten Samurais waren im Allgemeinen nicht geneigt, bei jeder Gelegenheit zu lächeln – sie sparten ihre Liebenswürdigkeit für Höherstehende und Intime auf und scheinen gegen Untergebene eine ernste Strenge beobachtet zu haben. Die Würde der Shintō-Priesterschaft ist sprichwörtlich geworden, und jahrhundertelang spiegelte sich der Ernst der Gesetze des Konfuzius in dem Dekorum der Beamten und staatlichen Würdenträger. Von alters her trug der Adel eine noch stolzere Zurückhaltung zur Schau, und die Feierlichkeit steigerte sich noch durch die ganze Ranghierarchie bis hinauf zu jenem schrecklichen Zeremoniell, das den Tenshi-Sama (Mikado) umgab, dessen Antlitz kein Sterblicher erblicken durfte. Aber im Privatleben hatte das Gehaben des Höchstgestellten seine angenehme Zwanglosigkeit, und selbst heute wird – wenn man von einigen ganz modernisierten Ausnahmen absieht – der Edelmann, der Richter, der Hohepriester, der Minister, der Offizier in den Intervallen seiner

Amtstätigkeit daheim die entzückenden Gewohnheiten der alten Höflichkeit walten lassen.

Das Lächeln, das das Gespräch erhellt, ist an sich nur ein kleiner Teil dieser Höflichkeit; aber das Gefühl, welches es symbolisiert, hat sicherlich den größten Anteil daran. Hast du zufällig einen gebildeten japanischen Freund, der in allen Dingen wahrhaft japanisch geblieben ist, dessen Charakter unberührt ist von allem modernen Egoismus und fremden Einfluss, wirst du wahrscheinlich an ihm die wesentlichen sozialen Züge des ganzen Volkes studieren können, Züge, die sich bei ihm in feinster Blüte entfaltet haben. Du wirst beobachten, dass er in der Regel niemals von sich selbst spricht, und dass er in Beantwortung eindringlicher persönlicher Fragen mit einer höflichen Verbeugung möglichst kurz und vage antworten wird. Aber andererseits wird er eine Menge Fragen über dich selbst stellen. Deine Meinungen, deine Ideen, sogar unwesentliche Einzelheiten deines täglichen Lebens scheinen für ihn tiefes Interesse zu haben, und du wirst wahrscheinlich Gelegenheit haben, zu bemerken, dass er niemals etwas vergisst, was er von dir erfahren hat. Aber seiner liebenswürdigen, teilnehmenden Neugierde sind gewisse strenge Grenzen gesetzt, und vielleicht sogar auch seiner Beobachtung. Er wird niemals irgendeine peinliche Sache berühren und bleibt allen Exzentrizitäten oder kleinen Schwächen gegenüber – die du etwa haben solltest – vollkommen blind. Er wird dich nie ins Gesicht loben, aber er wird dich auch nie bespötteln oder bekritteln.

Du wirst überhaupt finden, dass er nie Personen kritisiert, sondern die Wirkungen ihrer Taten. Ziehst du ihn zurate, wird er nicht einmal einen Plan kritisieren, den er missbilligt, sondern wird sich höchstens dazu herbeilassen, einen neuen anzudeuten, etwa in folgender behutsamer Form: „Vielleicht wäre es Ihrem unmittelbaren Interesse dienlicher, so und so vorzugehen.“ Ist er genötigt, von andern zu sprechen, wird er sich in einer seltsam indirekten Weise auf sie beziehen, indem er eine Anzahl von Zügen anführt und kombiniert, die charakteristisch genug sind, um das gewünschte Bild hervorzurufen. Aber in einem solchen Falle werden die erwähnten Züge sicherlich von der Art sein, Interesse zu erwecken und einen günstigen Eindruck zu machen. Diese indirekte Art des Mitteilens ist ausgesprochen die Schule des Konfuzius. „Selbst wenn du keine Zweifel hast“, sagt Li-Ki, „lass das, was du sagst, nicht als deine eigene Meinung erscheinen.“ Und es ist sehr wahrscheinlich, dass du sehr viele andere Züge bei deinem Freund bemerken wirst, zu deren Verständnis es einiger Vertrautheit mit den chinesischen Klassikern bedarf. Aber keiner solchen Kenntnisse bedarf es, um dich von seiner zarten Rücksicht für andere zu überzeugen, und von seiner anerzogenen Selbstverleugnung. Keinem andern zivilisierten Volke ist das Geheimnis, glücklich zu leben, so offenbar wie den Japanern, keiner anderen Rasse ist die Wahrheit so tief bewusst, dass unsere Lebensfreude auf dem Glücke unserer Umgebung beruhen müsse, demzufolge auf der Pflege unserer eigenen Selbstverleugnung und Geduld.

Aus diesem Grunde findet Ironie, Sarkasmus, grausam scharfer Witz in der japanischen Gesellschaft keinen Anklang. Ich möchte beinahe sagen, sie kommen im verfeinerten Leben gar nicht vor. Ein Missgriff verfällt nicht der Lächerlichkeit oder dem Tadel – eine Extravaganz wird nicht kommentiert, ein unwillkürlicher Verstoß nicht bespöttelt.

Es ist wahr, dass dieses durch den chinesischen Konservatismus einigermaßen erstarrte ethische System die Ideen auf Kosten der Individualität verknöchert hat. Und dennoch wäre eben dieses System durch ein ausgedehnteres Verständnis der sozialen Erfordernisse, durch die wissenschaftliche Erkenntnis der für die intellektuelle Evolution wichtigen Freiheit geregelt und erweitert, dasjenige, womit die glücklichsten und besten Resultate erzielt werden könnten. Aber wie es jetzt geübt wird, war es der Entwicklung der Originalität nicht förderlich – vielmehr wirkte es dahin, jene liebenswürdige Mittelmäßigkeit der Auffassung und Phantasie zu begünstigen, die noch jetzt vorherrscht. Deshalb kann der Fremde, der sich im inneren Japan aufhält, nicht umhin, sich manchmal nach den scharfen Kontrasten des europäischen Lebens zu sehnen, mit seinen tieferen Freuden und Leiden und seiner verständnisvolleren Sympathie. Aber nur manchmal, denn die intellektuelle Einbuße wird wirklich durch den gesellschaftlichen Charme reichlich aufgewogen, und wer die Japaner auch nur teilweise versteht, kann sich dem Bewusstsein nicht verschließen, dass sie noch immer das Volk sind, unter dem es sich am besten leben lässt.

Während ich diese Zeilen schreibe, taucht die Erinnerung an einen Abend in Kyōto vor mir auf. Auf meinem Wege durch das Menschengewühl einer wundersam lichtschimmernden Straße, deren Name mir entfallen ist, trat ich ein wenig abseits, um mir eine Jizōstatue vor dem Eingang eines kleinen Tempelchens anzusehen. Die Gestalt war die eines Kozō (Akolythen), eines schönen Knaben, und sein Lächeln war vergöttlichter Realismus. Während ich so in Betrachtung versunken dastand, lief ein kleiner, vielleicht zehnjähriger Knabe zu mir heran, faltete die Hände, neigte das Köpfchen und betete einige Minuten schweigend vor dem Bilde. Er hatte sich soeben von seinen Gefährten getrennt, und auf seinem geröteten Antlitz lag noch der Abglanz der Spielfreude. Sein unbewusstes Lächeln glich so sehr dem Lächeln des steinernen Kindes, dass der Knabe der Zwillingsbruder des Gottes schien. Und ich dachte: „Dieses Lächeln in Stein oder Bronze ist nicht eine bloße Nachahmung. Das, was der buddhistische Künstler darin symbolisierte, muss der Schlüssel zu dem Lächeln der Rasse sein."

Das ist schon lange her, aber die Idee, die sich mir damals aufdrängte, erscheint mir noch jetzt richtig. Wie fremd dem japanischen Boden der Ursprung der buddhistischen Kunst auch sein möge, im Lächeln des Volkes spiegelt sich dasselbe Empfinden wie in dem Lächeln Bosatsus, das Glück, das der Selbstbeherrschung und Selbstverleugnung entspringt. „Besiegt ein Mann in der Schlacht tausend Mal Tausende, und ein anderer überwindet sich selbst, so ist der, der sich selbst bezwingt, der größere Sieger. Nicht einmal ein Gott vermöchte eines Menschen Sieg über sich selbst zunichte zu machen."[70] Solche buddhistischen Texte – und es gibt ihrer gar viele – drücken sicherlich jene sittlichen Tendenzen aus, die den größten Zauber des japanischen Charakters bilden. Der ganze moralische Idealismus der Rasse scheint mir in jenem wundersamen Buddha von Kamakura verkörpert, dessen Antlitz, „ruhevoll wie ein tiefes stilles Wasser"[71], wie kein anderes Werk von Menschenhand jene ewige Wahrheit ausdrückt: „Es gibt kein höheres Glück als die Ruhe."[72] Diese unendliche abgeklärte Ruhe hat der Orient angestrebt. Und dieses Ideal der hehrsten Selbstbezwingung hat er sich zu eigen gemacht. Und selbst jetzt, obgleich auf seiner Oberfläche von jenen neuen Einflüssen bewegt, die ihn früher oder später in seinen tiefsten Tiefen aufwühlen müssen, behält der japanische Geist im Vergleich mit dem abendländischen Denken eine wundersame kontemplative Ruhe. Er verweilt nur wenig – wenn überhaupt – bei jenen abstrakten letzten Fragen, die uns so viel Kopfzerbrechens machen, auch kann er unserem Interesse dafür kein solches Verständnis entgegenbringen, wie wir es wünschen möchten. „Dass Sie religiö-

[70] Dhammapada.

[71] Dhammikasutta.

[72] Dhammapada.

sen Spekulationen nicht gleichgültig gegenüberstehen“, sagte mir einst ein japanischer Gelehrter, „ist ganz natürlich, aber ebenso natürlich ist es, dass wir uns keine Gedanken darüber machen. Die Tiefe der buddhistischen Philosophie übertrifft die Ihrer abendländischen Theologie bei weitem, und wir haben sie studiert. Wir haben uns in die Tiefen der Spekulation versenkt, um immer wieder zu finden, dass hinter diesen Tiefen sich noch andere unergründlichere eröffnen. Wir sind zur äußersten Grenze des Denkens vorgedrungen, um immer wieder zu sehen, dass der Horizont stets weiter und weiter zurückweicht. Und Ihr, Ihr habt vieltausendjahrelang wie Kinder tändelnd am Bache gespielt und wisset nichts vom Meer. Eben erst seid Ihr auf einem anderen Pfad als dem unseren zum Ufer gelangt, und seine Unendlichkeit dünkt Euch ein neues Wunder. Und Ihr würdet nach Nirgendheim treiben; denn Ihr habt die Unendlichkeit über dem Sande des Lebens geschaut.“

Wird Japan imstande sein, die abendländische Zivilisation ebenso zu assimilieren, wie es sich die chinesische vor mehr als zehn Jahrhunderten angeeignet hat und sich trotzdem seine eigene Art des Denkens und Fühlens bewahren? Eine bedeutungsvolle Tatsache ist verheißungsvoll: dass die Bewunderung der Japaner für die materielle Überlegenheit des Abendlandes sich keineswegs auf die abendländische Sittlichkeit erstreckt. Die orientalischen Denker begehen nicht den verhängnisvollen Irrtum, mechanischen Fortschritt mit ethischem Fortschritt zu verwechseln. Auch sind ihnen die moralischen Schwächen unserer gerühmten Zivilisation nicht entgangen. Ein japanischer Schriftsteller hat seine Anschauung über die Sachlage im Abendlande in einer Weise ausgedrückt, die wohl verdient, einem größeren Leserkreise bekannt zu werden, als dem, für den sie ursprünglich geschrieben worden ist:

Bei einer Nation hängt Ordnung oder Wirrnis nicht von etwas ab, das vom Himmel fällt oder aus der Erde wächst. Sie wird von der Charakteranlage des Volkes bestimmt. Wo das Volk hauptsächlich von Gemeingefühlen beeinflusst wird, ist die Ordnung gesichert; herrschen Privatinteressen vor, ist Zerrüttung unvermeidlich. Soziale Gesichtspunkte sind jene, die zu strenger Pflichterfüllung führen, ihr Vorwiegen bedeutet Friede und Wohlstand für die Familie, das Gemeinwesen und die Nation. Private Rücksichten sind jene, die von selbstischen Motiven bestimmt werden. Überwiegen diese, sind

Wirren und Umsturz unvermeidlich. Da wir Mitglieder einer Familie sind, ist es unsere Pflicht, unser Augenmerk auf das Wohlergehen dieser Familie zu richten. Als Mitglied der Nation ist es unsere Pflicht, für das Wohl der Nation zu arbeiten. Unsere Familienangelegenheiten mit allem der Familie zukommenden Interesse und unsere Nationalangelegenheiten mit allem der Nation gebührenden Interesse zu behandeln, heißt unsere Pflicht erfüllen und von allgemeinen Rücksichten geleitet werden. Wenn wir hingegen die Angelegenheiten der Nation ansehen, als wären sie unsere eigenen Familienangelegenheiten, so sind wir von privaten Motiven beeinflusst und weichen vom Pfade der Pflicht ab.

Selbstsucht ist jedem Menschen angeboren. Sich ihr ungehemmt hinzugeben, heißt zum Tier werden. Aus diesem Grunde predigen die Weisen die Prinzipien der Tugend, Wohlanständigkeit, Gerechtigkeit und Sittlichkeit, hemmen wohltätig die Hingabe an private Zwecke und pflegen und fördern gemeinnützigen Sinn. Was wir von der abendländischen Zivilisation wissen, ist, dass sie jahrhundertelang in verworrenen Verhältnissen fortkämpfte, um schließlich zu einer Art geordnetem Zustand zu gelangen, aber dass selbst diese Ordnung bei dem Wachstum des menschlichen Ehrgeizes und seiner Ziele ewigem Wechsel und Wirren unterworfen bleiben wird, weil sie nicht auf jenen natürlichen und unverrückbaren Distinktionen zwischen Souverän und Untertan, Eltern und Kindern, mit allen damit zusammenhängenden Rechten und Pflichten, aufgebaut ist.

Dieses System, das Personen, deren Handeln von ihrem selbstsüchtigen Ehrgeiz bestimmt wird, so angemessen ist, wird naturgemäß von einer gewissen Klasse japanischer Politiker befürwortet. Bei oberflächlicher Betrachtung ist die abendländische Gesellschaftsform freilich sehr anziehend; denn da sie seit alters her das Resultat der freien Entwicklung menschlicher Wünsche ist, repräsentiert sie die höchste Stufe des Luxus und des Wohllebens. Kurz gesagt, die bestehenden Zustände im Westen beruhen auf dem freien Spiel der menschlichen Selbstsucht und können nur erreicht werden, wenn man dieser Betätigung ungehinderte Entfaltung lässt. Soziale Erschütterungen werden im Abendland wenig beachtet, aber sie sind die Folgen und zugleich die Ursachen der gegenwärtigen ungünstigen Verhältnisse... Möchten die für abendländische Art und Weise so eingenommenen Japaner die Geschichte ihrer Nation denselben Verlauf nehmen sehen? Wollen sie wirklich ihr Land zu einem neuen Versuchsfeld für die abendländische Zivilisation machen?

Im Orient beruht die nationale Regierung seit alters her auf Wohlwollen und hatte stets das Glück und die Wohlfahrt des Volkes im Auge. Keine politische Anschauung ging jemals dahin, dass die intellektuellen Kräfte zum Zwecke der Ausbeutung der Minderwertigen und Unwissenden ausgebildet werden sollten. Das Volk dieses Reiches lebt zumeist von seiner Hände Arbeit. Mögen sie noch so fleißig sein, sie verdienen eben genug für ihre täglichen Bedürfnisse, im Durchschnitt ungefähr zwanzig Sen täglich. Bei ihnen ist nicht die Rede davon, schöne Kleider zu tragen oder in hübschen Häusern zu wohnen, noch können sie je hoffen, zu Stellungen und Rang und Ehre zu gelangen. Was haben diese armen Leute begangen, dass sie nicht auch der Wohltaten der abendländischen Kultur teilhaftig werden könnten? Manche führen ihre Lage auf den Grund zurück, dass ihre ‚Wünsche' sie nicht zu einer Besserung ihrer Verhältnisse anspornen. Diese Voraussetzung hat wenig Wahrscheinlichkeit für sich. Sie haben ‚Wünsche', aber die Natur hat ihre Fähigkeiten, diese Wünsche zu befriedigen, begrenzt. Ihre Pflicht als Menschen beschränkt sie darin, und auch die Grenzen der möglichen physischen Arbeitsleistung beschränken sie. Sie erreichen so viel, als ihre Lage ihnen gestattet. Die besten und feinsten Produkte ihrer Arbeit gehören dem Reichen, die schlechtesten und primitivsten bleiben für ihren eigenen Gebrauch. Und doch gibt es nichts in der menschlichen Gesellschaft, das seine Existenz nicht der Arbeit verdankte. Um die Bedürfnisse eines einzigen luxuriösen Menschen zu befriedigen, müssen heute Tausende sich rackern und plagen. Es ist gewiss ungeheuerlich, dass diejenigen, die die Befriedigung ihrer durch die Zivilisation entwickelten Luxusbedürfnisse der Arbeit verdanken, vergessen, was sie dem Arbeiter schulden, und ihn behandeln, als wäre er kein Mitmensch. Aber nach abendländischer Auffassung dient die Zivilisation nur dazu, Menschen mit ‚großen Bedürfnissen' zu befriedigen – sie ist keine Wohltat für die Massen, sondern einfach ein System des Wettbewerbs zwischen ehrgeizigen Individuen zur Erreichung ihrer Ziele. Dass das abendländische System der Ordnung und dem Frieden eines Landes in hohem Maße abträglich ist, sehen die, die Augen haben, um zu sehen, und hören die, die Ohren haben, um zu hören. Die Zukunft, der Japan unter einem solchen System entgegengehen würde, erfüllt uns mit Besorgnis. Ein System, aufgebaut auf dem Prinzip, dass Ethik und Religion der Befriedigung menschlichen Ehrgeizes dienstbar gemacht werden müssen, stimmt naturgemäß mit den Wünschen selbstsüchtiger Individuen überein, und solche Theorien, wie sie in der modernen Form der Freiheit und Gleichheit verkörpert sind, zerstören die festgefügten Zusammenhänge der Gesellschaft und verletzen Anstand und Sitte...

Da absolute Gleichheit und Freiheit unerreichbar ist, glaubt man die Schranken durch Rechte und Pflichten feststellen zu können. Aber da jedermann so viele Rechte als möglich für sich in Anspruch nehmen und sich mit so wenig Pflichten als möglich belasten möchte, sind die Folgen endlose Kämpfe und Gesetzstreitigkeiten. Die Prinzipien der Gleichheit und Freiheit können eine Umwandlung in der Organisation der Nation bewirken, indem sie die gesetzlichen Unterschiede der gesellschaftlichen Rangordnung stürzen und alle Menschen auf ein gleiches Niveau stellen, aber sie können nie die gleiche Verteilung von Besitz und Reichtum herbeiführen. (Man sehe Amerika.) Es ist klar, dass, wenn die Rechte der Menschen und ihre Lebenshaltung von dem Grade des Reichtums abhängig gemacht werden, der besitzlosen Majorität des Volkes die Erringung seiner Rechte nicht möglich ist, während die reiche Minorität sich ihre Rechte sichern und mit der Sanktion der Gesellschaft die Gebote der Humanität außer Acht lassen und den Armen bedrückende Pflichten auferlegen wird. Die Einführung dieser Freiheits- und Gleichheitsgrundsätze in Japan würde die guten und friedlichen Sitten verderben, den Volkscharakter verhärten und zu einer Quelle des Unglücks für die Massen werden...

Obgleich die abendländische Zivilisation in der Art, wie sie sich der Befriedigung selbstischer Wünsche anpasst, auf den ersten Blick etwas sehr Lockendes hat, muss sie doch schließlich zu Enttäuschung und Demoralisation führen, da ihre Basis auf der Voraussetzung beruht, dass den ‚Wünschen' der Menschen natürliche Gesetze zugrunde liegen. Die abendländischen Nationen sind erst durch Kämpfe und Wirren der ernstesten Art zu dem geworden, was sie sind, und es ist ihr Los, den Kampf immer weiter fortsetzen zu müssen. Eben jetzt sind ihre bewegenden Elemente in partiellem Gleichgewicht und ihre Verhältnisse relativ geordnet. Aber bringt ein Zufall dieses momentane Gleichgewicht ins Schwanken, kommt alles wieder in Verwirrung und Umsturz, bis einer Zeit neuerlicher Kämpfe und Leiden eine zeitweilige Stabilität folgt. Der jetzt Arme und Machtlose mag dann vielleicht in der Zukunft zum Reichen und Mächtigen werden und vice versa. Ewiger Umsturz ist ihr Los. Friedliche Gleichheit kann erst auf den Ruinen der abendländischen Staaten und aus der Asche der ausgestorbenen abendländischen Völker erstehen.

Bei solchen Anschauungen darf Japan freilich hoffen, einige der sozialen Gefahren, die das Land bedrohen, abzuwenden. Aber es scheint unvermeidlich, dass seine künftige Transformation mit einem moralischen Rückgang Hand in Hand geht. In den ungeheuren industriellen Wettkampf mit Völkern hineingedrängt, deren Institutionen nie auf Altruismus beruht haben, müsste es notgedrungen jene Qualitäten entwickeln, deren verhältnismäßiger Mangel gerade den wundersamen Zauber seines Lebens ausmacht. Der Nationalcharakter muss fortfahren, sich immer mehr und mehr zu verhärten. Aber man sollte nie vergessen, dass das alte Japan dem neunzehnten Jahrhundert moralisch ebenso überlegen war, wie es materiell hinter ihm zurückstand. Die Sittlichkeit war ihm zur zweiten Natur geworden. Es hat, wenn auch in beschränkten Grenzen, manche jener sozialen Bedingungen verwirklicht, die unsere größten Denker als die glücklichsten und höchsten ansehen. Durch die ganze Stufenleiter seiner komplizierten Gesellschaftsordnung hat es sowohl das Verständnis wie die praktische Übung öffentlicher und privater Pflichten in einem Maße ausgebildet und gepflegt, desgleichen man im Ausland nicht findet. Selbst seine moralischen Schwächen waren nur das Resultat eines Übermaßes dessen, was alle zivilisierten Religionen einstimmig als Tugend proklamieren: die Selbstaufopferung des Individuums für die Familie, die Gemeinde und die Nation. Es war die Schwäche, von der Percival Lowell in seinem Werk „Die Seele des Fernen Ostens" spricht, einem Buche, dessen wunderbare Genialität in ihrer ganzen Bedeutung ohne persönliche Kenntnis des Orients nicht gewürdigt werden kann.[73] Bisher war Japans

[73] Indem ich meine tiefe Bewunderung für dieses herrliche Werk ausdrücke, muss ich gleichwohl bemerken, dass einige der darin enthaltenen Konklusionen, insbesondere die letzten Schlussfolgerungen gerade das Gegenteil meiner eigenen Anschauung darstellen. Ich bin nicht der Meinung, dass die Japaner keine Individualität haben. Ihre Individualität ist nur weniger augenfällig und offenbart sich langsamer als die der Abendländer. Ich bin auch überzeugt, dass vieles, was wir im Abendland Persönlichkeit und Charakterstärke nennen, nur die – mehr oder weniger von der Kultur übertünchten – Überbleibsel und Merkzeichen primitiver aggressiver Tendenzen sind. Das, was Spencer die höchste Individualisierung nennt, bedeutet sicherlich nicht die außerordentliche Entwicklung von Kräften, die nur auf aggressive Zwecke gerichtet sind. Und doch manifestiert sich diese abendländische Individualität eher und häufiger darin, als in irgendetwas anderem. Bis jetzt sind in Japan dominierende brutale, aggressive oder krankhafte Individualitäten äußerst selten

Fortschritt auf dem Gebiet sozialer Sittlichkeit, obgleich größer als der unsrige, hauptsächlich ein solcher in der Richtung gegenseitiger Hilfe; es wird Japans zukünftige Pflicht sein, sich die Lehre jenes mächtigen Denkers[74] vor Augen zu halten, dessen Philosophie Japan weise angenommen hat, die Lehre, dass „die höchste Individualisierung mit der größten gegenseitigen Abhängigkeit verknüpft sein müsse“ und dass – so paradox die Behauptung klingen mag – das Gesetz des Fortschritts sich zugleich auf der Linie vollkommener Trennung und vollkommener Vereinigung bewegen müsse.

Aber auf jene Vergangenheit, die eine jüngere Generation jetzt geringzuschätzen vorgibt, wird Japan dereinst so zurückblicken, wie wir auf die altgriechische Kultur. Es wird zu der schmerzlichen Erkenntnis gelangen, dass es die Fähigkeit zu einfacher Lebensfreude eingebüßt hat, wird den Verlust des göttlichen Vertrautseins mit der Natur beklagen und der wundersamen Kunst nachtrauern, die sie widerspiegelte. Es wird ihm dann klar werden, wieviel leuchtender und schöner die Welt damals war. Es wird vielen Dingen nachtrauern, der altvaterischen Geduld und Selbstverleugnung, der alten Höflichkeit, der tiefmenschlichen Poesie des alten Glaubens. Es wird sich auch über vieles wundern, doch mit leiser Wehmut – am meisten vielleicht über die Gesichter der alten Götter, weil ihr Lächeln einst das Spiegelbild seines eigenen Lächelns war.

---

zu finden; was uns in japanischen intellektuellen Kreisen als scheinbare Schwäche frappiert, ist der relative Mangel des Spontanen, des schöpferischen Gedankens und der originellen Auffassung höherer Art. Vielleicht ist dieser Mangel eine Rasseneigentümlichkeit. Die Völker des Fernen Ostens scheinen während ihrer ganzen Geschichte eher rezeptiv als schöpferisch gewesen zu sein. In keinem Falle glaube ich, dass der Buddhismus, der ursprünglich die Religion einer arischen Rasse war, dafür verantwortlich gemacht werden kann. Die gänzliche Verbannung des Buddhismus aus dem öffentlichen Schulunterricht scheint nicht anregend gewirkt zu haben, denn die Meister der altbuddhistischen Philosophie zeigen noch immer eine weit höhere Fähigkeit des philosophischen Denkens als der Durchschnitt der Graduierten der kaiserlichen Universität. Ich neige wirklich zu der Meinung, dass eine intellektuelle Neubelebung des Buddhismus, eine Übereinstimmung seiner hohen Wahrheiten mit den besten und grundlegenden Lehren der modernen Wissenschaft die schönsten Resultate für Japan ergeben würde. Ein einheimischer Gelehrter, Mr. Inouye Enryō, hat mit diesem hohen Ziel vor Augen tatsächlich in Tōkyō ein philosophisches Kolleg gegründet, das eine einflussreiche Institution zu werden verspricht.

[74] Herbert Spencer.

Bildnachweise

Titelseite: Reruhi Akiyama – Statuen des Jizō-Bodhisattva mit Shakujō-Stab und Hōju-no-Tama-Juwel, Hasedera, Kamakura

Quellen

IN EINEM JAPANISCHEN GARTEN (In a Japanese Garden)
AUS DEM TAGEBUCH EINES ENGLISCHEN LEHRERS (From the Diary of an English Teacher)
DIE GEISHA (Of a Dancing Girl)
EINE PILGERFAHRT NACH ENOSHIMA (A Pilgrimage to Enoshima)
GEISTER UND KOBOLDE (Of Ghosts and Goblins)
AN DER JAPANISCHEN SEE (By the Japanese Sea)
ETWAS ÜBER SPIELSACHEN (Notes on Kitzuki, Chapter IX.)
DAS JAPANISCHE LÄCHELN (The Japanese Smile)

aus: Glimpses of Unfamiliar Japan. *Boston. Houghton Mifflin. 1894*

Edition Hearn

In der Reihe EDITION HEARN werden ausgewählte Werke von Lafcadio Hearn veröffentlicht. Der Schriftsteller griechisch-irischer Abstammung lebte von 1890 bis zu seinem Tod im Jahre 1904 in Japan. Durch seine Werke wurde das westliche Bild von Japan Anfang des 20. Jahrhunderts entscheidend geprägt.

Auch heute noch gilt Lafcadio Hearn im Land der aufgehenden Sonne als der Ausländer, der die japanische Kultur und Lebensweise am tiefgründigsten verstanden und beschrieben hat.

Kwaidan
Seltsame Geschichten und Studien aus Japan
Broschur, 124 Seiten, 20 S/W-Abbildungen

Die Versöhnung des Samurai
Unheimliche Geschichten aus Japan
Broschur, 112 Seiten, 2 Seiten Farbdruck, 13 S/W-Abbildungen

Japan – Ein Deutungsversuch
Broschur, 303 Seiten

Die Geisterkaskade
Seltsame Geschichten aus Japan
Broschur, 128 Seiten, 13 S/W-Abbildungen

Lotos
Blicke in das unbekannte Japan
Broschur, 177 Seiten

HIBARIOS VERLAG
Königstraße 110, 41564 Kaarst, www.hibarios-verlag.de

Lafcadio Hearn

Die Versöhnung des Samurai

Unheimliche Geschichten aus Japan

Broschur
112 Seiten
2 Seiten Farbdruck
13 S/W-Abbildungen
ISBN 978-3-945058-05-3

Der Schädelberg

Die Legende von Fugen Bosatsu

Das Mädchen aus dem Wandschirm

Der Reiter auf dem Leichnam

Die Kobold-Spinne

und viele mehr

In dieser Sammlung unheimlicher Geschichten aus Japan begegnen uns reumütige Samurai, tapfere Jünglinge und weitgereiste Gelehrte. Sie treffen auf die Geister Verstorbener, Dämonen aus der Unterwelt und auf Berge von Totenschädeln.

Lafcadio Hearns Interpretationen japanischer Mythen und Legenden sind schauerlich unterhaltsam. Zugleich vermitteln sie dem Leser ein tiefes Verständnis von Wertvorstellung und Tradition im alten Japan.

Lafcadio Hearn

Kwaidan

Seltsame Geschichten
und Studien aus Japan

Broschur
124 Seiten
20 S/W-Abbildungen
ISBN 978-3-945058-04-6

Die Geschichte von Mimi-Nashi-Hōichi

Von einem Spiegel und einer Glocke

Ein begrabenes Geheimnis

Yuki Onna

Der Traum Akinosukes

und viele mehr

Kopflose Dämonen, Geister toter Krieger und unheilbringende Fabelwesen treffen auf ehrenhafte Samurai, weise Mönche und tapfere Bürger aus dem Land der aufgehenden Sonne.

Lafcadio Hearns Interpretationen japanischer Mythen und Legenden sind schauerlich unterhaltsam. Zugleich vermitteln sie dem Leser ein tiefes Verständnis von Wertvorstellung und Tradition im alten Japan.

Aus dem Verlagsprogramm

Akutagawa, Ryūnosuke - *Kappa*
87 Seiten, ISBN 978-3-945058-14-5

Couperus, Louis - *Japanische Streifzüge*
182 Seiten, ISBN 978-3-945058-00-8

Dauthendey, Max - *Den Abendschnee am Hirayama sehen*
69 Seiten, ISBN 978-3-945058-13-8

Doblhoff, Josef von - *Chillonius in Japan*
148 Seiten, ISBN 978-3-945058-10-7

Franz Ferdinand von Österreich-Este – *35 Tage in Japan*
156 Seiten, ISBN 978-3-945058-16-9

Klabund - Das Kirschblütenfest
83 Seiten, ISBN 978-3-945058-28-2

Lerch, Klaus - *Das Atelier des Kusakabe Kimbei*
97 Seiten, ISBN 978-3-945058-01-5

Lerch, Klaus - Der Aum-Effekt
47 Seiten, ISBN 978-3-945058-25-1

Lerch, Klaus (Hrsg.) - *Unheimliche Geschichten aus Japan*
99 Seiten, ISBN 978-3-945058-03-9

Mohl, Ottmar von - *Am japanischen Hofe*
213 Seiten, ISBN 978-3-945058-02-2

Müller, Igor; Akiyama, Reruhi - *Kyōto – Tanka*
92 Seiten, ISBN 978-3-945058-06-0

Müller, Igor; Akiyama, Reruhi - *Nara – Haiku*
91 Seiten, ISBN 978-3-945058-08-4

Ozaki, Yei Theodora - Der Mann, der nicht sterben wollte
115 Seiten, ISBN 978-3-945058-29-9

Stuckenschmidt, Dierk - *Todai-ji*
383 Seiten, ISBN 978-3-945058-11-4

Hibarios Verlag
Königstraße 110, 41564 Kaarst, www.hibarios-verlag.de